KB112392

— 신의 직장은 아니지만 —
공기업은 가고 싶어

─ 신의 직장은 아니지만 ─ 공기업은 가고 싶어

개정판 1쇄 인쇄 | 2022년 3월 25일
개정판 1쇄 발행 | 2022년 4월 01일

지은이 | 박대호(발상의전환)
펴낸이 | 박영욱
펴낸곳 | 북오션

경영지원 | 서정희
편 집 | 권기우
마케팅 | 최석진
디자인 | 민영선·임진형
SNS 마케팅 | 박현빈·박가빈
유튜브 마케팅 | 정지은

주 소 | 서울시 마포구 월드컵로 14길 62 북오션빌딩
이메일 | bookocean@naver.com
네이버포스트 | post.naver.com/bookocean
페이스북 | facebook.com/bookocean.book
인스타그램 | instagram.com/bookocean777
유튜브 | 쏠쏠TV·쏠쏠라이프TV
전 화 | 편집문의: 02-325-9172   영업문의: 02-322-6709
팩 스 | 02-3143-3964

출판신고번호 | 제2007-000197호

ISBN 978-89-6799-668-0 (03320)

● 서류부터 NCS 그리고 면접까지 ●

— 신의 직장은 아니지만 —

공기업은 가고 싶어

전면 개정판

박대호(발상의전환) 지음

북오션

　같은 취업준비생이라도 누군가는 쉽게 여러 곳에 취업하는 반면 누군가는 신의 직장이라며 오르지 못할 나무로 여깁니다. 공기업 취업에 수학 공식처럼 왕도는 없지만 그동안 많은 학생들을 멘토링·컨설팅하며 저는 좋은 방향성과 노력이 합쳐지면 바늘구멍으로 느껴지던 공기업 취업이 생각보다 수월할 수 있다는 것을 보았습니다. 이 책은 취업에 도움을 받을 선배가 없고, 어떻게 공부해야 할지 모르겠는 대한민국의 공기업 취업준비생을 위해 썼습니다. 또한 단순히 한두 명의 취업 노하우가 아닌 한국가스공사를 비롯해 수십 개에 달하는 여러 공공기관의 현직자 지인의 노하우를 종합하여 최적화하였습니다. 출간을 도와주신 박영욱 대표님, 아내, 가족, 여러 공공기관 지인분 그리고 '발상의 전환' 멤버들에게 감사를 표합니다. 원하는 곳으로 빠른 시간에 취업하길 기원합니다.

취업에는 생각보다 노력과 시간이 많이 소요됩니다. 스스로 여러 번 시행착오를 하며 취업에 관한 알고리즘을 몸소 배워도 좋지만, 한 번뿐인 인생을 더 가치 있는 곳에 사용할 수 있도록 우리가 직접 겪으면서 배운 지식을 공유하고자 만들었습니다. 부디 이 책이 수험자 여러분의 귀중한 시간을 벌어주는 조력자가 되길 바랍니다. 마지막으로 이 책이 나오기까지 가장 많이 도움을 준 소중한 친구 박대호를 비롯해 동고동락 하고 있는 '발상의 전환' 멤버들에게 고맙다는 인사를 보냅니다.

대학시절인 10여 년 전, '공기업에 취업하고 싶다'는 막연한 목표로 시작하여, 졸업 후 사기업을 거쳐 원하던 공기업으로 오며, 지금까지 겪은 쉽지 않았던 취업과정, 그리고 직장생활의 경험과 조그만 팁들을 다른 사람들과 공유할 수 있으면 좋겠다는 생각을 했습니다. 이런 생각을 바탕으로, 가스공사에서 마음과 뜻이 맞는 친구들과 함께

이렇게 공기업 취업 관련 책을 출판하게 돼 매우 기쁘게 생각합니다. 단순한 취업 관련 서적으로 보일 수 있지만, 서로 다른 전공과 분야에서 부단히 노력한 저자들의 대학시절부터 현재까지, 수년간의 경험과 노하우가 담겨 있기 때문에, 공기업 취업을 목표로 하는 분들에게 분명 큰 도움이 될 것이라 생각합니다. 마지막으로 여기까지 있게 해준 가족들과 와이프, 대호, 공공기관 지인들에게 감사하다는 말을 전하고 싶습니다.

우선 이 책이 세상의 빛을 보게 해주신 출판사에 진심을 담아 감사인사를 전합니다. 그리고 가장 큰 고생을 한 동료들에게 감사의 말과 격려의 박수를 보내고 싶습니다. 첫 취업을 하고 이후 3년 동안 대기업과 공기업 등을 합해서 8개의 합격장을 받아보았습니다. 그러한 경험을 한 저자들이 모여 실제로 합격한 다양한 기업의 취업준비 과정과 합격 경험 그리고 직장생활과 병행한 멘토 활동에서 얻은 노하우를 한 권의 책속에 담아보았습니다. 많은 사람들이 처음 취업준비를 하면서, 꾸준히 도전하지만 답이 보이지 않는 막막함 앞에서 힘들어 하는 모습을 곁에서 보았고 최대한 도움을 주고 싶었습니다. 이 책을 보는 모든 취준생들에게, 그리고 조금 더 나은 직장생활을 바라는 젊은 청춘들에게 한줄기 빛과 나아갈 길이 되었으면 합니다. 파이팅입니다!

– 박대호

Chapter

4 　NCS 공부 꿀팁

Chapter

5 　취업의 최종 관문 채용형 인턴

Chapter

6 　부록

chapter 1

공기업
최신 트렌드

공기업, 어디까지 아니?

공기업의 유래와 종류

행정학 사전에는 공기업이란 '공공의 목적을 달성하기 위해 정부가 직·간접적으로 투자해 소유권을 갖거나 통제권을 행사하는 기업'이라고 나와 있다.

행정 조직 형태로서의 공기업은 첫째 국가 혹은 공공단체가 출자 및 관리하는 공익사업체여야 하고, 둘째로는 수익성 있는 기업의 성격을 띠고 있어야 한다.

국가마다 공기업을 설치하는 이유가 다양한데, 우리나라는 아래와 같은 이유로 설치했다고 요약할 수 있다.

① 막대한 자본이 소요되는 거대 사업을 민간자본으로는 감당할 수 없으므로

② 사업 성격상 독점적일 수밖에 없는 분야는 민간에게 맡길 수 없

으므로

③ 국민 복지나 국가 발전에 필요한 특정 사업은 국가가 직접 경영해야 하므로

④ 경제개발을 강력히 추진하려면 특정 분야의 사업은 정부가 개입해 선도적 역할을 할 필요가 있으므로

⑤ 주택 · 에너지자원 · 도로 등의 공공수요를 원활하려면 정부가 직접 경영해야 하므로

⑥ 과거 식민지에서 독립한 국가일 경우, 독립 전에 지배국의 소유였던 기간산업 등을 정부가 인수함으로써 공기업화가 이루어지므로

(출처 : 행정학사전 외)

공기업의 종류는 공기업(시장형/준시장형), 준정부기관, 기타 공공기관으로 분류할 수 있다. 자세한 내용은 2장의 '뷔페보다 많은 공기업 종류'를 참고하도록 하자.

우리나라 공기업은 일제강점기에 일본 소유였던 기간산업을 정부가 인수한 것이 시초다. 더불어 정부 주도의 경제개발 추진 및 국민 복지, 그리고 기간산업을 관리하려는 목적으로 현재까지 다양한 공기업을 설립했다.

이러한 공기업은 1차~5차 공기업 민영화를 거치며 상당수가 민영화됐다. 민영화된 대표적인 회사들로 대한항공, 제일은행, 포항제철, 한국통신, 한국중공업, 담배인삼공사 등을 들 수 있다.

많은 공기업이 민영화됐지만, 한국전력, 도로공사, 가스공사, 지역난방공사, 수자원공사, 공항공사 등을 포함한 수많은 공기업이 아직까지 우리나라 기간산업의 주축을 담당하고 있다.

공기업이 인기를 끄는 이유

우리나라에서 공기업이 인기를 끄는 첫째 이유는 IMF, 서브프라임 모기지 사태 등 경제위기를 겪으며 '평생직장'이라는 개념이 없어졌기 때문이다. 직장에 입사하면 퇴직할 때까지 근무한다는 고정관념이 사라지고, 회사의 경영상황이 악화되면 언제든 직장을 그만둬야 할 수도 있다는 인식이 사회 전반으로 확산됐다. 그 후 안정적으로 직장 생활을 할 수 있는 공무원과 공기업의 인기가 급속도로 높아졌고, 이 같은 추세는 아직까지, 그리고 앞으로도 한동안 이어질 전망이다.

공기업의 인기가 높아진 두 번째 이유는 소위 워라밸(워크 앤 라이프 밸런스)을 중시하며 높은 연봉보다 개인의 삶과 여가를 즐기는 흐름 때문이다. 사기업에 비해 업무 강도는 낮으면서 연봉은 적지 않다는 기대 때문에 취업준비생들은 물론, 공기업으로의 이직을 꿈꾸는 재직자가 늘고 있다.

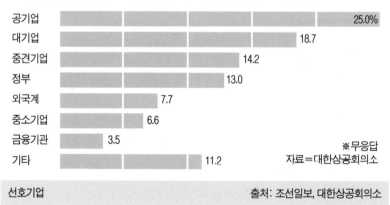

2018년 대학생 취업 선호 기업 전국 4년제 대학 재학·졸업생 3294명 대상

공기업	25.0%
대기업	18.7
중견기업	14.2
정부	13.0
외국계	7.7
중소기업	6.6
금융기관	3.5
기타	11.2

※무응답
자료=대한상공회의소

선호기업   출처: 조선일보, 대한상공회의소

공기업이라고 영원한 것은 아니다

공기업과 뗄 수 없는 단어, 민영화

공기업 민영화는 우리나라만의 문제가 아니라 선진국을 포함한 많은 나라에서 안고 있는 문제다. 공기업 민영화는 공기업에서 면접을 볼 때 단골 주제로 등장하기도 하며, 사회적으로도 찬반 논란이 많다. 이 책은 공기업 취업에 관련된 책이기 때문에, 취업에 관련한 내용 위주로만 간략히 설명하고자 한다.

민영화된 대표적인 공기업은 아래와 같다.
- KT(前 한국전기통신공사)
- SK텔레콤(前 한국이동통신)
- SK에너지(前 대한석유공사)
- 대한항공(前 대한항공공사)
- 한진중공업(前 대한조선공사)

- 두산중공업(煎 한국중공업)
- POSCO(포항제철)
- 대한송유관공사

실제로는 더 많이 있지만, 대표적인 케이스만 소개한 것이다. 이 기업들은 우리나라 사람이라면 이름을 들었을 법한, 많은 취업준비생이 입사하고자 하는 국내 굴지의 대기업이다.

이 챕터에서 말하려 하는 것은, '모든 것은 영원하지 않다'다. 현재 공기업이라고 영원히 공기업인 것은 아니라는 뜻이다. 일례로 한국통신이 민영화되기 전에는 취업을 준비하는 대학생들에게 가장 인기 있는 공기업이었다. 현재의 KT도 취업준비생에게 인기 있는 소위 탑티어(Top-tier) 대기업이지만, 민영화되기 전과 후의 선호도와 선택 이유가 다를 것이다.

공기업이 답이 아니라는 것을 알자

공기업의 장점인 '안정적인 고용'과 '일과 삶의 균형'을 보고 입사했지만, 훗날 정책 변화나 사회 전반적인 분위기와 여론 때문에 민영화되면 그런 장점은 사라질 수 있다. 이 세상에 영원한 것과 100퍼센트라는 건 없다. 어떤 공기업이 나중에 민영화될지, 혹은 대부분의 공기업이 민영화될지, 아니면 민영화가 앞으로 없을지 아무도 모를 일이다.

취준생 입장에서는 어느 공기업이든 붙는다면 일단 가겠다는 생각을 하기 마련이지만 회사와 나의 가치관, 목표가 맞지 않는다면 다른 직장을 구해야 한다. 하지만 입사하고 10년쯤 지난 다음에 가정을 꾸린 상황에서 이런 일이 발생한다면 진로를 변경하는 게 그리 쉽지만은 않다. 신입사원이라도 한 번 입사한 후에 진로를 바꾸려면 시간을 투자해야 한다. 따라서 입사 지원 시 지원 기관의 산업 분야에 따라서 퇴직후 어떤 일을 할 수 있는 지, 중간에 이직 할 수 있는 다른 기관이나 민간기업에는 어떤 곳이 있는 지, 지원 기관의 산업군에서 어떤 방향으로 커리어를 개발할 수 있는 지 고민하면좋다.

민영화는 우리나라만이 아니라 다른 나라에서도 이슈가 되는 주제인 만큼 이런 가능성도 한 번쯤 고민하고 최종 선택하는 게 현명하다.

취업을 준비하면서 내가 그리는 커리어와 연봉, 지명도, 복지를 포함한 나의 가치관 그리고 NCS, 전공 등 취업시장에서 내세울 수 있는 나의 강점을 종합해야 살면서 다가올 수도 있는 이직, 민영화 등 다양한 돌발변수에서 자유로울 것이다. 취업 로드맵을 같이 작성해보자.

공기업 채용동향

2021년 들어 전공 시험이 점점 어려워지는 추세이다. 2022년도 난이도 상승기조가 유지될 가능성이 높다. 특히 지엽적인 문제의 비중이 증가했으며 기존 기술직은 어렵게 낼 경우 9급공무원 문제에서 활용되는 경우가 많았는데, 7급공무원 문제에서도 활용되는 빈도가 잦아졌다. 또한 NCS는 전반적으로 난이도가 높아진 경향이 있다. 사무직의 경우 수리능력, 문제해결능력, 기술직의 경우 의사소통능력에서 지문의 길이가 길어지거나 주어지는 정보량이 많아졌다. 입사경쟁률 상승과 코로나로 인해 앞으로도 이러한 흐름은 지속될 가능성이 높아졌다.

블라인드 중심에서 스펙강화 경향, 전공 난이도 상승

작년을 기점으로 사무직, 기술직 모두 전공시험의 난이도가 전반적으로 상승했다. 공공기관 채용 시험뿐 아니라 모든 입시 시험은 초기

뉴스 > 기업 > 일반

구직자 절반, '블라인드 채용' 대비한다…"전년비 24.1% 증가"

기사입력 : 2019-03-06 09:16

(사진제공=사람인)

일부 대기업과 공공기관을 중심으로 블라인드 채용이 확산되면서 이에 대비하는 구직자도 늘고 있는 것으로 조사됐다.

출처: 이투데이

이후 다양한 파훼법이 나오면서 난이도가 점점 올라간다. 기존에 알려진 공부 방법이나 공부량에 비해 더 깊고 디테일한 준비가 필요할 것이다. 계산 문제 또한 복잡해진 사례가 늘었다.

 기존에는 완전 블라인드 채용으로 서류에서 적합 또는 부적합으로만 판별해 필기전형에는 거의 대부분 응시할 수 있게 해주었으나, 작년 코로나 사태 이후 민간 채용시장에서 한파가 시작되었다. 그리고 그 한파는 공공기관 시장에도 영향을 주었는데, 공공기관 채용 경쟁률이 비약적으로 상승했다. 이에 일부 기관은 올해부터 토익 커트라인을 전년 대비 50점이나 상승시키기도 했고, 적/부 판정으로 서류 지원자를 대부분 합격시키는 대신 서류에서 20~50배수의 인원만 합격하도록 바뀌고 있다. 따라서 한국사나 컴활 등 일부 자격증은 제일 높은 급수는 기본적으로 유지해야 마음이 편할 것이다.

서류조건이 늘어난다 해서 블라인드 채용이 없어지는 것은 아니다. 따라서 블라인드 채용을 진행하는 회사라면 자기소개서를 작성하거나 면접을 볼 때 주의할 점이 있다. 바로 자신의 인적사항을 노출하면 감점 요인이 된다는 점이다. 특히 최근 채용 비리에 민감한 사회 분위기 때문에 면접담당자나 인사담당자에게 자신을 특정할 수 있는 내용을 알리는 것을 사전에 차단하는 회사가 많다. 이런 회사의 면접에서는 자신의 '이름'이나 '학교' 등의 인적사항을 언급해서는 안 된다(이런 사항은 자기소개서를 쓰거나 면접을 준비하기 전에 회사에서 충분히 안내할 테니 미리부터 걱정하지 않아도 된다).

채용전형의 공정성 강화

최근 공기업 서류전형은 자격만 만족하면 통과시키는 추세이기 때문에 NCS와 전공시험으로 당락이 결정되는 경우가 많다. 기존에는 기업들이 NCS나 필기전형의 점수를 공개하지 않았지만, 공정한 채용이라는 사회적 요구에 맞춰 현재는 점수를 해당 지원자에게 공개하는 사례가 많아졌다.

그동안 지원자들은 불합격하더라도 자신이 다른 합격자에 비해 어떤 부분이 얼마나 부족해서 떨어진 것인지 알기 어려웠다면, 이제는 어느 정도 점수를 더 취득하면 합격권일지 가늠할 수 있게 된 것이다.

2020년, 2019년보다 채용인원이 늘어서 25600여명을 신규 채용한다. 이는 사상 최대 규모다.

채용인원이 증가하는 데는 정부의 정책, 신규 사업의 확장 등 여러 요인이 있을 수 있으나, 기존 근무인원의 정년퇴직 등으로 신규 T.O.(Table of Organization, 인원편성표)가 증가한 것이 가장 큰 이유다.

현재 공기업에서 채용인원을 결정하는 방식은 상부에서 인원을 결정해서 내려주는 탑다운(Top-Down) 방식이 아닌, 현업 부서에서 부족한 인원을 요청하는 바텀업(Bottom-Up) 방식이다.

많은 공기업과 공공기관이 향후 몇 년간 구조조정에 들어가므로 정년퇴직 인원이 늘어나 신규채용을 늘릴 가능성이 높다. 그러니 이 시기를 잘 이용하는 게 좋은 취업 전략이 될 것이다. T.O.가 채워진 후에는 신규 사업을 확장하지 않는다면, 채용이 급감할 가능성이 높으므로 이 기회를 맞아 단기간에 승부를 본다는 마음으로 준비하기를 추천한다.

공공기관 합동채용

필자가 모 대기업의 면접을 봤을 때였다. 면접자 모두 "혹시 다른 기업에 지원한 곳이 있는가?"라는 질문을 받았다. 면접 경험이 많은 사람이라면 한 번쯤 들어봤을 법한 단골 면접질문이다. 이런 질문에는 일반적으로 "우리가 원하는 사람이면, 다른 회사도 원할 것이 분명하기 때문이다"라는 속내가 숨어 있다. 어떤 사람은 회사를 골라 가는 반면, 어떤 사람은 한 군데에도 취업하기 힘든 이유다.

기업 입장에서 비용을 들여 복잡한 프로세스를 거쳐 뽑은 신입사원이 중복 합격한 다른 회사에 간다면 꽤 큰 손해다. 때문에 앞으로 여러 회사가 전형일정을 통일하는 이른바 '합동채용' 추세가 유지될 것으로 보인다. 지원자 입장에서는 원하는 여러 기업에 지원할 수 없기에 아쉽겠지만, 인력채용 과정에서 낭비를 막고자 기업이 계속 합동채용을 시행할 가능성이 높다.

합동채용, 입사전략과 눈치싸움이 중요하다

금융공기업들은 필기시험일을 같은날로 하여 이른바 A매치데이에 시험을 동시에 진행했다. 그동안 일반 공공기관은 그 수가 워낙 많다보니 시험일정이 겹치는 경우가 종종 있었는데, 2020년 경기도 통합채용을 시작으로 다양한 지자체 산하 지방공공기관들과 몇몇 공공기관들은 필기시험 일정을 같은날 진행하는 경우가 생기고 있다. 시험일정이 겹치지 않는 경우에는 취업준비를 장기간 해온 준비생이 유리한 편이다. 그래서 면접시즌이 되면 각 기관의 면접장에서 만난 사람을 또 만나기도하고 면접스터디를 갈 때마다 만나는 사람이 생겨서 3관왕, 4관왕을하며 취업하는 이들도 있다. 통합채용으로 바뀌게되면 이런 사례가 줄어들 것이고 변수가 생긴다. 시험일정이 겹치기 때문에 대입전형에서 눈치싸움을 한 것처럼 지원 기관에 따라 유불리가 생기고 그에따른 변수가 생긴다. 이런 사례는 공무원채용에서 일부직렬에서 종종 볼 수 있었다. 따라서 채용인원, 선호도, 시험범위, 내가 잘하는 입사전형(ncs,전공, 한국사/영어/상식 등 기타)을 고려하여 입사전략을 세울 때 전략적 우위를 점할 수 있다.

chapter 2

공기업
돌아보기

공기업에 대한 인식의 변화

　최근 취업준비생들은 공기업이 사기업과 어깨를 겨루는 높은 연봉 수준과 공무원에 준하는 안정성이 있다고 여기기 때문에, 점점 취업 경쟁률이 높아지고 있으며, 선망의 대상이 되고 있다.

　유명 공기업의 경쟁률은 하늘을 찌를 듯하고, 'A매치'라고 불리는 금융공기업들의 합동 필기시험 일이면 각종 매체에서 대문짝만 하게 뉴스를 내보낸다. 이러한 현상은 취준생들의 선호도에 공기업이 성실하고 능력 있는 이들이 모인 곳이라는 사회적 인식이 더해져 더욱 심화되고 있다.

대학생 취업 선호 1위 2년 연속 공기업...대기업 선호도는 낮아져

조선비즈 | 안상희 기자

출처: 조선비즈

금융공기업·은행, 2700여명에 채용문 연다…경쟁률 100대 1

김성현 기자 　입력 : 2018-08-26 11:40　|　수정 : 2018-08-26 11:40

출처 : SBS CNBC

　공기업에 대한 인식이 긍정적으로 바뀐 지는 그리 오래되지 않았다. 십여 년 전만 해도 공기업은 대기업과 공무원의 단점만 모은 곳이라는 평가를 받았다. 반도체나 조선 등의 산업이 대박을 내며 성과급 파티를 벌였고, 관련 학과의 대학생들은 졸업과 동시에 사기업에 입사하며 어깨를 으쓱거렸다. 이 시기만 해도 공기업에 입사하고자 큰 노력을 기울이는 사람은 많지 않았다. 공기업은 공무원 시험에 낙방하고 나이가 많아져 사기업에 지원하기 힘든 이들이 지원하는 곳이라는 인식이 높았다.

　하지만 2008년 서브프라임 경제 위기 이후 상황이 달라졌다. 주가뿐 아니라 대한민국 전체 산업이 조정 국면을 맞이했고, 제조업에서 위기가 시작됐다. 영업이익은 하락세를 면치 못했고, 정리해고와 구조조정이 연이었다. 이때부터 사기업에 비해 안정적인 공무원과 공기업이 취업준비생들의 선택을 많이 받게 되었다. 많은 취준생이 공기업을 선호하면서 채용도 점차 변화하기 시작했다. 이전에 공기업 채용에는 비리, 뒷구멍 채용, 낙하산 채용 등이 암암리에 있어 왔다.

　그러나 2010년대 초반부터 지원자가 늘며 채용 절차를 공식화하고 공정하게 변화했다. 서류전형에서 토익이나 학점 등 정량화된 부분

NCS 채용···"이직률 감소하고 만족도 높아"

방송일 : 2016.11.29   재생시간 : 01:41

출처 : KTV

을 많이 평가했고, 수능처럼 지원자들을 명확하게 줄 세우기 위한 필기시험을 치렀다. 이에 따라 지원자들은 토익과 학점 등의 스펙을 채우기 위해 학원가에 가서 줄을 섰고, 고시원에서 필기시험을 준비하기도 했다. 그러던 중 NCS라는 제도가 등장하며 공기업 채용이 한 번 더 변화한다.

이전의 공기업 취업은 기본적인 스펙을 채우고 필기시험에서 고득점을 차지하는 이들이 채용권을 싹 쓸어갔다면, 이제는 자신이 지원하고자 하는 산업과 기업을 공부하고 관련 수업과 직업 경험을 채운 이들이 우대받게 되었다. 고득점 토익과 높은 학점은 서류 통과의 기준 정도로 중요도가 낮아졌고 관련 직무 경험이 높은 점수를 얻게 되었다. 이러한 채용 과정과 중요도의 변화는 해당 기업 입장에서 보면 그 기업에서 일하고 싶은 인재들을 뽑아 직업 만족도를 높이고 중도 퇴사율을 낮춘다는 장점이 있다.

그런데 공기업 채용은 바람에 갈대 휘날리듯 정부 정책을 따라간다는 특성이 있기 때문에 언제 다시 공기업 취업 요건이 바뀔지 주목하는 정도는 노력해야 한다.

취업준비생들이 제일 궁금해 하는
질문 10가지

1. 신의 직장, 과연 그럴까?

많은 취업준비생이 생각하는 일반적인 공기업의 이미지는 칼퇴근, 업무강도 대비 고액연봉, 철밥통 등이다. 이에 대한 필자와 공공기관 현직자의 의견을 종합하면 다음과 같다.

첫째, 일이 없을 때 칼퇴근하는 공공기관은 많다. 다만 공기업 본사는 칼퇴근이 어려운 편이다. 본사가 아닌 지사는 상대적으로 업무 분위기가 좀 더 여유롭다. 둘째, 낮은 업무강도는 반은 맞고 반은 아니다. 일이 없는 부서는 물론 편하지만, 일이 많은 부서(본사 주요 부서나 민원 관련 부서)에는 '이럴 바에는 대기업 가서 연봉을 더 받지'라고 생각하는 직원도 많다. 하지만 대기업에서 공기업으로 이직한 이들은 평균적으로 업무강도가 대기업에 비해 훨씬 낮다고 이야기한다. 마지막으로 신의 직장을 완성하는 '철밥통'에 관해 이야기하자면, 각 기관은 'OO 공사법'에 의해 고용을 보장받는다. 대부분 경력에 의한 호봉제이기 때문에 저성과자라고 퇴출시키진 않는다. 공기업은 조금 채무를 안더라도 많은 국민에게 '공공의 이익'을 나눠 주는 공공성이 있는 만큼 상대적으로 성과에서 자유롭다. 하지만 팀장급 이상으로 진급해 간부가 되면 성과 평가를 받는다.

그리고 대부분의 공기업에는 다음과 같은 단점이 있다. 대기업 대비 연봉이 낮고, 공무원과 업무상 협력해야 하는 위치이며, 복지 면에서 상대적으로 공무원의 연금 조건이 더 좋다. 그리고 순환근무를 하는 곳이 많은데, 지방 혁신도시로 옮겨 타지 생활을 감수해야 하는 불편함도 있다. 결국 공기업에 다니더라도 그 기업의 부족한 면을 아쉬워하기 마련이다. 그러니 공기업이 무조건 좋다고 생각해서 아무 곳이나 지원하기보다는 자신의 가치관에 잘 맞는 공기업을 골라 도전하는 게 만족도를 높이는 방법이다. 목표 공기업 설정은 이 책에서 다시 다룰 예정이다.

2. 서울 사람인데 수도권에서 근무할 수 있을까?

서울교통공사, 부산교통공사 등 특정 지역 이름이 붙은 공기업은 많은 경우 한 근무지에서만 근무하지만, 대부분의 공기업은 순환근무를 한다. 일반적으로 3~5년 동안 순환근무를 하고, 타 지역으로 근무지를 신청할 수 있다. 이때 인사팀에 개인적인 고충(질병, 가족 돌봄 등)을 어필해 수도권 또는 원하는 지역으로 발령받을 수도 있지만, 드문 편이다. 인사이동에서 가점을 받을 활동을 하거나 수도권에 자신의 직렬에 맞는 T.O.가 생기는 운이 따라야 한다. 특정 지역에서만 근무하고 싶은 취준생은 입사 전부터 그에 맞는 목표 공기업을 골라서 준비해야 한다.

3. 공기업에서 제 꿈을 이룰 수 있을까요?

공기업의 업무는 특정 부서를 제외하면 대부분 기존에 해오던 일의 지속이다. 반복적인 업무도 많고 본인 직무에 맞는 일이라도 기존에 해오던 일이 대부분이다. 국회의원, 시나 정부부처, 감사원(국정원)에서 요구하는 현황자료나 감사자료 수검 등의 업무도 많다. 그러니 공문을 깔끔하게 잘 쓰고, 보고서를 잘 다듬는 게 창의적인 일의 전부일 수도 있다. 뭔가 창의적인 방향의 꿈을 갖고 입사했다면 그것을 시도하기에는 일반기업에 비해 힘든 조건이다. 반대로 전에 하던 업무를 참고해 반복적인 일을 할 수 있으므로 업무 난이도는 낮다고 할 수 있다(단, 업무 난이도가 낮으면 업무량이 대체로 많은 경향이 있다).

4. 스펙이 모자란데 공기업에 갈 수 있을까요?

결론부터 이야기하자면 고령, 무스펙 지원자도 입사할 수 있다.

필자의 가스공사 동기는 166명이었다. 연수원에서 나이에 따라 숙소배정을 했는데 대졸 자격이었는데도 20대 초중반이 꽤 많았고, 30대 이상도 상당수였다. 자신의 나이가 취업시장에서 이르다고 생각하거나 늦었다고 생각하는 독자는 그에 맞는 면접을 준비하면 된다.

또한, 많은 공기업이 직렬별로 최소한의 조건만 갖추면 인적성이나 필기시험을 볼 수 있게 해 준다. 필자의 동기 중에는 대기업 서류전형에 떨어졌지만 가스공사에 합격한 케이스도 있다. 그러니 지원하려는 회사에 필요한 기본적인 스펙만 준비하는 게 현명하다고 할 수 있다. 가스공사를 포함한 많은 공공기관은 면접 시 외부 평가위원을 참여시키고, 블라인드로 진행한다. 이를 통해 스펙보다 직무능력 중심으로 채용하는 기업이 많아지고 있다.

5. 공부 안 하고 서류전형에 덜컥 붙었는데 시험을 보러 가야 할까요?

요즘에는 일단 자소서를 적기만 하면, 혹은 일부 기업은 글자 수만 맞춰 적으면 인적성이나 전공 필기시험을 보게 해준다. 취업준비를 시작한 지 얼마 안 된 수험생은 이런 경우 시험을 볼지 말지 고민한다. 필자는 단호하게 시험은 보기를 권한다. 공짜 시험 경험을 마다하지 말자. 시험문제를 많이 접하면 취업에 많은 도움이 된다. 시험 방식을 파악하고 팁을 얻을 수 있기 때문이다. 도로공사나 서울시설공단은 직접 문제를 출제하고 나머지 기관들은 거의 외부 출제기관에 용역을 맡기기 때문에 문제은행 형식인 경우가 많다. 필자가 시험 봤던 두 공공기관의 NCS 두 문제가 우연히 같았다. 그래서 문제를 풀지도 않고 답을 마킹했다. 이런 시험 경험은 시험에 응시하지 않았으면 알 수 없는 것들이다.

6. 가고 싶은데 경쟁률이 높은 기업(조금 뽑고 준비 덜 됨)의 시험에 응시할까요? 상대적으로 경쟁률이 낮은 곳의 시험을 볼까요?

못 먹는 감 찔러나 보자. 취업준비를 시작한 지 얼마 안 된 수험생이 이런 고민을 많이 하는 것은 합동채용 시행으로 같은 날 시험을 보는 기업이 많기 때문이다. 가고 싶지만 경쟁률이 높은 곳도 합격하기 어렵겠지만, 상대적으로 수월하다고 생각하는 공공기관의 경쟁률도 높은 게 현실이다. 시험을 본다고 합격을 100퍼센트 장담하기 어렵다. 그리고 '상대적으로 마음이 덜 가는 기업'은 이후에도 계속 나타나겠지만, 꼭 가고 싶은 곳은 이번이 아니면 내년에야 사원을 뽑을 확률이 높다. 그래서 필자는 가고 싶은 곳의 시험에 응시하는 것을 추천한다.

7. 직렬을 변경해서 시험 봐도 괜찮을까요?

결론부터 말하면 가능하다. 필자의 가까운 동기는 자연과학대 출신이지만, 전기기사를 취득한 후 전기직렬로 합격했다. 옆의 팀 대졸 선배는 고졸전형으로 입사해 다니고 있다. 자주 있는 경우는 아니지만 노력 여하에 따라 충분히 가능하다. 단, 직렬을 변경해서 시험 보기 전에 지원하려는 회사의 모집공고를 자세히 살펴봐야 한다. 대부분 대졸자는 고졸공채에 지원하지 못하는 추세다. 시험에 응시할 수 있는 기업이라도 관련 학과 졸업 또는 특정 자격증을 요구하는 경우도 있다.

8. 고시공부를 오래 했어요. 자기소개서에 기재하는 것이 좋을까요?(회사에 다닌 지 얼마 안 됐는데 이직 시험을 보게 됐어요. 자기소개서에 기재하거나 면접 때 말하는 것이 좋을까요?)

상관없다. 포장에 달려 있다. 어떤 면접관은 고시에 오래 도전한 만큼 다시 새로운 것에 도전하지 않을 것이기 때문에 회사를 진득하게 다닐 수 있어 좋다고 말할 수도 있다. 반면 고시공부를 하며 눈이 높아져 회사생활에 만족하지 못할 거라고 생각하는 면접관도 있을 수 있다. 어느 장단에 춤을 춰야 할까? 고시공부 경험을 말하더라도 그 안에서 배운 점을 준비하자. 단순히 시간을 보낸 게 아니라 공부하며 나를 발전시킨 시간으로 포장한다면 어떤 면접관이라도 수긍할 것이다.

9. 대기업과 공기업을 같이 준비해도 될까요?

각각의 포지션이 다르다. 한식집에서 파는 스파게티, 분식집에서 파는 스테이크, 양식집에서 파는 라면은 이상하다. 이것도 하고 저것도 하면 좋겠지만, 대부분의 취준생은 시간이 부족하다. 하나에 집중하기를 추천한다. NCS와 GSAT을 합쳐 공부하고, 전공 공부를 하면 좋겠지만 합격으로 가는 길이 오래 걸린다. 취업시험은 행정고시, 입법고시가 아니다. 효율적으로 빠른 시간에 합격하는 자가 승자다! 리스크를 줄이려고 어떤 취업준비생은 사기업과 공기업 양쪽을 한꺼번에 준비하기도 하지만 실제로 그럴 여유가 있는 사람은 많지 않다. 입사할 수 있는 기업은 오직 하나임을 잊지 말자. 단호하게 하나에 집중할 것을 권한다.

10. 다른 공기업으로 이직하고 싶어요. 회사에 다니며 이직을 준비해야 할까요?

자신의 상황에 맞게 정하자. 이직을 준비하는 여건은 사람마다 다르다. 누구는 가정이 있거나, 누구는 퇴사하고 이직하기에는 모아둔 자금이 없을 수 있다. 자신의 상황에 맞는 선택이 필요한데, 물질적 여유가 안 된다면 회사를 다니며 이직을 준비하기를 추천한다. 공기업 전형이 많지만 생각한 것만큼 빠르게 취업하지 못하면 심리적인 조급함을 느낄 수 있기 때문이다. 금전적인 여유가 있으나 입사한 지 1년 미만인 이직 준비생이라면 재직 기간 1년을 채우고 이직을 준비하거나, 퇴사 후 이직을 준비하자. 너무 짧은 재직 경력은 회사에 오래 다니지 못할 것이란 인식을 줄 수 있기 때문이다. 추가적으로 이직하려는 곳이 재직 중인 기업과 비슷한 계열인지 알아보자. 비슷한 계열 공기업으로 이직하는 경우 호봉을 일부 인정해 주기도 한다.

뷔페보다 많은 공기업 종류

공기업의 종류가 얼마나 많은지 공기업 시험을 처음 준비하는 사람은 알기 어렵다. 자신이 선망하던 공기업도 있고, 처음 들어보는 곳도 있을 것이다. 의외로 알려지지 않았지만 좋은 공기업도 많으니 이번 절(節)에서 알아보자.

공공기관의 구분(공공기관의 운영에 관한 법률 제 5조)

공기업

직원 정원 50인 이상인 공공기관 중 자체 수입액이 총수입액의 2분의 1 이상인 기관

가. 시장형 공기업: 자산규모가 2조 원 이상이고, 총수입액 중 자체 수입액이 대통령령이 정하는 기준 이상인 공기업

나. 준시장형 공기업: 시장형 공기업이 아닌 공기업

준정부기관

직원 정원이 50인 이상인 공공기관 중 공기업이 아닌 기관

가. 기금관리형 준정부기관: 「국가재정법」에 따라 기금을 관리하거나 기금의 관리를 위탁받은 준정부기관

나. 위탁집행형 준정부기관: 기금관리형 준정부기관이 아닌 준정부기관

기타 공공기관

공공기관 중 공기업과 준정부기관을 제외한 기관

기타 공공기관 외

공공기관은 해마다 지정과 해제를 반복한다. 기타공공기관에 속하다가 지정이 해제되는경우도 있고 반대의 경우도 존재한다. 네이버 지식iN을 몇 년간 활동하며 받는 질문들 중 '00재단/00원은 공공기관인가요?'라는 질문을 자주 받는 편이다. 공공기관 목록에 해당하지는 않지만 공공기관의 조직문화를 가지고 있거나 업무형태를 띄는 곳들이 있으니 가치관에 따라서 지원할만 할수도 있다.

2019년도 공공기관 현황(338개)

구분	(주무기관) 기관명	
시장형 공기업 (15)	(산업부)	한국가스공사, 한국광물자원공사, 한국남동발전(주), 한국남부발전(주), 한국동서발전(주), 한국서부발전(주), 한국석유공사, 한국수력원자력(주), 한국전력공사, 한국중부발전(주), 한국지역난방공사, 주식회사 강원랜드
	(국토부)	인천국제공항공사, 한국공항공사
	(해수부)	부산항만공사
준시장형 공기업 (20)	(기재부)	한국조폐공사
	(문화부)	그랜드코리아레저(주)
	(농식품부)	한국마사회
	(산업부)	(주)한국가스기술공사, 대한석탄공사, 한국전력기술(주), 한전KDN(주), 한전KPS(주)
	(국토부)	제주국제자유도시개발센터, 주택도시보증공사, 한국감정원, 한국도로공사, 한국수자원공사, 한국철도공사, 한국토지주택공사
	(해수부)	여수광양항만공사, 울산항만공사, 인천항만공사, 해양환경관리공단
	(방통위)	한국방송광고진흥공사
기금관리형 준정부기관 (16)	(교육부)	사립학교교직원연금공단
	(문화부)	국민체육진흥공단, 영화진흥위원회, 한국문화예술위원회, 한국언론진흥재단
	(산자부)	한국무역보험공사, 한국원자력환경공단
	(복지부)	국민연금공단
	(고용부)	근로복지공단
	(중기부)	기술보증기금, 중소기업진흥공단
	(금융위)	신용보증기금, 예금보험공사, 한국자산관리공사, 한국주택금융공사
	(인사처)	공무원연금공단

구분	(주무기관) 기관명		
위탁집행형 준정부기관 (77)	(기재부)	한국재정정보원	
	(교육부)	한국교육학술정보원, 한국장학재단	
	(과기부)	(재)우체국금융개발원, (재)한국우편사업진흥원, 우체국 물류지원단, 정보통신산업진흥원, 한국과학창의재단, 한 국방송통신전파진흥원, 한국연구재단, 한국인터넷진흥 원, 한국정보화진흥원, 재단법인 연구개발특구진흥재단	
	(외교부)	한국국제협력단	
	(문화부)	국제방송교류재단, 한국콘텐츠진흥원, 아시아문화원, 한 국관광공사	
	(농식품부)	농림수산식품교육문화정보원, 농림식품기술기획평가 원, 축산물품질평가원, 한국농수산식품유통공사, 한국농 어촌공사	
	(산업부)	대한무역투자진흥공사, 한국가스안전공사, 한국광해관 리공단, 한국디자인진흥원, 한국산업기술진흥원, 한국산 업기술평가관리원, 한국산업단지공단, 한국석유관리원, 한국세라믹기술원, 한국에너지공단, 한국에너지기술평 가원, 한국전기안전공사, 한국전력거래소	
	(복지부)	건강보험심사평가원, 국민건강보험공단, 사회보장정보 원, 한국노인인력개발원, 한국보건복지인력개발원,한국 보건산업진흥원	
	(환경부)	국립공원관리공단, 국립생태원, 한국환경공단, 한국환경 산업기술원	
	(고용부)	한국고용정보원, 한국산업안전보건공단, 한국산업인력 공단, 한국장애인고용공단	
	(여가부)	한국청소년상담복지개발원, 한국청소년활동진흥원	
	(국토부)	한국교통안전공단, 국토교통과학기술진흥원, 한국국토 정보공사, 한국시설안전공단, 한국철도시설공단	
	(해수부)	선박안전기술공단, 한국수산자원관리공단, 해양수산과 학기술진흥원, 한국해양수산연수원	
	(행안부)	한국승강기안전공단	
	(중기부)	중소기업기술정보진흥원, 소상공인시장진흥공단	
	(공정위)	한국소비자원	
	(방통위)	시청자미디어재단	
	(원안위)	한국원자력안전기술원	
	(보훈처)	독립기념관, 한국보훈복지의료공단	
	(식약처)	한국식품안전관리인증원	
	(경찰청)	도로교통공단	
	(소방청)	한국소방산업기술원	
	(산림청)	한국임업진흥원, 한국산림복지진흥원	
	(농진청)	농업기술실용화재단	
	(특허청)	재단법인 한국특허전략개발원	
	(기상청)	한국기상산업기술원	

구분	(주무기관) 기관명	
기타 공공기관 (210)	(국조실)	경제인문사회연구회, 과학기술정책연구원, 국토연구원, 대외경제정책연구원, 산업연구원, 에너지경제연구원, 정보통신정책연구원, 통일연구원, 한국개발연구원, 한국교육개발원, 한국교육과정평가원, 한국교통연구원, 한국노동연구원, 한국농촌경제연구원, 한국법제연구원, 한국보건사회연구원, 한국여성정책연구원, 한국조세재정연구원, 한국직업능력개발원, 한국청소년정책연구원, 한국해양수산개발원, 한국행정연구원, 한국형사정책연구원, 한국환경정책평가연구원
	(기재부)	한국수출입은행, 한국투자공사
	(교육부)	강릉원주대학교치과병원, 강원대학교병원, 경북대학교병원, 경북대학교치과병원, 경상대학교병원, 국가평생교육진흥원, 동북아역사재단, 부산대학교병원, 부산대학교치과병원, 서울대학교병원, 서울대학교치과병원, 전남대학교병원, 전북대학교병원, 제주대학교병원, 충남대학교병원, 충북대학교병원, 한국고전번역원, 한국사학진흥재단, 한국학중앙연구원
	(과기부)	과학기술일자리진흥원, (재)우체국시설관리단, 광주과학기술원, 국가과학기술연구회, 국립광주과학관, 국립대구과학관, 국립부산과학관, 기초과학연구원, 대구경북과학기술원, 별정우체국연금관리단, 울산과학기술원, 재단법인 한국여성과학기술인지원센터, 한국건설기술연구원, 한국과학기술기획평가원, 한국과학기술연구원, 한국과학기술원, 한국과학기술정보연구원, 한국기계연구원, 한국기초과학지원연구원, 한국나노기술원, 한국데이터진흥원, 한국생명공학연구원, 한국생산기술연구원, 한국식품연구원, 한국에너지기술연구원, 한국원자력연구원, 한국원자력의학원, 한국전기연구원, 한국전자통신연구원, 한국지질자원연구원, 한국천문연구원, 한국철도기술연구원, 한국표준과학연구원, 한국한의학연구원, 한국항공우주연구원, 한국화학연구원
	(외교부)	한국국제교류재단, 재외동포재단
	(통일부)	북한이탈주민지원재단, (사)남북교류협력지원협회
	(법무부)	대한법률구조공단, 정부법무공단, 한국법무보호복지공단, IOM이민정책연구원
	(국방부)	국방전직교육원, 전쟁기념사업회, 한국국방연구원
	(행안부)	민주화운동기념사업회, (재)일제강제동원피해자지원재단

구분	(주무기관) 기관명
(문화부)	(재)국악방송, (재)예술경영지원센터, (재)예술의전당, (재)정동극장, (재)한국문화정보원, 게임물관리위원회, 국립박물관문화재단, 대한장애인체육회, 대한체육회, 세종학당재단, 영상물등급위원회, 태권도진흥재단, 한국공예디자인문화진흥원, 한국도박문제관리센터, 한국문학번역원, 한국문화관광연구원, 한국문화예술교육진흥원, 한국문화진흥(주), 한국영상자료원, 한국예술인복지재단, 한국저작권보호원, 한국저작권위원회, 한국체육산업개발(주), 한국출판문화산업진흥원
(농식품부)	재단법인 한식진흥원, 가축위생방역지원본부, 국제식물검역인증원, 농업정책보험금융원
(산자부)	(재)한국스마트그리드사업단, 전략물자관리원, 한국로봇산업진흥원, 한국산업기술시험원, 재단법인 한국에너지정보문화재단, 한전원자력연료(주), 의료법인 한전의료재단 한일병원, 한국전력 국제원자력대학원대학교, 재단법인 한국에너지재단
(복지부)	(재)한국보육진흥원, (재)한국장애인개발원, 국립암센터, 국립중앙의료원, 대구경북첨단의료산업진흥재단, 대한적십자사, 오송첨단의료산업진흥재단, 한국건강증진개발원, 한국국제보건의료재단, 한국보건의료연구원, 한국보건의료인국가시험원, 한국사회복지협의회, 한국의료분쟁조정중재원, 재단법인 한국장기조직기증원, 한약진흥재단, 재단법인 의료기관평가인증원
(환경부)	국립낙동강생물자원관, 수도권매립지관리공사, 한국상하수도협회, 환경보전협회
(고용부)	건설근로자공제회, 노사발전재단, 사단법인 한국기술자격검정원, 학교법인한국폴리텍, 한국기술교육대학교, 한국사회적기업진흥원, 한국잡월드
(여가부)	한국건강가정진흥원, 한국양성평등교육진흥원, 한국여성인권진흥원
(국토부)	㈜워터웨이플러스, ㈜한국건설관리공사, 주택관리공단(주), 코레일관광개발(주), 코레일네트웍스(주), 코레일로지스(주), 코레일유통(주), 코레일테크(주), 항공안전기술원, 주식회사 에스알, 재단법인 대한건설기계안전관리원
(해수부)	국립해양박물관, 국립해양생물자원관, 주식회사 부산항보안공사, 주식회사 인천항보안공사, 한국어촌어항협회, 한국해양과학기술원, 한국해양조사협회, 항로표지기술협회
(중기부)	(재)중소기업연구원, ㈜중소기업유통센터, 신용보증재단중앙회, 창업진흥원, 한국벤처투자, 주식회사 공영홈쇼핑, 재단법인 장애인기업종합지원센터, 사단법인 한국산학연협회

구분	(주무기관) 기관명
	(금융위) 중소기업은행, 한국산업은행, 한국예탁결제원, 서민금융진흥원 (공정위) 한국공정거래조정원 (원안위) 한국원자력안전재단, 한국원자력통제기술원 (보훈처) 88관광개발(주) (식약처) 의료기기정보기술지원센터, 한국의약품안전관리원, 식품안전정보원 (관세청) (재)국제원산지정보원 (방사청) 국방과학연구소, 국방기술품질원 (문화재청) 한국문화재재단 (기상청) (재)APEC기후센터, (재)한국형수치예보모델개발사업단 (산림청) 한국수목원관리원 (특허청) 한국발명진흥회, 한국지식재산보호원, 한국지식재산연구원, 한국특허정보원

공기업 취업 스터디,
5가지를 주의해야만 성공한다

취업 준비를 하려고 다양한 스터디를 구하는 준비생이 많은데, 효율적으로 스터디를 이용하는 수험생이 있는가 하면 스터디를 그저 관문의 하나로 생각하거나, 하지 않으면 안 된다는 불안감 때문에 하는 수험생도 있다.

그러나 취업 스터디는 필수가 아니다. 스터디에 공부 시간을 많이 뺏긴다면 안 하니만 못할 수도 있다. 자신에게 부족한 부분만 채우면 된다. 스터디에 참여한다고 공부가 되지는 않는다. 매일 학교와 학원을 오간다고 성적이 오르는 것이 아닌 것과 마찬가지다. 스터디를 하고 있거나 할 생각이 있다면 다음 주의사항을 유의하자.

취업 스터디 3금

취업 스터디에서 가장 큰 적 세 가지는 연애(썸), 음주, 친목도모다.

스터디 중간에 스트레스 해소 겸 회식 자리를 가질 수 있으나 잦은 음주나 게임 등은 조심해야 한다. 전공시험, NCS 등 준비해야 할 것이 많기 때문에 공부 시간을 많이 뺏긴다면 스터디를 과감히 그만두는 것도 고려해 볼 필요가 있다.

좋은 스터디원을 구하자

스터디에서 중요한 건 좋은 스터디원을 구하는 것이다. 온라인에서 스터디원을 검증하고 구하기란 쉽지 않지만 그럼에도 좋은 스터디원과 함께해야 한다. 바쁜 와중에 많은 사람이 시간 내서 모이는 이유는 '다른 사람들도 스터디를 하니 나도 해야지' 혹은 '떨어지더라도 할 만큼 했어'라고 합리화하려고 하는 것이 아니라 투자한 시간만큼 결과를 얻기 위해서다. 좋은 스터디원과 함께한다면 NCS를 더 잘 푸는 사람의 문제풀이 방법이나 시간단축 방법을 얻을 수 있고, 면접을 준비할 때도 대답하는 방법이나 태도에서 많은 도움을 받을 수 있다.

'체리피커'를 주의하자

체리피커(자신의 실속만을 차리는 소비자)를 조심해야 한다. 스터디에서 도움을 받을 수 없는 유형일뿐더러, 같은 전공이라면 면접에서 오히려 피해를 볼 수도 있다.

필자 주변에 어떤 수험생은 함께 스터디하던 스터디원과 그룹면접에서 같은 조에 편성되었는데, 자신이 연습하던 답변을 그 스터디원이 그대로 발언해서 피해를 봤다. 준비한 답변을 하지 못하게 된 것은 물론이고, 너무 당황해 면접을 망쳤다고 한다.

극단적인 예시를 들긴 했지만, 서로 도움을 줄 수 있는 부분은 도움을 주되, 스터디원을 너무 믿지는 말아야 한다. 필요한 도움을 받기만 하는 사람은 유의해야 한다는 점을 명심하자.

자신만의 색을 잃지 말자

스터디에서 잘못된 말하기 방식이나 답변 태도를 고칠 수도 있다. 그러나 상대 스터디원의 코멘트에 너무 의존해서 자신을 고치고 꾸미다 보면 자신만의 색을 잃을 수도 있다. 면접관이 꾸밈없는 말투와 솔직한 모습을 보고 싶어 하는 사람이라면, 스터디에 익숙해지고 다듬어진 수많은 답변보다 적당히 개성 있고 진솔하게 답하는 쪽이 마음을 사로잡을 수 있을 것이다.

처음 면접을 보는 것이라서 어떻게 진행되는지 모르거나 어떤 느낌인지 모르고, 사람들 앞에서 말하는 게 힘든 취준생은 면접 스터디에 한 번 참여하길 권한다. 혼자서 연습하는 것과 타인 앞에서 말하는 것에는 큰 차이가 있기 때문이다. 면접을 경험한 후에는 경우에 따라 스터디를 진행하지 않는 게 나을 수도 있다.

좋은 스터디를 위한 필수 규칙(룰)

필자에게 취업 스터디를 만들어서 취업할 때까지 운영할 것인지 혹은 준비된 스터디에 합류할 것인지 묻는다면, 후자를 택할 것이다. 하지만 좋은 스터디를 구하기 힘들다면 자신이 스터디를 만들어야 할 수도 있다. 스터디에 들어가거나 스터디를 구성할 때 고려해야 할 요소는 다음과 같다.

요일

스터디를 마냥 많이 한다고 좋은 게 아니다. 자신이 공부할 시간이 보장돼야 한다. 들어가고 싶은 스터디가 있는데 자신의 공부 사이클과 맞지 않을 때는 사이클을 지킬 수 있는 다른 스터디를 찾는 게 좋다. 좋은 스터디라도 그 안에 있는 사람들 역시 취업준비생 혹은 이직 준비생일 뿐이다.

필자는 NCS 스터디는 주 2회, 면접 스터디는 면접 전형 시간이 촉박해서 매일 했다. 기타 전공이나 NCS 스터디는 정량적으로 주 n회로 정해놓기보다 공부 일정과 사이클에 맞도록 정하자.

인원 관리

너무 많은 인원이 참여한 스터디는 집중도가 떨어진다. 스터디 구성 기간이 짧고(몇 주 이내) 적은 인원이 참여한 스터디는 한 명만 빠져도 무너지기 쉽다. 4~6명의 스터디원이 적당하고, 새로운 인원을 충원하거나 내보낼 때 규칙을 정하고 그대로 따르는 것이 좋다.

디파짓(벌금)

규칙을 정할 때 가장 중요한 것은 강제성이다. 혼자 알아서 잘할 수 있는 수험생은 스터디에 가지 않는다. 강제성을 띠려면 디파짓을 부여하는 게 좋다. 조장에게 5~10만 원 이상의 금액을 맡기고 숙제 불이행, 지각, 무단결석 등에 따라 차감하는 것이다. 디파짓이 너무 낮으면 강제성이 적어져 자주 이탈하는 스터디원이 생길 수 있으니 주의하자.

조장, 스터디원 역할 정하기

모든 것을 조장에게 맡기면 스터디를 제대로 활용할 수 없다. 공부 분량을 감안해 역할을 나누고, 조사해 올 부분에 따라 순서를 정해서 스터디를 구성하자. 스터디 한 회당 한 명에게 모든 것을 맡기는 것은 바람직하지 않다. 그 스터디원이 갑자기 이탈할 경우 그날의 스터디가 공중분해 되기 때문이다. 한 회에 스터디할 항목을 여럿으로 쪼개 함께 준비하는 게 좋다.

숙제

스터디는 숙제하는 데도 도움이 된다. 하지만 합격권에 가까워진 수험생이 감을 유지하려고 스터디에 참여하기도 하는데, 숙제가 불필요하게 많다면, 이런 학생의 공부 리듬이 깨질 수 있다. 자신의 상황에 맞게 스터디의 숙제 양을 고려하자.

구성원

지인들로만 구성된 스터디는 긴장감이 떨어져 진도를 못나가거나, 휴식이 너무 잦은 경우가 발생한다. 이때는 외부 인원을 충원해서 스터디를 구성하는 것이 도움이 된다. 필자는 NCS를 풀 때 긴장감을 유지하려고 일부러 외부스터디를 구해서 문제를 풀었는데 현장감을 느끼는 데 도움이 되었다.

스터디에 나의 공부비중을 얼마나 포함할 것인지 고민이 필요하다. 함께 문제를 풀며 실전감각을 유지하는 스터디를 원하는지, 스터디시간 외에도 숙제를 서로 함께 할지 결정하는 것이 좋다. 일정관리에 어려움을 겪거나 수동적인 케이스는 스터디시간 외에도 숙제를 내고 다음 스터디 시간 전에 공부를 해오는 것이 도움이 될 수 있다. 하지만 일정관리에 철저한 편이고(MBTI의 경우 J가 해당될 수 있음) 스스로 공부 루틴과 패턴이 중요한 취준생은 오히려 스터디에 끌려다니며 스트레스를 받을 수 있다. 개인의 성격과 성향 그리고 취업준비기간에 따라 추구하는 방향이 달라질 수 있다.

스터디 이모저모

취업 스터디는 크게 NCS 스터디, 전공 스터디, 면접 스터디, 생활 스터디로 나눌 수 있다. NCS와 전공 스터디는 특정 공기업을 대상으로 준비하기보다 전반적으로 공기업 전형을 준비하는 취준생이 모인다. 면접 스터디는 보통 지원 기관의 필기시험에 합격한 후 취업 카페에서 결성한다. 생활 스터디는 기상 스터디(출석체크 스터디), 밥터디, 공부 시간 스터디로 세분화할 수 있다. 기상 스터디는 일어나는 시간을 정하고 온라인이나 오프라인으로 출석 체크만 한다. 밥터디는 공부는 각자 하되 식사 시간에만 모여 같이 밥을 먹는 것을 말한다. 공부 시간 스터디는 그날 공부 양을 기록하고 하루를 마감하며 스터디원과 공유하는 모임이다.

chapter 3

공기업
취업 로드맵

공기업 현직자만 아는 비밀

평균 연봉의 함정

자신의 가치관이나 목표, 역량, 흥미를 분석하지 않은 취준생이 공기업을 고를 때 가장 먼저 보는 지표가 연봉이다. 산업, 직군, 근무지, 복리후생 등 모든 조건을 고려해 자신에게 맞는 기업을 선정하고 그곳에만 지원하는 것은 옛말이 된 지 오래다. 현재 대한민국처럼 취업난이 극심한 상황에서 자신에게 완전히 적합한 기업만 골라 가는 건 쉽지 않다. 지금의 취준생은 여러 가지 악조건 속에서 취업을 강요받고 있으며, 그 안에서 자신을 위한 최소한의 고려 조건이 연봉인 것이다. 평생직장이라는 말이 이미 무색해진 지금 공사를 지원하는 이들에게 가장 중요한 것은 높은 안정성 안에서 많은 연봉을 받는 것일 수 있다.

공기업 연봉은 천차만별

매해 5월 즈음 각 공기업의 정보가 업데이트되는 시기가 오면 취준생뿐 아니라 현직자, 기자까지 알리오 사이트에 매일같이 드나든다. 현직자는 재직 중인 기업의 정보와 경쟁사를 비교해 보려고, 기자는 공공기관의 재정 활동이 제대로 이루어지는지 견제하고자, 취준생은 여러 기업에 대한 사전 지식을 얻기 위해 접속한다.

이때 이슈가 되는 것이 '평균임금'이다. '공기업 중 직원 평균연봉 1위 ○○공사', '공기업 평균 임금 0,000만 원 넘어' 등의 기사를 쉽게

공공기관 정규직 직원 평균 연봉 순위

2017년 기준   단위: 만 원

순위	기관	연봉
①	한국투자공사	1억1,103
②	한국예탁결제원	1억961
③	한국전자통신연구원	1억726
④	한국전기연구원	1억246
⑤	울산과학기술원	1억199
⑥	한국산업은행	1억178
⑦	한국원자력연구원	9,979
⑧	한국생산기술연구원	9,970
⑨	한국과학기술원	9,944
⑩	광주과학기술원	9,916

자료/ 알리오   6,000   8,000   10,000

출처: 연합뉴스

찾을 수 있다. 공기업을 평균임금만으로 줄 세워 본다면 '8000만 원 이상', '7000만 원 이상', '6000만 원 이상', '6000만 원 이하' 4개 그룹으로 묶을 수 있다.

많은 취준생이 이 표를 바탕으로 가고자 하는 기업을 선택한다. 하지만 평균의 맹점이 존재하기 때문에 단순히 이 수치에만 매달리다가는 실제 입사하고 나서 실망할 수 있다. 공기업은 호봉을 기준으로 임금을 산정한다. 호봉제란 기본적으로 정해진 초임급여를 시작으로 근속연수에 따라 급여에 차등을 두는 제도다. 일반적인 공기업은 계급별, 호봉별로 임금을 다르게 두는 계급호봉제(階級號俸制)를 선택한다. 따라서 공기업은 동일 직급이라면 연차가 높은 직원이 더 많은 연봉을 받는 구조다. 기업의 평균근속연수가 길면 길수록 평균연봉이 증가할 수밖에 없다. 그래서 단순하게 평균연봉 수치만으로는 어느 곳이 연봉이 더 높은지 판단할 수 없다. 어떤 공기업의 연봉이 더 높은지를 알아보려면 평균근속연수, 교대근무자의 비율, 기타 수당 등의 여부와 양을 파악해야 한다.

알리오, 클린아이 찾아보는 방법

알리오에 있는 정보는 하나도 가벼이 넘겨서는 안 된다. 알리오 사이트에는 평균연봉, 근속연수 등 공공기관이 제공하는 기초적인 정보가 포함돼 있기 때문이다.

알리오 사이트 탐방하기(www.alio.go.kr)

1. 알리오 메인 화면

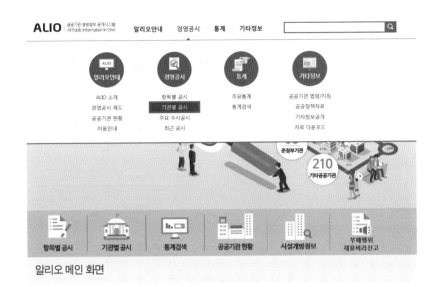

알리오 메인 화면

'경영공시'→'기관별 공시'를 선택한 후 관심 있는 공기업을 클릭한다.

2. 한국가스공사: 신규채용현황, 직원평균보수 현황

신규채용현황을 보면 최근 5년간 정규직 및 청년/채용형 인턴 채용 현황, 고졸인력 채용 수, 여성 신입자의 수, 지역인재 채용 등을 확인할 수 있다. 직원평균보수에서 임원이 아닌 직원의 평균보수와 신입사원의 초임 현황을 알 수 있다. 이 중 가장 중요한 정보는 신입사원의 초임 현황이다. 신입사원의 초임은 거짓 없는 임금이기 때문에 입사하고 나서 첫 12개월(1월~12월 기준) 동안 받게 될 연봉은 이와 같거나 조금 더 많을 것이라고 예상할 수 있다. 또한, 자연상승분이 존재하기 때문에 입사 해가 늦어질수록 더 많이 받게 된다.

한편, 직원평균보수는 일반적으로 높을수록 좋으나 앞서 언급했듯 평균근속연수와 결부해서 봐야 한다. 기타 상황이 동일하다면 평균근

항목별보고서

I. 일반현황	III. 주요사업 및 경영성과	IV. 대내외 평가
1. 일반현황	16. 요약 재무상태표	30. 국회지적사항
II. 기관운영	17. 요약 손익계산서 (또는 요약 포괄손익계산서)	31. 감사원 / 주무부처 지적사항
2. 임직원 수	18. 수입. 지출현황	32. 경영실적 평가결과
3. 임원 현황	19. 주요사업	33. 경영평가 지적사항
4. 신규채용, 청년인턴채용, 유연근무 현황	20. 투자집행내역	34. 고객만족도 조사결과
5. 임원연봉	21. 자본금 및 주주현황	35. 감사직무실적 평가결과
6. 직원 평균보수	22. 장단기 차입금현황	36. 이사회회의록, 내부감사결과
7. 기관장 업무추진비	23. 투자 및 출자 현황	**V. 공지사항**
8. 복리후생비	- 퇴직임·직원 채용현황	37. 경영혁신사례
9. 그밖의 복리후생제도 등의 운영현황	- 대규모 거래내역	38. 임직원 채용정보
- 제도운영 상황	- 신규시설 투자	39. 계약정보
- 노조운영 지원비	24. 연간 출연 및 증여	- 입찰공고
- 영리시설,장비운영권 노조위탁	25. 경영부담비용추계	40. 연구보고서
- 단체협약상 별도 합의사항	- 기타 경영상 부담이 될 사항	41. 기타정보공개
- 단체협약외의 별도 합의사항	26. 중장기 재무관리계획	
10. 임원 국외출장 내역	27. 12개 주요기관의 상세부채 정보	
11. 노동조합 관련현황	28. 납세정보현황	
- 복수노조 교섭창구 단일화 정보	- 세무확정내역	
- 단체협약	- 조세포탈현황(유죄판결 확정 내역)	
- 임금협약	29. 감사보고서	
- 노사협의회 의결사항		
12. 내부규정		
13. 징계현황		
- 징계처분 결과		
14. 소송 및 법률자문 현황		
- 고문변호사 및 법률자문현황		
15. 일·가정 양립 지원제도 운영현황		

알리오 세부 화면

속연수가 낮은 쪽이 연봉상승률이 높다고 판단해도 좋지만, 공기업이 어떻게 탄생했는지에 따라 평균근속연수에도 숨은 함정이 있으므로 참고해야 한다. 타 공공기관에 뿌리를 둔 공기업이라면 직원의 평균 근속연수가 기업 이력과 많이 차이 나기 때문이다. 예를 들어 한국가스공사는 한국전력의 한 부서에서 시작해 1983년 하나의 공사로 분리 설립되었고, 이때 많은 사람들이 한국전력에서 이동해 왔다. 이 직

원들이 회사 전체의 평균임금을 끌어올리기 때문에 실제 이 기업의 임금은 수치적으로 나온 평균연봉보다 적을 것이라고 예상할 수 있다. 물론 이 시기에 이적해 온 직원들의 나이를 대충 30세라고 가정하면 35년이 지난 지금은 대부분 퇴직했을 것이라고 생각할 수 있기 때문에 이와 같은 요인에 의한 괴리는 상당 부분 해소되었으리라 판단할 수 있다. 비슷한 사례로 한국공항공사에서 분리된 인천공항공사 등이 있으며 그 외에도 각 기업의 홈페이지에서 확인할 수 있다.

클린아이(www.cleaneye.go.kr)

지방 공기업은 알리오와 유사한 클린아이 사이트에서 기관 현황을 파악할 수 있다. 각종 시설관리공단, 도시공사, 상하수도, 공영개발 등 공공기관의 각종 현황도 확인할 수 있다.

기업 홈페이지에 자주 들어가 보자

기업 홈페이지는 기업이 국민에게 알리고 싶어 하는 정보를 올리는, 기업의 얼굴이다. 기업 홈페이지에는 기업의 과거와 현재, 미래가 모두 나타나 있다. 기업이 생겼을 때의 근간이 되는 법률, 기업의 업무 영역과 그 바탕, 재무제표, 회사가 현재 펼치고 있는 활동과 앞으로의 비전까지 담겨 있다. 면접을 보기 전에 홈페이지에 나와 있는 모든 정보를 대략 파악하고 이해해야 하며, 필기시험 전에도 홈페이지에 있는 정보를 몇 번 훑어보고 가는 게 좋다. NCS가 도입된 이후, 지원자가 그 기업에 얼마나 관심을 가지고 있는지를 판단하는 것이 트렌드가 됐다. 각 기업에서는 필기시험을 잘 봤더라도 해당 기업에 관한 지식이나 관심이 없는 이를 무작정 채용하지 않는다. 그렇기 때문에 면접에서 해당 기업의 이슈를 논할 수밖에 없는 것이고, 필기시험에도 관련 내용을 녹여낼 수밖에 없다. 아무런 대비가 되지 않은 상황에서 생전 처음 보는 용어를 문제지에서 발견한다면 수험자는 당황할 것이고 제대로 된 판단을 하기 어려울 것이다.

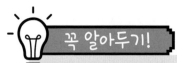

꼭 알아두기!

중요한 것은 3년차 연봉!

앞서 신입초임, 평균연봉을 보는 방법과 평균연봉의 함정을 알아보았다. 취준생이 신입초임, 평균연봉에 관심이 있다면, 현직자는 '3년차 연봉'에 주목한다. 대부분의 공공기관은 2년차부터 성과급 또는 상여금을 지급한다. 지난 1년의 근로에 대한 성과를 지급하는 것이다. 또한 공공기관 경영평가 점수가 높은 기업은 이에 대한 보상을 지급한다. 일반적으로 대졸 3년차는 '주임'이나 '대리'로 한 직급 승진한다. 그래서 많은 현직자가 3년차 연봉에 주목하는 것이다. 연봉에 관심이 많은 취준생이라면 3년차 연봉과 실수령액을 알아보자. 앞으로 근무하며 받을 연봉을 대략 계산할 수 있다.

가고 싶은 공기업 정하기

  취업준비생일 때는 어디든 붙여주면 간다고 하지만 막상 합격하고 나서 취업 전에 생각한 바와 다르다며 불만을 토로하는 공기업 직원이 상당히 많다. 이 중 일부는 실제 이직으로 이어진다. 일반적인 공기업의 이직률은 일반 중소기업의 평균 이직률에 비해 낮은 편이다. 2018년 고용노동부 조사에 따르면 500인 미만 중소기업의 이직률은 5퍼센트를 기록했다. 일부 기업을 제외하면 대부분 이직률을 발표하지 않지만, 2012~2015년 이직률을 발표한 공기업 13곳의 평균 이직률은 2.76퍼센트였다. 연도는 다르지만 생각보다 이직률에 차이가 많지 않음을 확인할 수 있다. 현직자만 가입할 수 있는 어플리케이션에서 공기업 직원의 만족도가 모두 높지는 않은 것도 확인할 수 있다. 이유가 무엇일까? 그들 인생 최대의 목표가 취업이었기 때문이다. 이 장을 보며 주어진 시간 안에 자신의 상황에 맞고 만족도를 높일 수 있는 공기업을 찾는 연습을 해 보자. 연봉도 높고 복지도 좋고 원하는

현직자들만 가입할 수 있는 블라인드 어플의 공기업 게시판이다. 게시판에는 심심치 않게 회사에 대한 불만의 글이 올라온다.

지역이면 좋겠지만 그런 기업은 다섯 손가락 안에 꼽힐 것이다.

자신의 장점 확인하기

공기업 취업시장에서 필요한 능력은 크게 스펙, NCS능력, 전공능력, 면접능력으로 나눌 수 있다(면접은 모든 공기업 취업전형에서 꼭 필요한 관문이므로 뒤에서 자세히 서술하겠다). 자신에게 취업시장에 내세울 만한 장점이 하나도 없다고 좌절하지 말자. 조금이라도 더 잘하거나 좋아하는 전형을 바탕으로 준비하면 시간의 차이가 조금 날 뿐 어느새 취업에 도달해 있을 것이다.

스펙

최근 취업시장에서 스펙의 비중이 점점 줄고 있다. 인국공(인천국제공항), 한국공(한국공항공사), 한전(한국전력), 여러 협회 그리고 금융공기업(금융공기업은 필기전형 준비 기간이 오래 걸린다)을 제외한 대다수의 공기업은 토익 600~700, 기술직은 해당 직렬 기사자격증 한 개만 있으면 필기전형을 볼 수 있다. 최근에는 영어 점수마저 요구하지 않는 공기업도 있다. 본인의 상황에 따라 필요 없을 수도 있는 스펙은 과감히 빼고, 필기와 인적성 전형을 준비하기 시작하면 한 달 이상 시간을 절약할 수 있다(단, 자신이 타 취준생에 비해 스펙에 강점이 있다면 서류전형에서 스펙에 가점이 있는 공기업 위주로 선택해 보자).

인적성(NCS)

중·고등학교 때 공부를 별로 안 해도 시험을 잘 보는 타고난 친구들이 종종 있었을 것이다. 이런 사람은 인적성 시험에도 존재한다. 계산을 잘해서든 퀴즈를 잘 풀어서든 독해를 빠르고 정확하게 잘해서든 어릴 때부터 기초가 다져진 취업준비생은 인적성 문제를 수월하게 푼다. 이런 사람은 전공시험을 보지 않고 인적성만으로 면접전형에 갈 수 있는 한전, 코레일 같은 공기업을 준비하면 취업에 도달하는 시간을 단축할 수 있다.

인적성을 잘하는지 어떻게 판단할 수 있을까? 아무 공부도 안 한 상태에서 시중에 있는 문제집을 풀었을 때 정답률이 90퍼센트 이상 나온다면, 인적성에 특화된 취업준비생이다.

하지만 인적성을 잘하지 못한다고 생각해 지레 겁먹지는 말기 바란다. 인적성 공부를 꾸준히 하며 몇 가지만 연습해도 합격권에 들 실력을 갖추는 방법을 다음 장에서 다뤄 보겠다.

전공필기

'학교에서 전공 좀 했다', '인적성으론 죽어도 승부를 보지 못하겠다', '리스크를 줄이고 싶다'는 취준생은 전공시험 비중이 높은 기업을 준비하면 수월하다. 본인 전공의 기사 과목을 시작으로 9급, 7급 공무원 문제까지 보며 준비하는 수험생도 있지만, 공학계열은 기사만 잘 공부해도 합격선에 충분히 도달할 수 있다. 상경계열은 역시 공무원 책으로 많이 준비한다.

인적성을 보지 않고 전공만 보는 공기업이 많지는 않다. 경기도시주택공사, 서울시설공단 등이 전공 위주로 시험을 보는 기업이고 이외에 도로공사(전공 난이도가 일반 공기업 중 가장 높은 편), 서울교통공사, 철도시설공단, 지역난방공사, 가스공사, LH공사, 수자원공사, 서부발전, 남동발전 등 대부분의 공기업이 전공과 인적성을 같이 본다. 기업별로 전공과 인적성의 비중이나 인적성 스타일, 전공 과목이 조금씩 다를 수 있으니, 이에 맞춰 한두 달 전부터 준비하는 게 합격까지의 시간을 단축할 수 있는 방법이다.

가치관 확인하기

신의 직장은 없다. 개인의 가치관이 중요하다.

수도권에서만 살아 온 취준생은 기업이 자리한 '지역'이 중요한 가치로 여길 수 있고, 어디에 다니는지 말하면 바로 알 수 있는 기업의 '인지도'를 중요하게 생각할 수도 있고, 각종 수당이나 교대근무 등 '연봉'에서 비롯될 여유를 추구하는 이도 많다.

하지만 이런 부분은 취업하고 나서야 크게 다가온다. 다른 요인을 다 만족하더라도 결국 이직을 택할 수도 있다. 그냥 참고 다니더라도 취업을 인생의 목표로 삼는 인생은 생각보다 만족하지 못한 인생일 수 있다. 흔히 어떤 공기업은 좋고 어떤 공기업은 나쁘다고 이야기하는 것도 결국은 부서마다 다르다. 그러니 전반적으로 자신이 어떤 부분을 가장 중요하게 생각하는지, 이것만큼은 충족해야 하고 이것만큼은 안 된다는 부분을 미리 생각해야 한다. 돈, 지역, 복지, 인지도 등을 모두 갖춘 곳은 없다. 그러니 자신의 가치관에 따라 목표 기업을 분류해 보자.

직무 파악하기

'너 자신을 알라'라는 말이 있는데, 대부분의 수험생이 자신을 모른 채 구직활동을 시작한다. 아무런 사전 정보 없는 이에게 물건을 팔 수 있을까? 어려울 것이다. 반대로 물건을 보러 시장에 갔는데 물건에 대해 물어봐도 상인이 영 시원찮게 대답하고 횡설수설한다면 소비자의 구매욕은 떨어질 것이다. 취업시장도 이와 비슷하다. 나를 세일즈하려면 나를 잘 알아야 한다. 스스로를 정리해 볼 필요가 있다. 필자는 취업준비를 시작하며 자신에 대해 생각하는 시간을 가졌는데, 덕분에 이후 여러 공채에 지원할 때 시간을 절약할 수 있었다. '나'를 정리해두면 자소서(자기소개서)를 쓰는 순간부터 면접을 준비할 때까지 두고두고 쓸 수 있다.

공기업 취업준비를 시작하며 자신의 삶 중에 변곡점이 될 만한 일들을 떠올려 보자. 무탈하게 살아서 변곡점이 없다고 생각할 수도 있지만, 그 무탈함 중에도 굴곡은 있을 것이다. 정말 없다면 자신의 현재 성격이 어떻게 형성되었는지 돌이켜보자.

그렇게 해서 떠오르는 게 있다면 '생각나무'에 키워드로 적어보자. 두 번째로 자신의 성격과 관련해 자신이 좋아하는 것, 업무와 관련한 나의 특징을 키워드로 적어보자. 좋아하는 것은 취미가 될 수도 있고 텔레비전이나 유튜브 시청처럼 특별하다고 생각되지 않는 일상일 수도 있다. 그 다음 지금까지 적은 키워드를 바탕으로 자신이 지원할 직렬과 공기업에서의 장점을 적어보자.

내가 생각하는 변곡점은 다음과 같았다. 편입을 하고, 행정고시를 준비하다 두 번 떨어지고 공기업 인턴을 하게 되었고, 공기업 취업을 준비하기 시작했다. 잦은 도전을 많은 포기로 볼 사람도 있겠지만, 공기업 취업시장에서 포기하지 않는 도전정신을 장점으로 삼을 수 있었다. 이는 업무에서 '주인정신' 또는 '솔선수범'이라는 키워드로 연결했다. 모두의 성격은 다르기 때문에 장점은 어느 누구에게나 있게 마련이다.

살면서 힘든 변곡점이 많았다면 '도전'이 키워드가 될 수 있고, 반대로 무탈하게 산 독자는 '성실'이 키워드가 될 수 있다. 나의 성격, 자란 환경과 연결된 업무 키워드를 적으면 나무는 완성된다. 앞으로 채용공고가 뜨면 생각나무의 내용을 바탕으로 취업시장에다 자신을 어필하고 세일즈하자.

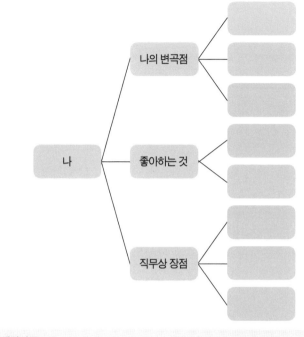

나의 생각나무

나의 생각나무

생각나무에 적은 경험을 직무와 어떻게 연결하면 좋을지 생각해 보는 게 좋다. 직무에 관련한 역량이 떠오르지 않는다면 아래의 역량 키워드 중에서 골라보자. 도전, 신뢰, 책임, 협력, 전문성, 창의성, 청렴, 협력, 열정, 창조, 공동체의식 등 역량을 나타낼 수 있는 키워드는 많다. 그중에서 자신과 자신이 지원할 회사와 직무에 맞는 역량 키워드를 골라 정리해 두자. 이처럼 키워드로 경험을 정리하면, 자소서를 쓸 때나 면접을 준비할 때 시간을 절약할 수 있을 뿐만 아니라, 완성도 높은 답변을 준비할 수 있다.

기관 평판조회, 우리도 할 수 있다!

목표 기업군을 정했다면 다음은 내가 알고있는 정보가 실제 상황과 같은지 확인할 필요가 있다. 아무리 취준생, 현직자의 선호도가 높고 대외적으로 잘 알려져있다고 해도 내부 사정은 다를수 있고 직렬,직군별로 또 다른경우가 많다. 기관에 대한 정보를 확인하기 제일 좋은 것은 공시자료를 확인하는 것이다. 중앙공기업은 알리오 사이트, 지방공기업은 클린아이 사이트를 참고하면 된다. 캐치(CATCH) 사이트는 일정규모 이상의 기관의 정보를 리포트로 제공한다. 하지만 가고싶은 기관을 정하는 단계에서 우리는 공시된 정보보다 '공시할 수 없는 정보'를 찾아야한다. 예를들면, 신입사원 퇴사비율(기수별로 어느정도 퇴사/이직자가 있었는지), 직무의 세부 업무(타 직렬 업무도 하는지, 전공을 살릴 수 있는지 등), 워라벨(월말, 국감, 사업만료시점(준공) 등 바쁜 시기 제외 하고 평소 업무량이 어느정도 주어지는지), 지역(순환은 어느 주기로 가능한지, 원하는 지역에 발령까지 얼마나 걸리는지), 교대근무(4조 2교대 등 근무조 형태, 수당 차이), 경력인정(일부 기관은 타기관 경력인정이 안되는 경우도 있고 70-80%만 인정되기도 함), 실수령액(출장여비, 시간외, 내부협약으로 인해 공시가 안된 복리후생 등)가 있다. 위 내용들은 이직을 하거나 지원을 할 때 지인을 통해서나 블라인드를 통해서 자주 나오는 질문들 중 하나다. 주변에 다니는 지인이나 선배가 있거나, 현직자 커뮤니티나 어플을 통해 위처럼 공시가 되지 않지만 궁금한 내용을 해소할 수 있다면 동기부여가 될 수도 있고 힘들게 입사해서 이직하는 일을 줄일 수 있다.

만약 물어보기 어려운 상황이라면 잡플래닛, 캐치 등을 통해 현직자들의 리뷰를 참고하는 것도 방법이 될 수 있다. 리뷰를 작성하는 경

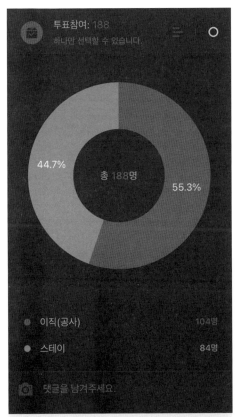

투표참여: 188
하나만 선택할 수 있습니다.

44.7%
총 188명
55.3%

● 이직(공사)   104명
● 스테이   84명

📷 댓글을 남겨주세요.

현직자들의 어플 블라인드에는 이직에 대한 투표가
자주 열린다. 스테이는 현재 다니는 기관을 그대로
다니는 것을 말한다.

우 다니는 기관에 대해 굉장히 만족해서 작성하기보다는 리워드를 받
기 위한 경우, 퇴사 후 불만족해서 작성하는 경우도 있다는 점을 기억
하자. 기관의 평점은 상대적으로 바라보면 좋다. 업종별로, 소속기관
별로, 내가 지원할 기관별로 비교해보면 좋다. 평점만으로는 목표를
삼거나 이직을 목표하기에는 부족한 점이 많은 한계가 있다. 리뷰에
는 대부분 임원진에 불만이 있는 경우가 많지만 공공기관의 임원은

임기제로 시간이 지나면 바뀌게 마련이다. 하지만 '신입사원 퇴사율이 높다'는 내용을 확인했다면 조금 더 고민해볼 필요가 있다. 경쟁을 통해 힘들게 입사한 기관을 나가는데는 이유가 있을 수 있다. 보통 신입사원의 퇴사율이 높은 경우에는 계속해서 새로 채용하면서 교육하는 과정을 거치기 때문에 부서 TO가 모자라 업무과중이 생기는 경우가 있다. 나의 가치관, 입사 후 생각과 다를 때 허용가능한 범위를 고려하는 것이 필요하다.

아무리 유명하거나 선호도가 높은 기관이라도 연봉, 지역, 워라벨, 네임밸류 등 여러 요소를 모두 전반적으로 만족하는 곳은 많지 않다. 대부분 한 두가지 요소에서 강점을 가지면 다른 요소에서는 아쉬운 경우가 많다. 공공기관은 많지만 조건을 필터링하다보면 막상 원하는 기관은 줄어드는 경우도 생긴다. 이 때는 최우선 가치가 무엇인지 고민해보면 좋겠다. 연봉인지, 지역인지, 네임밸류인지 객관적으로 확인할 수 있는 요소를 우선가치로 정하는 것을 추천한다. 잡알리오의 기관정보 비교페이지를 활용해보자. 워라벨로 유명한 기관이더라도 부서별로 상황이 다르기 때문에 내 부서는 워라벨을 찾기 어려울 수 있다. 워라벨이 최우선 가치라면 정보를 찾을 때 조금더 구체적으로 내 직렬은 어디서 주로 근무하는지 참고하고, 그 근무지의 워라벨은 어떤지 확인하는 방법으로 조금더 구체적으로 찾아보자.

정보비교(잡알리오) https://job.alio.go.kr/orgcompare.do

기관별 정보비교를 통해 공시된 정량적인 수치를 비교 가능하다.

스타기법

스타(STAR)기법은 상황, 업무, 행동, 결과로 나타내는 역량기법으로 자소서와 면접에 활용된다. 여기에 행동에 대한 근거 또는 결과를 좋게 만들고자 내가 행한 구체적인 방법을 더 추가해 자소서나 면접에 활용하기를 추천한다. 단순히 어떤 행동을 했다고 표현하는 Action과는 차이가 있다.

- Situation: 당시 상황(배경 설명)
- Task: 내가 맡은 임무
- Action: 문제를 해결하기 위한 행동, 노력

+How(Why): Action에 대한 이유나 Result를 좋게 하기 위한 방법

- Result: 결과(Action을 통해 얻은 교훈)

스타기법을 활용한 예시

S: 헬스장에서 아르바이트를 했다.

T: 청소를 하고 비품을 관리하는 임무를 맡았다.

A: 종이컵 낭비를 막고자 칸막이를 설치했다.

+H: 종이컵 낭비가 심해서 종이컵을 치우느라 업무 시간이 늘어났고, 헬스장의 비용도 증가했다. 마트에서 파는 칸막이를 떠올려 이를 설치했다.

R: 종이컵을 치우는 시간이 줄어들었을뿐더러 자원 낭비도 막을 수 있었다.

목표기업 선정 예시

다음은 필자의 취업 준비 상황이다.

스펙 확인하기

1. 전공: 기술직(토목전공)
2. 영어점수: 토익 930점, 토익스피킹 Lv 7
3. 자격증: 한국사 고급, 토목기사, 한자 자격증
4. 대외활동: 서울교통공사 인턴
5. 앞으로 추가하고 싶은 스펙: 건설재료시험기사

직무 파악하기

삶의 변곡점: ①편입, ②다이어트, ③인턴
좋아하는 것: ①농구, 등산 등 운동, ②모임 기획, 구성, ③여행
직무상 장점 키워드: ①도전, ②주인정신, ③솔선수범

인적성과 전공 체감 난이도를 바탕으로 상대적으로 수월한 전형이 있는지 확인한다. 나는 인적성이 더 수월했다

가치관 순위

지역, 연봉, 인지도, 복지 중 순위를 정한다. 나는 1순위 지역(수도권), 2순위 복지, 3순위 연봉, 4순위 인지도였다. 이를 정리하면 "나는 수도권 또는 대도시에서 근무할 수 있는 기업에 입사하고 싶다!"가 된다.

고졸공채 BEST QnA 4

1. 고졸전형도 PSAT형도 같이 준비해야하나요?

고졸전형 시험은 초기에는 대체로 대졸전형 NCS보다 난이도가 쉽게 출제되었다. 하지만 최근에는 대졸과 고졸 NCS 문제가 같이 출제되는 추세다. 따라서 종종 난이도가 어렵게 나올 것을 대비해서 시중의 대졸전형 NCS 문제집으로 준비하는 것을 권장한다.

2. 대학생, 초대졸자도 공기업 고졸공채에 지원할 수 있나요?

모든 공공기관은 4년제 대학, 2년제 대학졸업자의 고졸공채 지원에 제한을 두었다. 하지만 졸업예정자인 4학년 1학기 이상 이수자(4년제), 2학년 1학기 이상 이수자(2년제)를 제외하면, 일부 기관들은 대학생도 고졸공채에 지원할 수 있다. 다만 대학생 신분으로 고졸공채에 합격 후 입사한다면 학적 때문에 문제가 생기지 않도록 주의해야 한다. 제일 좋은 방법은 입사지원 전에 해당 기관 인사부에 지원 가능

여부를 확인하는 것이다.

3. 대졸현직자와 연봉이나 차이가 많은가요?

해당 질문은 고졸공채 준비자들이 많이 물어보는 질문 중 하나다. 기관마다 다르다고 볼 수 있지만 가스공사는 6급(대졸), 7급(고졸)로 나눠서 채용하고 있고 7급이어도 교대근무 업무를 하는 경우에는 오히려 연봉을 더 받기도 한다. 고졸(1호봉), 초대졸(3호봉), 대졸(5호봉)처럼 같은 직급인데 호봉으로 나누는 기관도 있다.

4. 입사 후 대학 진학이 가능한가요?

거의 대부분 기관은 이른바 '후진학'에 대해 지원하는 곳이 많다. 퇴근 후 야간대학을 진학해서 학위를 받는 직원도 있고 주간대학으로 진학하면 휴직이 가능한 기관도 있다. 다만 고졸공채로 입사하고 후진학으로 학사 학위를 받아도 대졸로 직급이 올라가거나 바뀌지는 않는다. 입사 시 보수체계를 그대로 따른다고 보면 된다.

5.군대를 다녀온 다음 준비해야 할까요?

남학생인데 현역복무자의 경우 위와 같은 고민을 많이 하게된다. 뒤늦게 취업준비를 시작했거나, 사정상 취업준비를 계속하기 어려운 여건이라면 먼저 군복무를 하며 연등과 주말시간을 활용하는 것도 방법이 될 수 있다. 특기병으로 가서 경력과 연계하는 방법도 있으니 군 문제를 먼저 해결하는 것도 좋은 선택지가 될 수 있다. 중요한 것은 채용 일정, 나의 준비상태, 경제적 여건 등을 종합적으로 고려하는 것이다.

공기업에 딱 맞는
스펙 만들기

스펙과 자격증

대체적인 경향을 보면, 공공기관은 사기업에 비해 학교, 학점, 영어 점수를 적게 보는 대신 공인자격증의 중요성을 크게 본다. 출신 학교는 지방으로 이전한 공공기관의 해당 지역 인재일 경우에만 입력하는 곳이 많고, 영어 점수는 일정 점수 이상이면 통과인 곳이 대부분이다. 공인자격의 중요도가 상당히 크므로 시간과 여유가 있다면 한국사 1급, 컴퓨터활용 1급은 준비해 두는 것이 좋다. 난이도가 있는 자격증이지만, 최근에 취득하는 인원이 많으므로 가점을 받을 수 있다면 받는 것을 추천한다.

토익 700점대 이상이면 시험 자격이 주어지는 곳이 있는가 하면, 소위 쌍기사(기사 2개 이상), 한국사 1급, 컴활(컴퓨터활용 능력) 1급 등이 필수인 곳도 있으므로 원하는 기업에 맞춰 준비하자. 자신이 원하는 공기업의 이전 채용공고를 보면 자격 종류별 가점 내용이 상세히 나와 있으므로, 어떤 스펙이 필요한지 확인해두자. 이전 공고를 검색하기 힘들 때는 네이버 카페 〈공준모〉를 이용하면 된다. NCS나 전공 시험의 전형 인원이 많지 않은 곳이라면 모든 가점을 받는다는 각오로 준비해야 한다.

인턴 경험

취업 활동이나 공부 일정에 무리가 없다면 인턴을 하는 쪽을 추천한다. 특히 방학 기간을 이용한 인턴은 취업 시즌과 겹치지 않는 경우가 많으니 큰 부담 없이 할 만하다. 짧은 시간, 큰일이 아니더라도 기업에서 일해본 것과 해보지 않은 것은 회사 적응도에서 큰 차이를 만들 수 있다.

두세 달 기간의 인턴도 취업을 준비한 지 1년 차 이내라면 충분히 할만하다. 인턴은 업무 강도도 높지 않아 공부할 시간이 많이 있을 것이다.

현직자가 말하는 직렬별 필요 스펙

다음 스펙은 10개 이상의 공공기관에서 입사 3년 직원을 대상으로 낸 평균치다. 어떤 스펙은 과한 것일 수도 있고 어떤 스펙은 약간 모자라거나 스펙을 보는 전형에서 턱걸이가 될 수도 있으니 참고만 하자.

사무

① 이것만큼은 필수: 토익 750 이상, 영어 말하기(토익스피킹 7, 오픽 IH 이상), 한국사 1급

② 이 정도는 갖춰야 한다: 컴활 1급 또는 정보처리기사, 토익 850 이상

③ 이 스펙이면 어디든 갈 수 있다: 토익 950 이상 또는 영어 말하기(토익스피킹 8 또는 오픽 AL), 한국어자격증, 전문자격증(회계사, 감정평가사, 변호사, 세무사 등). 공기업에 입사하려고 전문자격증을 취득하는 경우는 매우 드물다.

기계

① 이것만큼은 필수: 일반기계기사, 토익 750 이상

② 이 정도는 갖춰야 한다: 한국사 1급, 토익 850 이상

③ 어디든 갈 수 있다: 쌍기사, 컴활 1급, 토익 900 이상 또는 영어 말하기(토익스피킹 7 또는 오픽 IH 이상), 컴활 1급

전기

① 이것만큼은 필수: 토익 750 이상, 전기기사

② 이 정도는 갖춰야 한다 한국사 1급, 토익 850 이상, 영어 말하기(토스 7 이상)

③ 어디든 갈 수 있다: 쌍기사(전기기사, 전기공사기사), 토익 900 이상 또는 영어 말하기(토익스피킹 7, 오픽 IH 이상), 컴활 1급

토목/건축

① 이것만큼은 필수: 건축기사(건축직) 혹은 토목기사(토목직), 토익 750이상

② 이 정도는 갖춰야 한다: 쌍기사(토목직: 재료기사 등, 건축직: 건설

안전기사 등), 한국사 1급, 토익 880 이상

③ 어디든 갈 수 있다: 토익 900 이상, 3기사 이상, 영어 말하기(토익스피킹 7 또는 오픽 IH 이상)

화공

① 이것만큼은 필수: 화공기사, 토익 750이상

② 이 정도는 갖춰야 한다: 쌍기사(가스기사, 소방기사, 산업안전기사) 한국사 1급, 토익 850 이상

③ 어디든 갈 수 있다: 토익 900 이상, 영어 말하기(토익스피킹 7 또는 오픽 IH 이상), 컴활 1급

기계/전기(고졸채용)

① 이것만큼은 필수: 한국사 + 전공 관련 기능사 1개

② 이 정도는 갖춰야 한다: 컴활 1급, 한국어 능력시험

③ 이 정도면 어디든 갈 수 있다: 한국사 고급+기능사 3개, 컴활 1급, 토익

사무(고졸채용)

① 이것만큼은 필수: 고졸 전형에 지원하려면 필수적으로 최종학력이 고졸(예정)이어야 한다. 기관에 따라 대학 재학, 휴학생도 지원 가능하다. 이 외에 따로 지원 자격은 없다.

② 이 정도는 갖춰야 한다: 자기소개서 위주로 보는 공공기관이라도 한국사, 컴활은 보기 때문에 이 정도는 갖춰야 한다. 학교장 추천서나 어학 성적이 지원자격인 곳도 있지만 아닌 곳이 더 많다.

③ 이 정도면 어디든 갈 수 있다: 국립공원공단은 서류에서 자격증만 보기 때문에 한국사, 컴활, 전산세무, 전산회계, 워드, 회계관리 등의 자격증이 있어야 통과할 수 있다. 또한 2018년 기준으로 한국은행, 금융감독원, 예금보험공사, 한국무역보험공사, 한국예탁결제원, 신용보증기금, 한국감정원, 공무원연금공단 등이 학교장 추천서(일반적으로 한 학교당 1~5명으로 제한)를 요구했다. 사학연금공단을 제외하면 대부분 내신 높은 고졸 예정자에게 주는 편이다. 많은 자격증, 학교장 추천서, 훌륭한 자기소개서 필력을 가지고 있다면 어떤 기관이든 서류전형을 통과할 수 있다. NCS 필기 실력, 면접 실력까지 있다면 최종합격에 가까워진다.

Q & A

여기서 뭐가 더 필요할까요?

스펙에 관해 많이 하는 질문 중 하나가 '여기서 뭐가 더 필요할까요?'다. 공기업 채용 과정에서 점점 블라인드 채용이 대세가 되고 있다. 금융공기업, 인국공, 한국공, 한전, 협회, 몇몇 구 단위, 소도시 시설관리공단(서울시 제외)을 제외하면 기본적인 토익 점수 혹은 해당 전공기사자격증(혹은 컴활)만 갖추면 시험을 볼 수 있다. 점수가 낮으면 면접 때 불이익이 오는 것이 아닌가? 하고 생각하는 사람이 많은데, 실제로 내 동기나 후배들을 보면, 고스펙이 아니더라도 공기업에 취업한 사례가 매우 많다. 목표 기업군을 먼저 정하고, 그 기업군에 맞는 스펙을 준비하며 전공 및 NCS 등에 집중하는 게 좋다.

체험형 인턴, 정말로 꼭 해야 할까요?

앞서 언급했듯이 할 수 있으면 하는 게 좋지만, 필수는 아니다. 인턴이나 해당 분야 경력이 없다고 합격에 치명적인 영향을 주는 건 아니다.

자신이 학창시절에 열심히 공부했거나 동아리 생활이나 기타 경험 때문에 인턴 경험을 하지 않았거나 못했을 수도 있다. 이 경우에는 그동안 느낀 경험이나 배운 점을 잘 풀어서 답변하면 된다.

체험형 인턴에 지원할 때 고민하면 좋을 항목은 아래와 같다.

① 방학 기간 중에 할 수 있는지
② 지원직렬과 직무가 같거나 유사한지
③ 출퇴근하기 가까우며, 퇴근 후 공부에 집중할 수 있는지

첫째로 '방학 기간에 할 수 있는지'는 학생들에게는 매우 중요하다. 휴학을 안 하고도 인턴을 경험할 수 있는 곳이 있다면, 취업 기간을 한 학기(3개월)는 단축시킬 수 있다. 추가적으로 6개월 이상의 장기 인턴도 있는데 금전적으로 급하거나 또는 마음이 급한 취업준비생은 3개월 미만의 인턴도 충분하다. 인턴으로 오래 근무한 것은 기간에 비해 메리트가 크지 않다. 그리고 기왕이면 자소서나 면접에 스토리텔링을 할 수 있도록 본인이 지원하려는 직렬과 비슷한 계열에서 인턴을 해보도록 하자. 마지막으로 출퇴근이 용이해 퇴근 이후 공부를 단절하지 않고 취업 준비를 이어갈 수 있는지 고민해 보자.

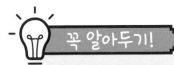

체험형인턴, 계약직 꼭 해야할까?

많은 취업 준비생이 계약직이나 인턴을 하며 취업준비를 할 지 혹은 바로 필기전형을 준비할 지 고민한다. 입사지원을 하다보면 탈락의 고배를 맞는 경우가 생각보다 자주 생긴다. 서류전형에서 정량적인 스펙을 갖췄음에도 불합격하는 경우도 생기고, 자기소개서의 문제로 불합격 할 수도 있다. 혹은 힘들게 최종면접 단계에 왔는데 경력이 많아보이는 옆지원자에게 밀려 탈락할 때 업무경험을 쌓아야 할 지에 대한 고민이 생긴다. 인턴이나 계약직을 하는 데에도 적절한 단계가 있다. 첫번째는 경제활동을 하며 취업준비를 해야하는 경우이다. 생활비를 직접 벌어야 하지만 어느정도 공부를 한 상황이라면 파트타임 아르바이트를 하는 것보다, 공공기관 체험형인턴에 지원하는 것을 추천한다. 월 140-180만원 선의 실수령액을 평균 5-6개월 동안 받으며 경력사항에 추가할 수 있다. 보안내규, 업무연속성의 문제로 다수의 체험형인턴 업무는 제한적인 경우가 많아 퇴근 후에도 공부할 여력이 나는 경우가 많고, 운이 좋으면 부서의 배려로 업무시간 중 일부 공부시간을 배려받는 경우도 있다.

다음으로는 인턴경험, 경력사항 없이 최종면접에서 탈락한 경우이다. 필기가 합격권에 도달하거나 한 번 필기합격을 통과하는 경우에는 채용인원이나 당일컨디션에 따라 충분히 다른 기관의 필기전형을 통과할 수 있다. 이 때는 인턴을 하며 취업준비를 이어가도 좋다. 나의 학생들의 경우에도 체험형인턴을 다니다 다른 기관 정규직으로 최종합격을 한 경우가 많았다.

마지막은 대학교 저학년인 경우이다. 저학년일때는 스펙이 갖춰지지 않아서 공공기관 체험형인턴은 탈락하는 경우가 많다. 기술직의 경우에는 기사자격증이 공공기관 체험형인턴 서류전형에서 가점으로 포함되는 경우가 많기 때문에 4학년 이전에 인턴을 하는 것이 쉽지는 않다. 대신 산학협력이나, 직업교육 혹은 기술직은 플랜트교육을 참가해서 경험을 쌓는 것도 방법이 될 수 있다.

계약직의 경우에는 공부기간을 1년이상 넉넉히 확보해야하는 경우, 경제활동을 5-6개월이 아닌 1-2년을 목표해야하는 경우에 적합할 수 있다. 다만, 일부 기관들은 계약직 업무경력을 경력으로 인정하지 않는 곳도 있다. 대신 자기소개서나 면접에는 충분히 활용 가능하니 목표기관의 경력인정여부를 꼭 확인하는 것이 중요하다. 계약직을 병행하며 취업준비를 이어갈 경우 이 책의 이직준비 파트를 같이 참고하면 좋다. 업무에 대한 적응기간이 어느정도 지나가면 평일과 주말에 공부를 얼마나 할애할 수 있는지 파악이 필요하고 꾸준한 시간확보에 신경써야 계약만료 전 원하는 기관으로 안착이 가능하다. 면접전형에서 대다수 공공기관은 다른기관의 현직자나 민간기업 경력을 가진 경쟁자를 만나게된다. 그 중에서도 특히 경력직이나 이직자가 많은 직렬은 전산직(컴퓨터공학과 관련), 건강직(간호사 면허 보유 필요 직렬)이다. 국민건강보험공단의 건강직의 경우에는 다른 보건계열 공공기관과는 다르게 임상경력 1년 조건이 없어서 간호사 면허 취득 후 합격하는 경우도 매 기수마다 종종 생긴다. 전산직의 경우에는 코딩테스트 또는 개발경력이없어 걱정인 학생들이 많은데, 면접에서 프로젝트 경험사항에 대해 정리를 잘하면 충분히 합격할 수 있고 나의 학생들의 경우에도 학교 프로젝트만으로 경력자를 제치고 합격한 사례가 많으니 너무 걱정하지 말자.

정리해보면, 경험이나 경력관련 사항은 있으면 유리할수 있지만 내가 어떻게 표현하고 지원기관의 직무에 연결하는지에 따라 효과적일수 있지만, 따로 경험이나 경력 없이도 충분히 합격한 사례는 인터넷을 찾아보아도 꽤 많다. 내 상황에 따라 전략적으로 선택하길 바란다.

목표기관 선정과 스펙

목표기관을 정했다면 기관의 서류전형이 적합/부적합 전형인지 x배수로 필터링하는지 확인 후 맞춤으로 스펙을 갖추는 것이 효율적이다. 이미 취업준비를 어느정도 시작했다면 상,하반기가 끝나는 시점인 7월,12월을 스펙 스텝업의 시기로 삼아야한다. 서류전형은 양극화가 진행중이다. 블라인드 채용이지만 채용전형 비용과 효율성, 트렌드의 변화 등 다양한 이유로 서류전형의 강화는 2021년부터 시작되고 있다. 보통 서류전형이 바뀔 경우 미리 공지하거나 연초 채용계획을 발표할때 알리기도 한다. 서류전형이 배수인 곳은 취업커뮤니티에서 탈락한 학생들의 글을 통해 어느정도 커트라인을 유추할 수 있다. 점수화가 필요한 어학분야 자격은 보수적으로 목표를 정하는 것이 중요하다. 한국사 자격증의 경우에는 유효기간을 3년으로 두거나 제한을 안두는 기관도 생겨나고 있다. 최소 심화 2등급 이상을 목표로 하는 것을 권장한다.

직업교육, 교육사항 - 보건계열 공공기관의 난제

스펙에 관련해 가장 많은 질의가 오가는 것은 보건계열 공공기관의 학교 교육사항이나 직업교육 수료 유무다. 이 기관들은 서류를 7-10배수로 필터링하고 평가항목에 학교에서 수강한 수업을 입력해야한다. 이 때 수강한 수업과 지원직무의 연관성을 작성하고 받은 학점(점수)나 총 이수시간을 입력하기도 한다. 사무직/행정직은 상경계 관련 학교 교육사항을 입력하면하는데 비상경계 학생들은 입력할 과목이 없는 상황이 생긴다. 간혹 상경계라도 복수전공을 하면서 경영기획분야의 과목을 적게 수강해서 입력할 교육사항이 적은 경우가 생긴다. 이 때 가장 좋은 것은 저학년때 미리 상경계 과목에 대해 수업을 듣는 것이지만 뒤늦게 수강이 어려운 상황에서는 직업교육을 듣는 것이 도움이 될 수 있다. 일반적으로 5개를 수강하는 지원자가 많고 지원하는 기관의 직무기술서의 ncs코드와 일치하는 과목을 수강해야 한다. 직업교육은 현재 세부 내용에 대한 상세한 평가보다는 몇 과목을 수강했는지를 정량적으로 평가한다는 의견이 우세하다.

학교 교육사항의 경우 학점이 좋지 않아 C학점의 과목이라도 입

력해야 하는지 질의가 많다. 결론부터 말하면 C학점이더라도 서류
와 최종전형에서 합격한 사례는 아주 많으니 걱정하지 않아도 된다.
직업교육 사이트는 휴넷, 러닝핏, 에듀퓨어, hrd-net이 있고 교육 수
료 시 수료증에 NCS코드가 발급되는 강의로 수강해야한다. 사무직
은 주로 02010101(경영기획), 02020302(사무행정), 02020201(인사),
02020101(총무), 02010302(고객관리), 02030101(예산), 02030201(회
계·감사)의 NCS코드를 수료 시 받는 강의를 수강하는 경우가 많다.
2022년 이후로 점점 서류에서 적합 부적합으로 대부분 합격시켜주는
것이 아닌, 20~50배수로 합격자를 필터링하는 기관이 늘어나고 있다.
저학년인데 비상경계 사무직 지원하는 학생은 직업교육을 미리 수강
할 지, 교양과목이나 계절학기로 미리 교육사항을 대비할 지 고민해
두는 것이 좋다.

채용박람회, 생각 없이 가지 마라

채용박람회에 가는 게 좋을까? 도움이 될까?

필자는 많은 채용박람회에 회사 홍보를 지원하러 나가기도 했고, 많은 지원자를 만나 채용 상담도 해봤다. 정말 많은 사람이 잠깐 상담하려고 길게 줄을 서서 기다리는 모습을 많이 봤다. 하지만 그렇게 열심히 기다려서 얻은 상담시간에 지원자가 의미 없는 질문을 하는 것을 듣노라면 취업이 되기를 바라는 것인가 의심스러울 정도로 안타깝다. 아무 준비 없이 '채용박람회라는데 가보면 뭐라도 있지 않을까?' 하는 마음으로 참석하는 것은 차라리 공부라도 하면 좋았을 시간을 의미 없이 낭비하는 것일 뿐이다.

채용박람회에서 의미 있는 부분은 인사팀 관계자나 입사한 지 얼마 되지 않은 최근 취업에 성공한 현직자의 생생한 정보와 경험을 접할 수 있다는 것이다. 그런데 '이 회사는 어떤 회사에요?', '이 회사는 어떤 일을 하죠?' 등 전혀 준비되지 않고 인터넷을 통해서도 알 수 있는 질문으로 현직자를 만나는 소중한 기회를 날려버린다면 안타까운 일이다.

채용박람회는 철저히 준비해 가서 짧은 시간 동안 알차게 필요한 정보를 얻어야 하는 곳이다. 어떤 준비를 하면 될까?

채용박람회 알차게 준비하기 6단계

① 이벤트 확인하기 → ② 참가 기업 확인 → ③ 참가 계획 세우기 →
④ 질문 준비하기 → ⑤ 자기소개서, 이력서 준비하기 → ⑥ 후기 정리하기

① 이벤트 확인하기

채용박람회에서 산업 및 업종별 관련 이슈나 동향을 접할 수 있다. 실제 내가 경험하지 못했거나 알지 못하는 분야의 기업에 관심이 생겼다면 관련 분야 박람회에서 간접 경험도 하고 도움을 얻을 수 있다.

또한 채용박람회는 여러 개의 기업이 부스를 운영하며, 취업특강과 자기소개서 작성, 모의면접 같은 이벤트를 준비한다. 최근에는 면접용 메이크업 컨설팅까지 진행되기도 했다.

자신이 참여하고자 하는 채용박람회가 어떤 주제로 진행되는지, 기업 소개 외에 어떤 이벤트가 준비되었고 어떻게 참여하면 되는지 사전에 확인해야 한다.

② 참가 기업 확인

채용박람회에는 다양한 기업이 참여해 각각의 기업을 홍보하며 입

사지원자에게 정보를 주고자 한다. 모든 기업 정보를 얻을 수 있다면 좋겠지만, 숫자가 너무 많기 때문에 평소 관심 있던 기업이 참여했는 지, 특히 알아보고 싶은 기업이 있는지 확인해야 한다. 참가 기업 명단은 해당 채용박람회 홈페이지나 홍보 페이지에서 확인할 수 있다.

③ 채용박람회 참여 스케줄 세우기

이벤트와 참가 기업을 확인했다면, 어떻게 움직이며 상담받을지 사전에 스케줄을 짜야 한다. 귀한 시간을 쪼개 참석한 만큼 시간을 효율적으로 사용해야 하기 때문이다. 참여해야 할 이벤트의 시간과 채용박람회의 동선을 고려해 확실한 계획을 세워야 한다. 인기 있는 기업의 부스는 사람이 많이 몰려서 대기시간이 길기 때문에 타이트하게 시간 계획을 세웠다가 지키지 못할 수 있다는 점을 주의하자.

④ 질문 준비하기

관심 기업의 상담에 참여하기 전, 어떤 질문을 할지 꼭 정해서 가야 한다. 최소한의 시간으로 최대한의 정보를 얻으려면 꼭 필요한 질문만 해야 한다. 앞서 언급한 것처럼 인터넷에서 조금만 알아보면 나오는 정보가 아닌 현직자와 인사팀을 통해서만 얻을 수 있는 채용전형과 준비 팁, 채용 시 요구사항 등 내밀한 정보가 있다.

구체적인 질문 리스트를 만들면 좋은데, 질문은 크게 기업에 관한 것, 지원할 직무에 관한 것, 채용전형에 관련된 것으로 나눌 수 있다. 특히 직무에 관한 질문을 통해 같은 직무라도 기업별로 실제 업무에 조금씩 차이가 있고 이런 차이 때문에 어떤 식으로 근무하며 어떤 일을 구체적으로 하게 되는지 알 수 있다. 그런 정보를 활용하면 좀 더 의미 있게 자기소개서 작성과 면접 답변을 할 수 있을 것이다. 채용전형에 관련해서는 과거 전형과 달라진 것이 무엇인지, 최근 채용 관련 이슈로 어떤 게 있는지를 질문하면 팁을 얻을 수 있다. 어떤 부분이 중요하고 채용 과정 중에 어떻게 준비했는지에 대한 노하우와 방법도 들을 수 있을 것이다.

예, 아니오로 대답할 수 있는 것이 아닌, 다양한 정보와 팁을 얻을 수 있도록 서술형으로 답을 들을 수 있는 질문을 준비해야 한다. 답을 들었을 때 추가로 할 질문까지 준비한다면 더욱 의미 있는 시간이 될 것이다.

⑤ 자기소개서, 이력서 준비하기

대부분의 자소서 문항은 인터넷에서 검색하면 알 수 있다. 실제 채용 공고가 나기 전, 이런 정보를 보고 미리 자소서와 이력서를 작성해 가서 상담한다면 다음에는 좀 더 그 기업의 분위기에 맞는 자소서를 쓸 수 있을 것이다. 요즘에는 틀에 박힌 듯한 천편일률적인 자소서보다 실제 경험을 위주로 개성이 드러나는 자소서가 중요해지는 추세다.

⑥ 후기 정리하기

학창시절, 시험을 보고 나면 꼭 오답노트를 정리하라고 하시던 선생님의 말씀이 기억이 난다. 오답노트를 정리해 두면 시험을 마치고 틀린 부분이 왜 틀렸는지 알 수 있고 나중에 다시 복습하기 편하기 때문이다. 채용박람회에 참여한 후에도 마찬가지로 그날 어떤 기업을 방문했고, 어떤 조언을 들었는지 모든 것을 정리해 두어야 한다. 정리하다 보면 부족하다고 느끼는 것도 있고 다음에 어떤 것을 준비해야 할지 떠오르는 점도 있을 것이다. 이런 점을 통해 좀 더 효율적으로 취업을 준비할 수 있다.

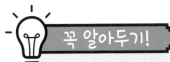

공기업 캐슬, 취업컨설팅 꼭 필요할까?

취업난 속에서 공기업은 신의 직장이라 불리며 선호도가 계속 증가하고 있다. 이 틈을 타 수험생들의 불안한 심리를 이용해 이익을 취하는 취업컨설턴트가 많이 생겨나고 있다. 취업컨설턴트는 수험생에게 맞춰 취업의 각 단계별로 전략을 수립해주고 결과적으로 취업할 수 있도록 돕는 사람이지만, 안타깝게도 돈을 들인 것에 비해 성과가 잘 나타나지 않는 경우가 많다. 공기업 취업시장은 일반 취업시장에 비해 극히 작기 때문에 공무원이나 대기업 과목을 담당하는 컨설턴트가 공기업도 같이 강의하는 경우가 많다.

그렇다면 좋은 공기업 취업컨설턴트를 구하려면 어떻게 해야 할까? 첫째, ncs 채용으로 합격한 경험이 있는 현직자를 찾아라. 각종 포탈과 블로그에는 현직자면서 재능기부 활동을 하는 이가 적지 않다. 높은 경쟁을 뚫고 입사한 이들이야말로 제일 좋은 취업컨설턴트일 것이다. 둘째, 학교 취업센터를 활용하자. 대부분의 대학교에는 취업센터가 마련되어 있어, 직무에 대한 스터디, 자소서, 면접 등 각 전형별로 어려운 부분을 무료로 상담받을 수 있다. 셋째로 스스로 취업컨설턴트가 되는 것인데, 필자는 이 방법을 추천한다. 자신의 세세한 상황을 멘토나 컨설턴트에게 전달하고 그에 대한 적절한 상담을 받기는 쉽지 않다. 스스로 준비하고 부족한 부분을 현직자나 학교 취업센터에 자문하며 준비하는 게 쓸데없는 지출을 줄이고 빨리 취업하는 지름길이다. 스스로 취업 매니징을 할 수 있도록 다음 장에서 단계별로 설명할 예정이다.

그래도 돈에 여유가 있어서 취업컨설턴트를 쓰고 싶다면 다음 사항을 준비하고 컨설턴트를 만나자. 첫째로 나의 스펙, 장단점, 살아온 환경·경험을 정리하고 둘째로 특정 회사를 지원한다는 가정하에 입사지원서, 자기소개서(지원동기, 입사 후 포부)를 먼저 작성해보자. 상담받을 때 자신의 글 쓰는 습관이나 취업에 대한 준비도를 좀 더 빨리 파악할 수 있을 것이다. 셋째로 학교 등에 있는 무료 취업센터에서 상담을 받는 것이다. 한 사람에게만 취업 컨설팅을 받는 것보다 앞서 무료 상담을 받고 나서 두 군데 이상의 업체를 비교하는 게 훨씬 도움이 될 것이다.

마음이 급하다보면 불안감에 다양한 취업관련 과정을 수강하게된다. 하지만 아무리 뛰어난 강사나 컨설턴트라도 본인이 하지 않으면 도움이 되지 않는다. 그리고 커리큘럼을 따라가더라도 내 것으로 체화를 하려는 노력이 없으면 ncs든 전공이든 '공부는 열심히 했지만 막상 시험을 보면 뭔지 잘 모르겠는' 상태가 될 것이다. 이 상태가 되면 취업시장에 대해 어느정도 알고 있다고 느끼지만 막상 점수는 나오지 않고, 더이상 풀 문제집은 별로 없지만 실력은 정체 되어있게 되는 경우가 많다. 급할수록 돌아가라는 말이 있듯이, 각종 강의를 소화하기 어려운 상황이면 수강하는 강의의 갯수를 줄이고 내 것으로 만드는데 집중하면 어느새 실력이 올라있을 것이다.

이렇게 자소서 쓰면
합격에 가까워진다

6가지를 미리 준비해 두면 하루가 절약된다!

공기업은 입사지원서를 온라인으로 바로 접수받는 기관과 우편 또는 등기, 이메일로 접수받는 기관으로 나눌 수 있다. 전자는 규모가 큰 기관이 많고 민간 기업에 위탁을 주고 채용시스템을 관리하는 경우가 많다. 후자는 해당 기업 인사팀에서 직접 확인하는 경우가 많다.

입사지원서를 작성할 때 많이 하는 실수는 토익 또는 자격증 번호를 잘못 기입하는 것이다. 공기업 취업 커뮤니티를 둘러보면 입사지원철에 자주 보이는 단골 소재다. 만약 실수했다 하더라도 인사팀에 연락하면 수정해 주는 경우가 많기 때문에 걱정하지 말자.

여러 번 지원하다 보면 자격증번호처럼 같은 내용을 입력하게 된다. 평소에 입사지원서 내용을 휴대폰이나 클라우드, 이메일에 보관한다면 시간을 하루정도 절약할 수 있을 것이다.

① 자격증 관련: 자격 번호, 취득일, 자격증 발급 기관, 자격증 복사본

② 경력: 인턴(회사) 입사일, 퇴사일, 경력증명서 복사본, 주요업무, 경력과 지원직무 연관성

③ 어학: 자격번호, 취득일, 발급기관, 유효기간, 복사본

④ 학교: 졸업년도, 직무관련 이수과목, 이수과목 중 잘 받은 학점, 졸업예정증명서 복사본, 직무관련내용, 수강내용

⑤ 경험사항(대외활동): 활동명 및 기관, 수상 내역 복사본, 주요역할, 목표 및 성과, 직무연관 내용

⑥ 병역(남학생): 군번, 입영일, 전역일

⑦ 기타 : 개인서명(정보동의서용), 증명사진, 자기소개서 자주 쓰는 항목

입사지원서 예시

입사지원서에 기입할 정보는 생각보다 많은데, 특히 복사본을 첨부해야 하는 경우에는 찾아서 인쇄하고 올리는 데만 하루가 소요된다. 필자는 복사본, 입사지원 정보를 따로 보관하기를 강력 추천한다. 먼저 자격증은 유효기간이 평생인 것이 많은데 막상 지원서에 입력하려고 하면 취득일이 생각나지 않는 경우가 있으니 따로 정리해 두자. 그리고 경력 부분을 작성하다가 입사일을 잊는 경우가 많다. 이직을 준비하는 독자는 재직 중 미리 경력증명서를 출력해두자. 퇴사 후 인사팀에 연락해 발급받는 것보다 재직 중 발급받는 게 수월하다. 어학은 유효기간을 입사 공고와 비교해서 확인하는 게 좋다. 대부분의 어학 점수는 2년 만기인데 기관에 따라 인정하는 기간이 다른 경우도 있

기 때문이다. 아직 졸업을 안 한 4학년 2학기 학생들은 졸업예정증명서를 준비해두어야 한다. 대졸공채에 지원하려면 필요하기 때문이다. 이때 남성은 군필이어야 한다. NCS 채용으로 바뀌어 모든 학점을 확인하지 않지만 직무와 관련된 이수과목의 내용과 그 과목의 학점을 묻는 기관이 있다. 따라서 평소에 점수를 잘 받은 과목을 미리 정리해두면 좋고, 편입학 경험이 있다면 편입학년도와 이수과목도 정리해두면 좋다.

비온라인 입사지원서는 메일로 제출하는 경우가 많지만 간혹 우편이나 등기 또는 방문제출로 접수하기도 한다. 21세기에 아날로그 방식을 택하는 곳이 아주 간혹 있기 때문에 입사지원서 전형이 온라인이 아니라면 여유 있게 입사지원서를 준비하는 것이 좋다. 대부분의 공공기관은 외주를 맡기거나 자체 입사지원 시스템을 가지고 있다. 온라인 입사지원서로 입사지원을 할 때 많이 실수하는 3가지는 자기소개서 오타, 토익 · 자격증번호 등을 잘못 기입하는 것, 마지막으로 임시저장을 하지 않았다가 작성 중인 지원서를 날리는 것이다. 한 번에 모든 것을 입력하려고 하기보다 중간에 임시저장을 하자. 제출 후 인사팀에 전화해서 수정을 요청하지 않는 한, 수정이 대부분 불가능하기 때문에 한 번에 제출하기보다 두세 번 확인하고 제출하는 것이 좋다.

대부분 기관은 입사지원을 완료하면 지원한 내용을 다시 보기 어렵다. 정보공개청구를 신청하면 확인할 수 있지만 촌각을 다투는 바쁜 시점에 번거로우니 입사지원서는 저장해두면 면접 때 편리하다. 자기소개서의 경우에는 자주 쓰는 항목은 따로 정리해두면 좋다. 성취, 실패, 협동, 청렴, 가장 활용도 높은 경험 정도의 항목은 따로 메일이나 클라우드에 보관해두자.

입 사 지 원 서

접수번호					

	성명	(한글)	박 대 호		응시부문	토목직
		(한자)	朴 大 鎬			
		(영문)	PARK DAE HO			
	주민등록번호				생년월일	1989 년 11 월 28 일(만 28 세)
	주소					
	긴급연락처	전화 : 010		휴대폰 : 010	E-mail :	

	구분	졸업년월	학교명	전공	부전공/복수전공	졸업구분	취득학점	소재지
학력 사항	고등학교	2008.02	과천 고등학교			인문		경기
	대학교	2013.02	단국 대학교 토목환경공학 과	토목환경공		중회	82.51점(2.97/4.5)	경기
	편입대학교	2016.07	서울시립 대학교 토목공학 과	토목공학		졸예	94점(4.0/4.5)	서울
	대학원		대학교 대학원			졸예/졸업	(100점 만점 환산)	

	역종	복무기간	군별	계급	병과	면제/의가사사유	보훈대상	비대상
병역 사항	만기제대	2009년 09월 21일 ~ 2011년 10월 11일	공군	병장	통신		신체장애	

	직장명	근무기간	직위	담당업무	급여	퇴직사유
경력 사항 (최신순)	서울메트로	2016년 1월 4일 ~ 2016년 2월 28일	인턴	무시멘트콘크리트 연구보조	1,000,000원	수료

	외국어명	수준	공인시험점수		자격면허명	등급	발급기관	취득년월
외국어	영어	중	TOEIC : 935점	자격 면허	토목기사	1	한국산업인력공단	2015.05.29
	영어	중	토익스피킹 :170점 (LV : 7)		한국사1급	1	국사편찬위원회	2015.08.25
	기타( )	상 / 중 / 하		활동 경험	사회봉사활동	활동기관·근무지		활동시간
	※공인시험점수는 시험명을 함께 기재(토익, 토익스피킹, 탭스, 탭스스피킹, OPIC, CBT토플, IBT토플 / JPT, 일본어능력시험 등)							

	관계	성 명	연령	최종학력	직장명(직업)	직위	동거여부	주거상황	자가
가족 사항							O	신장 체중	177 cm, kg
							O	취미	운동,요리
							O	특기	요리
							O	종교	무

위와 같이 귀사에 입사를 희망하며, 위 기재내용이 사실과 다른 경우에는 입사취소 해고 등 귀사의 어떤 조치에도 이의를 제기치 않겠습니다.

2019년 3 월 23 일 지원자 박대호 인

OOOOOOO협회 귀중

비온라인 입사지원서

온라인 입사지원서

한국가스공사 입사지원서

- *가 있는 항목은 필수 입력사항입니다.
- 작성내용이 사실과 다른 경우 합격이 취소되므로 유의하시기 바라며 반드시 주의사항을 확인한 후 입력하시기 바랍니다.
- 년월일은 반드시 숫자로만 입력하시고, 2019.02.30 처럼 없는 날짜를 입력하지 않도록 유의해 주시기 바랍니다.
- 입사지원서 저장 : 지원서를 임시저장한 상태로, 마감일 전까지 수정이 가능합니다.
- 최종지원서 제출 : 지원서를 최종제출 하는 것으로, 더이상 지원서 수정이 불가합니다.
- 지원분야 변경, 이메일 변경, 최종제출한 지원서의 수정 등을 원할 시에는 지원서를 삭제하신 후 새롭게 작성하셔야 합니다.
- 지원서 삭제 : 채용 홈페이지 내의 질문하기 게시판에 수험번호/성명/이메일 기재 후 삭제요청을 하시면 됩니다.

기본지원사항

* 지원분야	[부문] 2019년 상반기 한국가스공사 일반직(신입) 채용		
	[분야] 일반 > 기술6급 > 설비운영/건설(전기) ▼		* 필기시험 장소 수도권 ▼
* 채용공고문에 명시된 지원자격에 부합하는 적격자에 해당하십니까?			◉ 해당 ○ 비해당

기본인적사항

* 성명	박대호
* 생년월일	☐ 월 ☐ 일 ❋ 주민등록번호 생년월일을 기재해 주시기 바랍니다.(MM-DD)
* 현주소	☐ 주소검색
* 전화번호	☐ - ☐ - ☐ (숫자만)　　* 휴대폰 ☐ - ☐ - ☐ (숫자만)
* E-mail	skysbule@naver.com

우대사항

보훈	○ 대상(5%) ○ 대상(10%) ◉ 비대상 [대상별 가점적용비율 보기]	보훈번호	☐
장애	○ 대상 ◉ 비대상　장애내용 선택 ▼　장애등급 선택 ▼　필기시험 요청사항 ☐		

본사이전 지역인재 대상

❋ 「혁신도시 조성 및 발전에 관한 특별법」 에 의거 최종학력기준 대구·경북지역 소재 고등학교 또는 대학 졸업(예정)자에 한함

(최종학력 기준) 고등학교 또는 대학 졸업(예정)자	○ 대상 ◉ 비대상	소재지	선택 ▼

외국어사항 [등록번호 및 취득일 입력방법]

주의사항 ▶

- 어학성적표 상의 성명과 입사지원서에 기재한 성명이 상이할 경우 개명여부에 해당을 선택해 주시고, 개명전 성명과 개명년월을 반드시 기입 바랍니다.
- 성명, 점수, 등록번호, 취득일 불일치시 불합격 처리되므로 작성에 유의하시기 바랍니다.
- 어학사항은 가장 유리한 점수 한 가지만 입력하시기 바랍니다. (1개까지만 등록 가능)

| * 개명여부 | ○ 해당 ◉ 비해당 | 개명전 성명 | ☐ | 개명일 | ☐ 📅 |

언어	시험명	점수	Registration Number	Test Date	삭제
영어	TOEIC	☐ 점 (숫자로만 표기)	☐	☐ 📅	×
	TOEFL(IBT)	☐ 점 (숫자로만 표기)	☐	☐ 📅	×
	TEPS(기존)	☐ 점 (숫자로만 표기)	☐	☐ 📅	×
	New TEPS	☐ 점 (숫자로만 표기)	☐	☐ 📅	×
	TOEIC Speaking	☐ 점 (숫자로만 표기)	☐	☐ 📅	×
	OPIc	선택 ▼	☐	☐ 📅	×

고급자격증

자격명	등록번호	최종합격	발행처	취득일	추가
		최종합격 ▼			×

병역사항

군필여부	○ 병역필, 면제, 병역의무없음 ○ 병역의무가 있으나 미필(지원불가)

경력사항
주의사항 ▶

- 인적사항(사진, 성별, 나이, 주민등록번호, 출신지, 학교명, 가족관계, 신체조건)이 포함되어 있을 경우 블라인드 처리 후 등록
- 기입된 경력 관련, 증빙서류(경력증명서, 건강보험자격득실확인서 등)를 필히 제출 요함

구분	회사명	근무부서	담당업무	직위	근무기간 (시작일~종료일)	재직	사직사유	추가
선택 ▼					~	☐	선택 ▼	×

자기소개사항
주의사항 ▶

- 자기소개사항은 항목당 글자수 제한이 있습니다.
- 자기소개서는 항목당 부여된 바이트수의 90% 이상 작성하셔야 합니다.

* 1. (지원동기) 본인이 알고 있는 KOGAS에 관한 내용(대내외 환경변화, 조직특성, 주요사업 등)은 무엇이며 그 정보를 어떻게 얻게 되었는지 기술해 주시기 바랍니다. 또한 그 중 어떠한 점에 이끌려 우리 공사에 지원하게 되었는지 기술해 주십시오.

현재 0 Bytes / 3000 Bytes 이내

* 2. (희망직무 및 포부) 선택한 희망직무에 관심을 갖게 된 계기와 이를 잘 수행할 수 있다고 생각하는 이유를 본인의 역량, 준비과정, 경험을 근거로 서술해 주십시오. 또한, KOGAS 입사 후 실천하고자 하는 목표 및 향후 자기계발 계획에 대해 구체적으로 기술해주십시오.

현재 0 Bytes / 3000 Bytes 이내

* 3. (KOGAS에 대한 SWOT 분석) SWOT 분석을 통해 KOGAS가 당면한 기회 및 위협에 대한 효과적인 전략을 제안하여 주십시오. 또한, 'KOGAS'하면 떠오르는 이미지를 제시하시고, 본인이 이를 어떤 형태로 보완 또는 개선할 수 있는지 기술하여 주십시오.

현재 0 Bytes / 2000 Bytes 이내

* 4. (의사소통능력) 과제 및 업무 수행 상황에서 자신과 다른 의견을 가진 사람을 설득하여 본인이 원하는 방향으로 이끌었던 경험이 있습니까? 당시 상황을 간략하게 기술하고 설득하기 위해 취했던 행동을 구체적으로 기술해 주시기 바랍니다.(조직 혹은 집단의 구성 규모, 본인 및 구성원의 역할, 성과를 내기 위해 본인이 노력한 수준, 노력의 결과가 드러나도록 기술)

현재 0 Bytes / 2000 Bytes 이내

* 5. (문제해결능력) 학업 과제 수행이나 업무 수행 중에 발생한 예상치 못한 문제의 해결방안과 재발방지책까지 제시한 경험이 있습니까? 당시 상황을 간략하게 기술하고, 문제해결과 재발방지를 위해 어떠한 노력을 기울였는지 행동중심으로 구체적으로 기술해 주십시오.

현재 0 Bytes / 2000 Bytes 이내

* 6. (기술능력) 과거의 교육과정이나 경력들을 통해 습득한 전공 지식·기술 및 경험들이 지원 분야의 업무와 어떠한 관련성을 맺고 있다고 생각합니까?또한, 그러한 지식과 경험이 실제 업무 수행에 어떠한 방식으로 도움을 줄 수 있는지 구체적으로 기술하여 주십시오.

현재 0 Bytes / 2000 Bytes 이내

* 7. (핵심가치) KOGAS가 지속적으로 지켜온 핵심가치는 다음과 같습니다.
    1) 세계를 향한 도전 2) 사회에 대한 책임 3) 미래를 향한 변화 4) 사람에 대한 신뢰
    본인의 경험을 바탕으로 위 4가지 가치 중 한 가지 이상의 항목을 활용하여 이루어낸 성취 경험을 구체적으로 기술해 주십시오.

현재 0 Bytes / 3000 Bytes 이내

지원서의 모든 기재사항이 지원자가 작성 및 제출한 사실과 다름이 없음을 확인하며,
부정으로 합격(부정청탁으로 합격 포함)시 합격취소 또는 입사취소가 되며,
향후 전 공공기관 입사 지원에 제한됨을 확인하고 서약합니다.

작성일자 2019년 4월 2일 / 지원자 박대호 (인)

비밀번호		비밀번호 확인	

입사지원서 저장

* 필수 항목을 모두 작성하셔야 저장 가능합니다.
* 지원서 저장시 접수마감일 까지 수정 가능합니다.

최종 지원서 제출

* 최종제출 할 경우 더 이상 수정 불가합니다.
* 반드시 확인하시고 제출 하시기 바랍니다.

온라인 입사지원서

자기소개서 준비하기

최근에는 자소서 문항과 항목이 줄어드는 경향이 있다. 점점 자소서의 비중이 준다고도 볼 수도 있다. 채용할 때 자소서를 요구하지 않는 기업도 있다는 점을 염두에 두자.

자소서는 면접과 연결된다

초보 취업준비생은 자소서를 급하게 적어 제출하거나 가벼운 마음으로 작성하는 경우가 많다. 하지만 자소서는 면접과 밀접하게 연결된다. 필기시험에서 고배를 마실 것이라 예상해서 가볍게 자소서를 작성했는데, 만약 필기시험을 통과해 면접을 보게 된다면 자소서 내용을 몰라 전전긍긍할 수밖에 없다. 좋은 기회를 놓치는 것이다. 자소서 내용을 바탕으로 면접을 진행하는 기관이 많다. 따라서 취업을 처음 준비하는 취업준비생도 이를 고려해서 한 번쯤 자신에 대한 키워드로 생각나무를 그리고 브레인스토밍하는 게 좋다.

글자 수 제한이 있어도 소제목을 달자

점점 채용 과정에서 자소서에 상관없이 많은 인원을 통과시켜 시험을 볼 수 있게 해주는 추세이기는 하지만, 자소서는 면접 질문의 기반이 되기 때문에 면접에 대비해 작성하는 것이 맞다.

보통 짧게 내용을 요구하는 곳은 200자 정도, 길게 요구하는 곳도 1000자를 넘지 않는다고 보면 된다. 그렇다면 짧은 자기소개서에도 소제목을 써야 할까? 이 부분은 의견이 많이 갈리는데, 필자는 '글자 수가 400자 이상이면 소제목은 항상 쓰는 것이 좋다'고 생각한다.

인사담당자와 면접관의 입장에서 생각해 보면, 하루에 엄청나게 많은 지원자의 글을 보기 때문에 일일이 긴 글들을 읽기란 쉽지 않은데, 소제목이 달려 있으면 가독성이 높아져 좀 더 읽기 편하다.

두괄식으로 작성

추후에 면접에 관한 글에 또 적겠지만, 자소서만큼은 두괄식이 좋다. 다음 예시를 통해 알아보자.

ex) 두괄식: 꼼꼼한 성격이 장점입니다. 평소 메모하는 습관을 들여 실수를 줄이고, 업무량이 많아도 차근차근 중요한 일부터 처리합니다.

ex) 미괄식: 평소 메모하는 습관을 들여 실수를 줄이고, 업무량이 많아도 차근차근 중요한 일부터 처리합니다. 따라서 꼼꼼한 성격이 장점입니다.

짧은 글이라 차이가 크게 느껴지지 않을 수도 있지만, 몇 백 자가 넘는 글은 문단 앞에서 두괄식으로 말해주고 시작하는 것과 아닌 것의 차이가 굉장히 크다. '소제목+두괄식'과 '서술식'의 차이가 읽고 싶은 글과 아닌 글을 가른다.

구체적인 수치 사용하기

자소서에 경험을 적을 때, 두리뭉실하게 적는 것보다 기간과 목표치, 개선 내용 등을 구체적인 수치를 활용해 적는 쪽이 읽는 사람으로 하여금 신뢰감을 가질 수 있도록 한다.

아래 예시를 보도록 하자.

① 나는 새로운 방법을 업무에 적용해 업무 기간을 크게 단축하였다.
→ 나는 내 전공인 ○○ 분야의 방법을 업무에 적용해, 대략 2개월이 필요한 업무를 1개월로 단축했다.
② 조원들과 열심히 협업해 종합설계과목에서 좋은 성적을 거두었다.
→ 조원들을 이끄는 조장을 맡아 함께 노력한 결과 A+라는 좋은 성적을 거두었다.

단순한 예시이지만, 당신을 자소서로 처음 접하는 인사담당지와 면접관들에게 좀 더 신뢰감을 줄 수 있으며, 질문할 거리도 금방 찾을 수 있게 해준다.

경험이 어떻게 해당 기업에 도움이 될지 고민하기

이 항목이 자소서에 있다는 것은 지원자가 기업에 어떻게 기여할 수 있는지 물어보는 것뿐만 아니라, 기업에 대한 관심도를 묻는 것이라고 볼 수 있다.

정부3.0 정책으로, 여러 공기업과 공공기관 관련 정보를 홈페이지에서 쉽게 확인할 수 있다. 각 공공기관과 공기업의 공공성과 목적을 생각해 보고(예를 들어, 공항공사와 교통공사는 '안전한 수송 및 공항과 철도 관리'이고 에너지 공기업들은 '안정적인 에너지 공급' 등이다) 자신의 전공이 회사의 어떤 분야에 도움이 될 수 있을지 고민해서 이를 자소서에 잘 녹여 넣도록 하자.

첨삭의 필요성

글쓰기에 정말 자신이 없다면, 학교 취업개발센터 등에서 자소서 첨삭을 받는 것도 좋은 방법이다. 첨삭받으며 자소서 쓰는 기술을 높일 수 있다. 취업카페 같은 곳에서 자문을 구할 수도 있다.

단, 첨삭에만 의지하면 자신이 말하고자 하는 내용과 자신만의 글쓰기 색을 잃어버릴 수 있다는 점에 유의하자.

상대는 인사팀 직원 또는 컴퓨터다

자소서를 봐야 할 사람은 나도 아니고 친구도 아니고 교수님도 아니다. 바로 면접관이다. 그러니 면접관이 궁금해하거나 필요로 하는 내용을 적어야 한다. 당연한 말 같지만, 필자가 수많은 수험생의 자소서를 첨삭해 주며 느낀 점은 자신이 하고 싶은 말만 한다는 것이다.

예를 들면 자소서의 질문은 '협업에 대한 경험'인데 본인이 잘해서 조별과제 점수를 잘 받았다고 적는다거나, '입사 후 포부'를 묻는 것인데 자격증 취득 이야기를 하거나 열심히 하겠다고만 기술하는 식이다. 협업에 관한 질문에서 면접관은 어떤 점이 궁금했을까? 팀워크 정신을 발휘한 경험이나 갈등을 해결한 경험이 궁금했을 것이다. 입사후 포부에서는 어떻게 전문성을 쌓고 회사에 기여하고 싶은지가 궁금하지 않았을까?

자소서로 적합/부적합을 보는 경우에는 컴퓨터로 걸러내기도 한다. 영문도 모르고 자소서 전형에서 반복 탈락한다면 글자 수나 특정 악성 키워드의 유무, 인재상과 지원자의 차이 등을 점검해 보자.

장문의 자소서

간혹 트렌드를 역행해 한 항목에 1000자 넘게 요구하는 기관도 있다. 이때 팁은 형식에 맞춰 문장을 채우고, 문장 앞뒤로 조금씩 분량을 늘려보는 것이다. 장문의 자소서를 아래를 참고해 작성해 보자.

① 첫 문장
② 서론

③ 본론

④ 느낀 점

⑤ 앞으로 일하며 적용하거나 개선하고 싶은 점

먼저 첫 문장은 간결하게 작성한다. 두괄식으로 'ㅇㅇ의 성과를 낸 경험이 있습니다', 'ㅇㅇ의 문제를 해결해 좋은 성과(학점)를 낸 적 있습니다' 등 최대한 간결하고 가독성 있게 적는다. 두 번째로 서론은 'ㅇㅇ에서 근무하며 ㅇㅇ을 했습니다', 'ㅇㅇ를 하며 ㅇㅇ한 일(문제)이 생겼습니다' 등 과정을 작성한다. 다음으로 본론에는 결론에 대한 내용을 구체적으로 작성한다. 예를 들면, 'ㅇㅇ의 문제가 있었는데 ㅇㅇ를 하여 문제를 해결하였습니다'와 같이 정확하게 작성한다. 그 다음 느낀 점은 '이 일 덕분에 ㅇㅇ하면 ㅇㅇ함을 배웠습니다' 등 단순한 느낌뿐 아니라 어떤 점을 배웠는지 작성한다. 마지막으로 입사해서 어떻게 적용하고 행동할지를 쓴다. 이 다섯 문장을 작성한 후 앞뒤로 분량을 조절해 장문의 자소서에 대처하자. 서론의 분량이 길어질수록 첫 문장이 중요해진다. 자소서는 자신이 아닌 인사팀 직원이 읽는다는 것을 늘 잊지 말자.

자소서의 기본적인 구조

자소서의 기본적인 구조는 다음과 같다.

①한 줄 요약 → ②상황 또는 그 당시 설명 → ③그렇게 행동한 이유 또는 결과를 이루기 위한 목표 → ④한 줄 결과 → ⑤배운 점 또는 깨달은 점

유형에 따라 가감이 있지만 기본적으로 글의 구조를 생각하고 자소서를 작성하는 것이 좋다. 앞에서 말한 글의 구조는 기본적으로 사용할 수 있는 구조이며 자소서 항목에 따라 내용을 줄이거나 늘리면 된다.

짧은 글을 요구한다면 전달하고자 하는 중심 내용을 잘 보존하며 글자 수를 줄이려고 노력해야 하며, 긴 글을 요구하면 글자 수를 늘리다가 무의미한 문장 또는 반복이 발생하지 않도록 주의한다.

적극성을 발휘해 성과를 낸 사례

①서울메트로에서 보조기억매체 현황을 정리해 업무시간을 단축한 경험이 있습니다. ②인턴을 하며 살펴보니 CD 및 USB를 포함한 보조기억매체들의 현황 파악이 안 되었습니다. 현황 정리에 대한 필요성은 있었지만 아무도 실행에 나서지 않았습니다. ③저는 업무시간을 단축하고자 보조기억매체의 관리대장을 만들겠다고 자처했습니다. 본 업무에 방해되지 않도록 10일 동안 800종이 넘는 보조기억매체의 현황을 엑셀로 정리하고, 라벨양식을 표준화해 관리번호를 부여했습니다. ④그 결과 민원처리 시간이 단축되었고, 인턴 평가에서 좋은 점수를 얻었습니다. ⑤맡은 업무에 주인의식을 갖고 임하면 나뿐만 아니라 팀에도 도움이 될 수 있음을 배웠고, ○○○에서도 주인의식을 가지고 업무에 임하겠습니다.

① 한 줄 요약

한 줄 요약은 자소서의 핵심 주제를 포함해야 하고, 한 눈에 내용을 파악할 수 있도록 해야 한다. 분량이 부족하거나 내용을 더 강조하고 싶으면 뒤쪽에 비슷한 표현을 사용해 한 줄 요약을 재배치하기도 한다.

② 상황 설명

상황 설명은 적고 나서 꼭 한 번 상대에게 설명한다고 생각하고 되뇌어본다. 불필요한 단어나 반복된 표현을 많이 발견할 수 있다.

③ 그렇게 행동한 이유 또는 결과를 이루기 위한 목표

이유나 목표는 구체적으로 기술하면 좋지만 없을 경우 최대한 상황과 결과가 자연스럽게 이어지도록 신경 쓰자.

④ 한 줄 결과

결과는 간단명료하게 작성한다.

⑤ 배운 점, 깨달은 점

배운 점은 당연히 앞의 한 줄 요약과 이어져야 한다. 그리고 해당 경험에서 얻은 교훈을 적고 마무리한다.

Q&A

저는 인턴 경험도 없고 대외활동 경험도 없으며, 경력기술서에 쓸 경험도 없습니다. 이럴 때 어떻게 해야 할까요?

필자라면 없는 경험을 지어서 적을 것 같지는 않다. 만약 관련된 질문이 면접에서 나온다면, 진술하지 못한 대답을 할 수도 있고, 이런 부분이 그대로 드러날 가능성이 높다.

인턴, 대외활동 등의 경험을 반드시 적을 필요는 없다. 배우고 느낀

바만 진실되게 적는다면 인사담당자와 면접관의 마음을 열 수 있을 것이다.

정말로 적을 내용이 없다면, 수업 중에 했던 조별과제에 조미료를 첨가해 적는 것도 좋은 방법이다. 조별과제에서 어떤 문제가 있었는데, 키워드(도전, 협동 등의 회사에서 주는 인재상이나 자소서 질문의 키워드)를 발휘해 좋은 결과(A학점 혹은 좋은 발표 점수)를 얻었다는 식으로 적어볼 수 있겠다.

연차가 낮을 시 재직 사실을 밝혀야 할까요?

이 부분을 이직자가 가장 어려워한다고 생각한다. 절대적인 정답은 없지만 1년 미만일 경우 내용을 적지 않는 편이, 1년 이상이라면 적는 편이 좋다고 본다.

1년 미만의 재직 기간을 기입할 경우, 면접 시 이직 사유에 대한 압박 질문을 받을 확률이 높다. 인내심이 부족해 조금만 힘들면 우리 기업에서도 또 나갈 생각을 하지 않을까 하는 인식을 줄 수도 있다.

1년 미만의 공백기는 치명적이지 않으므로, 기입하지 않는 것을 추천한다. 1년 이상의 경력은 기입하되 이직 사유를 잘 고민해서 답변을 준비해야 한다. 본인의 이직 사유를 면접관들에게 잘 납득시킬 수 있다면, 1년 이상의 경력은 강점이 될 수 있다. 업무 경험은 새로운 업무에 적응하는 데에도 도움이 될 수 있기 때문이다.

자소서 항목의 단골인 직무기술서, 꼭 적어야 하나요?

직무에 관련된 것이 아니면 적지 않아도 상관없다. 직무기술서에서 원하는 것은 특정 업무, 직렬에서의 경험이기 때문에 억지로 끌어 맞쳐서 쓰면 속내가 눈에 보일 수 있고, 이것이 역효과를 유발할 수 있으니 주의하자.

물론 직무기술서에 딱 맞게 적을 내용이 있다면 적도록 하자. 면접할 때 질문거리가 될 수 있고, 잘 대답한다면 가점이 될 것이다. 그러나 합격을 가르는 큰 가점 요인은 아니라고 생각한다.

자주 나오는 자소서 항목 유형 베스트 5

아래 다섯 유형은 공공기관 자소서에서 많이 볼 수 있는 유형이다. 때로는 각 유형이 섞이거나, 여기서 벗어난 유형도 있지만 큰 틀에서 아래의 다섯 유형만 준비해 두면 원하는 기관이 채용공고를 냈을 때 자소서를 준비할 시간을 단축할 수 있다. 다섯 유형은 면접에서 자주 물어보는 질문 유형이기도 하다. 기관의 규모가 소규모일수록 조금 더 세부적인 질문이 자소서에 등장하기도 한다. 이런 점은 면접에서도 동일하다.

지원동기, 입사 후 포부

가장 기본적인 자소서 항목이다. 인사팀 또는 취업대행업체가 왜 이 질문을 자소서에 포함했을지 생각해보자. 지원자가 회사에 얼마나 관심이 있는지가 궁금했을 가능성이 높다. '왜 입사지원을 하였는가?'란 질문에 대한 답은 대부분 '돈을 안정적으로 벌기 위해서'이겠지만 이는 지원자가 하고 싶은 말일 뿐이고 인사팀과 면접관이 듣고자 하는 바가 아니다. 예를 들면 지원동기에는 회사에서 진행 중인 주요 사업이나 기관에 대한 관심을 다루면 좋고, 입사 후 포부에는 지원 직렬에서의 전문성이나 부서에서 사랑받는 팀원을 강조하는 등 팀 정신을 강조하는 것이 효과적이다.

협업, 팀프로젝트

협업 및 프로젝트 역시 자소서 단골 항목이다. 공공기관에서 협업 대상은 기관 선후배와 정부부처 등 상위 기관부터 사업을 시행하는 민간 분야까지 다양하다. 소규모 공공기관이더라도 일이나 프로젝트를 협업으로 진행해야 하거나 민간기업 담당자들과 교류할 일이 잦다. 이 항목이 등장한다면 학교에서 조별과제를 할 때 보여주었던 자신의 특성을 자소서에 잘 녹여보자.

예를 들어 학교에서 적극적으로 과제에 임하며 발표했거나 조장을 맡아왔다면(리더형), 협업에 능동적이고 적극적인 면을 강조하자. 입사하고 프로젝트를 맡더라도 신입사원 혼자 큰 역할을 맡는 경우는 드물기 때문이다. 반대로 조별과제에서 자료수집이나 PPT 작성 등 리더보다는 서포터 역할을 주로 맡았다면(팔로워), 입사 후 협업 시 책임감을 가지고 주어진 업무를 수행하는 팀의 소금 같은 존재가 될 것이라고 어필하자. 적극적으로 맡은 업무를 수행하겠다는 자세도 좋다.

무조건 리더가 좋고 팔로워가 나쁜 것이 아니다. 리더만 있거나 팔로워만 있으면 조직이 유연하게 운영될 수 없다. 자신의 성격과 특성을 고려해 인사팀과 면접관이 긍정적으로 받아들일 장점으로 승화하자.

위기(역경)를 이겨낸 경험, 창의적/자발적으로 문제를 해결한 경험

이 항목에서 취업준비생이 자주 하는 실수는 물어보는 것만 충실하게 서술한다는 것이다. 공공기관 취업전형의 자소서이기 때문에 직무와 연관 지어 위기(역경)에서 배운 점이나 앞으로 어떻게 적용할지 서술할 필요가 있다.

구체적으로 기술하는 쪽이 면접에서 압박 질문을 피할 수 있게 해준다. 너무 과장하거나 두루뭉술하게 기술했다가 면접에서 날 선 질문을 받으면 당황할 수 있다. 기승전결이 확실하게 작성하자. 특이한 내용이 아니더라도 기승전결이 확실하면 면접에서 공격당할 확률이 낮아지고, 자소서 전형에서 마음 졸이는 일이 줄어든다.

직무와 관련된 경험, 지원직무에서 가장 중요하다고 생각하는 것

직무와 관련된 경험은 경력기술서를 따로 요구하거나 자소서 항목으로 자주 출제된다. 경험이 없다면 학교에서 배운 수업 내용이라도 활용해서 최대한 경험을 연결하자. 단순한 경험보다 특정 레포트나 프로젝트처럼 성과를 낸 경험을 활용하는 게 좋다. 지원 직무에서 가장 중요하다고 생각되는 것을 인재상과 연결해 작성하면 좋다. 나의 성향과 가장 가까운 인재상을 업무와 연관시켜 작성하자. 자소서에 이 문항이 있다면 면접에서 다시 물어볼 가능성이 매우 높다.

가치관, 좌우명, 중요하게 생각하는 가치

가치관, 좌우명에 특별한 내용을 적을 필요는 없다. 자신의 가치관이나 좌우명을 서술하고 그 이유와 업무에서 그것을 어떻게 활용할 것인가(장점)를 자소서에 녹여내자. 가치관이나 좌우명 또는 중요하게 생각하는 가치가 없다면 '청렴' 또는 '안전'이 좋은 소재다. 모든 공기업이 '청렴'을 최우선 가치로 삼고 있으며, 많은 SOC 공기업은 '안전'에도 많은 가치를 둔다.

자기소개서 가장 많은 실수 베스트 3

자소서 첨삭을 하다가 자주 만나본 실수 유형을 골라봤다. 더 좋은 표현을 사용할 수 있지만, 최대한 작성자의 표현을 그대로 살려 첨삭했다.

반복 또 반복?

자신을 지칭하는 표현의 반복은 기초적이면서 자주 보이는 실수다. 조사나 접속사의 잦은 반복도 포함된다. 자소서에 반복이 많으면 전달하거나 강조하고자 하는 내용이 분산된다. 문장에서 해당 주어와 조사를 지워 봐서 의미 전달이나 글의 흐름 또는 글의 집중도에 영향이 없다면 생략해도 된다.

> 저는 제가 가진 역량들을 가지고 성과를 도출해 나라에 이바지하고자 하는 목표가 있습니다. 제가 ○○공사에 지원한 이유는 이 목표를 달성하기 위함인데, 제가 가진 차별화된 경쟁력을 가지기 위해 ○○공사의 기술력을 배우고 싶어서입니다. 제가 위와 같은 목표를 설정하게 된 큰 계기로 국토대장정이 있었습니다.

'저는, 제가, 저만의' 등 자신을 지칭하는 단어가 다양하게 쓰였다. 아예 쓰지 않을 수는 없지만 너무 반복되면 글의 집중도가 떨어진다. 이와 비슷하게 '그런데, 그러나, 하지만' 등 접속사를 반복하는 것도 글의 집중력을 떨어뜨린다. 무조건 '저는, 제가'나 접속사를 쓰지 않을 것이 아니라, 반복 어구만 지워도 글이 훨씬 나아진다. 예시에서 반복을 지우면 다음과 같다.

반복어구가 빠진다고 해서 문장의 전달력이 떨어지는 것이 아니다. 오히려 자연스러운 전개가 가능함을 확인할 수 있다.

대하소설의 끝은?

자소서의 분량이 모자라는 경우, 또는 글이 완전히 미괄식으로 작성돼 있어 하고자 하는 말이 무엇인지 한눈에 들어오지 않은 것을 보고 대하소설식 자소서라고 한다. 글의 구조 중에 상황을 설명하는 부분을 늘리다 보니 글의 집중도가 떨어지고 앞의 사례처럼 불필요한 어구가 반복되기도 하는 것이다. TV 드라마 중에 갑자기 회를 연장하면 극의 긴장감이 떨어지는 것을 본 적이 있을 것이다. 드라마에서 그런 일이 벌어진다면 잠시 채널을 돌리면 되지만, 자소서에서 발생한다면 당신의 기회가 다른 지원자에게 돌아갈 가능성이 높아진다.

앞의 문단에서 중심 내용은 연구 과정에서 조원과의 의사소통 능력과 협동심을 기를 수 있었다는 것이다. 그러나 글의 인과관계가 잘 안 맞고 어법상 어색한 표현이 있어 중심 내용이 잘 들어오지 않는다.

'자문을 구하다'가 아닌 '자문하다'가 맞는 표현이다. 중간의 다른 내용은 제쳐두고 두괄식으로 한 줄 요약한 문장을 앞으로 끌어내 보겠다.

> 대학에서 팀 과제로 Solidworks 구조해석을 하며 조원들과의 의사소통 능력을 기를 수 있었습니다. 헬멧 충격 실험을 여러 높이에서 달리는 오토바이에서의 충격 실험, 헬멧 외형과 헬멧 내부의 머리의 충격 실험 등을 하고 싶었지만 구매 여건에 따라 자유낙하 실험을 우선 진행했습니다. 머리 역할을 하는 모델의 재질을 찾아보다가 유리로 대체하였으며, 헬멧의 재질은 시중에 존재하는 헬멧의 재질을 적용했습니다. 그 결과 ○○한 결과를 얻었고, 연구하고 어려운 부분을 교수님께 자문하며 어려운 문제라도 조원들과 힘을 합치면 해결할 수 있다는 점을 배웠습니다.

실험하며 어떤 결과를 얻었는지가 제일 중요한데 그에 대한 내용이 없어 ○○으로 대체했다.

답정너(난 하고 싶은 말만 할 테니 넌 듣기만 해!)

쓰고 싶은 이야기는 많고 자소서 분량은 정해진 경우 또는 여러 가지 스펙이 있을 때 나타난다. 지원자 입장에서는 하나라도 더 장점을 어필해야 마음이 편하겠지만, 이를 확인하는 인사담당자나 대행업체 입장에서는 특별한 고급 자격증이 아닌 이상 진부하게 느껴질 뿐이다. 고급 자격증이나 눈에 띄는 경력이 아니라면 어떻게 표현하고 포장하느냐에 달려 있다.

평소 컴퓨터를 좋아해 저는 컴퓨터로 할 수 있는 직업을 찾고자 컴퓨터 활용능력, 전산응용 사무자동화산업기사 등 여러 가지 컴퓨터 관련 자격증을 취득하기 위해 노력해 왔고 현재 2019.01.01 시험 본 전산응용 기계제도기능사 필기도 합격하였으며 19년 1회 실기 접수도 완료한 상태입니다. 이렇게 저는 한 번 취미가 들어버린 관심 분야는 폭넓게 끝까지 파고드는 자신감과 열정이 저의 강점이라고 생각하고 있습니다.

직무에 대한 관심을 넘어 스펙을 나열식으로 열거하고 있다. 인사담당자는 단순히 직무가 좋아서 자격증을 취득했다기보다(자기소개서를 쓰는 입장) 취업이 어려워 스펙을 쌓은 것(인사담당자의 입장)으로 볼 수도 있다. 단순한 나열식에서 직무상 장점으로 순화할 필요가 있다. 해당 내용을 포함해 다음과 같이 수정해 보았다. 작은 차이로 더 높아진 가독성과 전달력을 확인할 수 있다.

컴퓨터로 전산업무를 하는 일을 꿈꿔 왔습니다. 평소 관심 있는 분야에 깊이 파고드는 열정이 강점입니다. 이를 살려 직무능력 향상에도 도움이 되고 자격능력도 먼저 갖추려고 컴퓨터 활용능력, 전산응용 사무자동화산업기사를 취득했습니다. 이제는 그동안 가져온 열정과 자격능력을 바탕으로 사무 직무을 보며 실무경험까지 겸비한 신입사원으로 거듭나고 싶습니다.

자기소개서 키워드 유형별 관리하기

처음 자소서를 작성하면 어렵게 느낄 수 있지만 계속 입사지원을 하다 보면 지난 입사지원서와 비슷한 내용으로 작성하고 있을 것이다. 입사지원 한두 번에 바로 합격하면 좋지만, 만약을 대비해 자소서를 키워드 유형으로 정리해 두는 게 좋다. 자소서를 세세하게 분류하기보다 큰 유형 안에서 활용하는 것이다. 필자는 자기소개서 유형을 아래와 같이 분류했다.

첫째로는 협업, 협동, 타협에 관한 내용이다. 성공, 실패에 대한 내용보다 '같이'한 경험이 있는 내용을 1번에 분류한다. 두 번째는 장점과 성과다. 유무형의 성과들을 2번에 분류한다. 세 번째는 단점과 실패다. 실패나 단점으로 시작하지만 끝맺음은 언제나 어떤 것을 배웠거나 교훈으로 삼았다는 내용을 포함한 자소서로 분류하자. 네 번째는 가치와 인재상이다. 지원 회사의 인재상은 조금씩 다르지만 자신이 선택하는 인재상은 비슷할 것이다. 자주 쓰일 가능성이 높다. 제일 무난하면서 자주 등장하는 지원동기 유형은 따로 분류할 수 있을 것이다. 봉사활동 경험이나 공익에 대한 견해를 묻는 자기소개서는 자주 나오지 않지만 이따금 쓸 일이 있으므로 분류하자. 마지막으로 기타는 특이한 자기소개서를 분류하기보다, 자주 못 보던 유형인데 잘 썼다고 생각한 자소서를 분류해 두자. 글감이 떠오르지 않을 때 도움이 될 수 있다.

정리하면 아래와 같다.

① 협업, 협동, 타협

② 장점, 성과

③ 단점, 실패

④ 가치관, 인재상

⑤ 지원동기

⑥ 청렴, 공익, 봉사, 직업윤리

⑦ 기타 - 안전, 산업분석

경험정리의 필요성

앞에서 나의 생각나무에서 내가 살아온 과정에 대해 간략히 적어보고 생각해봤고 앞의 장에서 주요 키워드에 대해 알아본 것을 바탕으로 경험정리를 미리 해두는 것이 좋다. 특히, 자기소개서를 본격적으로 작성하는 시점에는 경험정리가 미리 필요하다. 2021년을 지나며 면접 준비기간이 촉박한 경우가 많아지고 있다. 따라서 입사지원 전부터 경험정리를 상세히 해둬야 이후 면접전형의 대비도 수월하다. 저학년의 경우에는 지원분야와 목표기관에 대해 알아본 후 어떤 경험을 더 채워나갈지 전략적으로 판단할 수 있다. 취업준비생의 경우 기존의 경험을 잘 정리하되, 경험소재로 삼을만한 것이 별로 없으면 일상생활에서 겪은 에피소드를 정리해두는 것도 좋다. 경험정리는 자기소개서 – 인성검사 – 인성면접과 이어진다고 생각해야한다. 정리한 내용을 입사지원 시 바로 쓰지 못하더라도 면접에서 대비해야할 가능성이 높다. 기술직은 특히 안전에 대한 자신의 생각, 그리고 학부에서 배운 내용, 관련 활동이나 경험을 상세히 정리해두면 좋고, 기술직과 사무직 모두 직업윤리와 청렴에 대해 정리를 해두면 최근 자기소개서와 면접 경향에 미리 대비가 가능하다.

경험정리는 지원 직무에 대한 분석 – 지원분야 산업에 대한 분석 – 역량(스킬, 능력)에 대한 키워드선정 – 경험정리 및 연결 과정을 거친다. 지원직무에 대한 분석은 사무직(일반행정직, 회계직, 법무직 등), 기술직은 기계직, 전기직 등 지원하는 직무에서 주로 어떤 일을 하는지 찾아보는 것이 좋다. 기관마다 사업의 유형은 다르지만 공통적으로 하는 업무들이 있다. 이 업무들 중 어떤 업무에 관심이 있는지 그리고 향후 나의 경험과 연결하기 좋은 업무는 무엇이 있는지 정리해보자. 두 번째로 산업에 대한 분석이다. SOC, 에너지, 금융, 보건, 농업 등 관심있는 산업분야에 대해 간략히 찾아보는 것으로 입사지원 시 자세히 찾아야 하고 경험정리 단계에서는 당해 이슈가 무엇인지 찾아본다. 다음으로 자소서와 면접에서 활용할 역량을 추출하고 키워드를 작성한다. 경험과, 지원직무의 업무와 지원분야 산업에 대한 고려를 바탕으로 역량을 골라야한다. 기관 홍보자료, 보도자료, 직무기술서 등을 다양하게 참고한다.

정리가 끝나면 입사지원마다 내용을 덧붙여나가며 완성한다. 한 번에 완벽히 정리하기보다 생각 날 때마다 수정과 보완을 하는 것이 효율적이다. 경험정리를 완료하면 자주 활용할 경험을 다시 정리하면서 면접에 대비해 키워드와 활용할 자소서문항과 면접 예상가능 질문을 정리해두자. 예상 가능질문을 만들다보면 글 구성의 부족한 점을 확인할 수 있고 면접에도 대비가 가능하다. 같이 준비하는 지인이나 스터디원이 있다면 서로 예상가능한 질문을 만들면서 경험정리의 질을 높이는 것도 방법이다.

경험, 경력 기술서 작성 팁

경력기술서나 경험기술서는 내가 어떻게 작성하는지에 따라 면접에서 질문이 달라질 수 있다. 내가 경험한 것 중 강조하고 싶은 역량이나 지원기관의 업무단위와 접점을 찾아 연결하는 것이 유리하다. 작성 방법에는 개조식으로 작성하는 방법과 서술식으로 작성하는 방법 그리고 개조식과 서술식을 섞어서 작성하는 방법이 있다. 개조식의 장점은 일목요연하게 작성이 수월하며 생각보다 글자수가 꽤 많기 때문에 분량을 채우는데 용이하다. 단점은 경력이나 경험을 정량화하기 어렵다면 업무내용이 허술해 보일 수 있다. 서술식은 반대로 개조식보다 일목요연하게 보이는 것이 어렵지만, 스토리텔링이 용이하다. 업무 과정에서 문제를 해결한 경험을 풀어쓰기 용이하다. 나의 경력이나 경험에 맞게 적절히 작성하자.

개조식의 예

기업 00업무경험

- 근무기간 : 2021.09. ~ 2023. 10.
- 업무분장 및 목표 : 공조설비 공정관리, 현장 품질관리
- 주요업무성과 : 계획예방정비 0건, 품질시험 건수 00건
- 배운점/느낀점/공사 활용방안 : 00공사 00업무 시 00에 00활용하여 00목표달성에 기여

자기소개서 작성 전＋면접 준비 전, 필요한 직무 정보찾기

대다수 공공기관은 블로그, 유튜브, 인스타그램, 사보 등을 통해 기관 활동을 PR한다. 큰 규모의 기관은 유튜브 채널을 적극 활용하고 있기 때문에 직원 브이로그를 통해 직무에 대한 궁금증을 간접적으로 해소할 수 있다. 반면 에너지계열이나, 전문성을 요하는 기관의 경우에는 산업에 대한 이해가 필요하기 때문에 유튜브만으로는 부족한 경우가 많다. 이 때 참고하기 좋은 것은 해당 산업에 대한 연구기관(연구소, 연구원)의 보고서를 참고하거나, 상급기관(국토부, 산자부, 서울시, 경기도 등)의 간행물을 참고하는 것이 도움이 된다. 구글에 해당기관의 보고서, 지속가능경영 보고서를 참고하고 전력수급계획, 장기천연

가스 수급계획, 국가철도망 구축계획, 국민건강보험종합계획, 서울시 업무계획, 농업전망 등 지원기관 산업에 맞는 기획 보고서를 참고하면 도움이 된다. 신사업의 경우에는 나라장터에서 해당계약 건을 찾아 과업지시서를 참고하면 좋고, 기술직의 경우에는 직접정비를 하지 않고 용역을 맡기는 공사에 한해서는 시방서를 참고할 수도 있다. 다만 시방서의 경우에는 하나의 기본 지침일 뿐 나의 직렬에 맞는 공종이나 설비에 따라 업무 범위가 약간씩 다르다. 따라서 현업에서 용역업체가 시방서 내용을 모두 활용하는 경우가 많지는 않으니 간접적으로 참고하자.

글자수세기

글자수는 기준 글자보다 약간은 여유있게 남겨두는 것이 좋다. 제출과정에서 약간씩 글자수가 달라지기도 하기 때문이다. 자기소개서는 NCS 10개항목 중 특정 역량을 묻는 항목이 출제되기도 하고 직접적으로 직무와 연관된 경험이나 지원직무의 전문성에 대한 항목 그리고 기관이슈, 기관의 분야에 대한 이슈(에너지, 보험, 금융 등)로 출제되기도 한다.

입사지원공고 페이지에서 작성할 경우 최소 글자수를 맞추지 못하면 중간저장이 안되는 경우가 대다수이다. 따라서 입사지원페이지에서 바로 작성하기보다는 메모, 한글, 워드, pages 등을 활용하거나 자소서작성지원 사이트를 이용하는 것이 편리하다. 자소서 작성을 지원하는 사이트로는 대표적으로 자소설닷컴이 있는데 자동저장 기능과 진행사항을 관리할 수 있다.

자기소개서를 학교나 컨설팅업체에서 첨삭을 받는 방법도 있지만

AI검증을 받는 방법도 있다. 사람이 측정하기 어려운 부분을 측정할 수도 있으니 서류가 고민이거나 지원전형에 AI가 있다면 참고할 만하다.

자기소개서 제출 전 체크리스트

자소서 작성 시 문항별로 다음 체크리스트를 활용해 확인하면 실수를 줄일 수 있다. 자소서는 여러 번 검토할수록 더 다듬어지겠지만 최소한의 시간으로 합격권 자소서를 작성하는 것이 목표라는 것을 잊지 말자. 필자가 추천하는 검토 횟수는 체크리스트 하나당 두 번이다.

체크리스트

Q1) 자소서 항목이 질문하는 의도를 파악했는가? 파악했다면 한 줄로 요약해 보자.

Q2) 글자 수가 맞고, 글을 이끌어 갈 구조를 정리했는가?

Q3) 내가 전달하고자 하는 바를 잘 녹여냈는가?

Q4) 맞춤법 검사를 했는가?

Q5) 중복되는 단어나 불필요한 어구가 포함되었는가?

누구나 쉽게 NCS 준비하기

왜 NCS가 도입되었는가?

지금은 당연하게 여겨지는 NCS 채용이 도입되기 전에는 기업은 지원자들을 변별하려고 스펙이라고 불리던 학교, 학점, 영어점수, 자격증, 대외활동 등을 토대로 삼아 서류전형을 진행하는 경우가 많았다.

학벌 / 학점 / 토익 등 **3종 세트**

학벌 / 학점 / 토익 / + 어학연수 / 자격증 **5종 세트**

학벌 / 학점 / 토익 / 어학연수 / 자격증 / + 공모전 입상 / 인턴경력 **7종 세트**

학벌 / 학점 / 토익 / 어학연수 / 자격증 / 공모전 입상 / 인턴경력 + 사회봉사 / 성형수술 **9종 세트**

N종세트: 소위 취업 N종 세트라 불리던 스펙들   출처: 고용노동부 직업능력개발블로그

갈수록 어려워지는 취업난 탓에 서류전형도 통과하기 힘들어지자 지원자들이 다른 지원자들과 구분되고자 업무와 무관한 '과도한 스펙 쌓기'에 집중하게 되었다. 이를 막기 위해 2015년 NCS제도를 도입한 것이다.

NCS란 국가직무능력표준(National Competency Standards)의 줄임말로, 산업현장에서 직무를 수행하는 데 필요한 지식, 기술, 태도 등의 내용을 국가가 체계화한 것이다.

NCS는 앞에서 말했듯이 기존에 기업에서 평가하던 스펙에서 벗어나, 각 직무에 필요한 능력을 국가가 표준화해 기업이 사람을 채용할 때 꼭 필요한 요소만 체크하도록 함으로써 취업준비생의 부담을 덜고, 채용과정의 공정성을 높이겠다는 취지에서 도입되었다. 꼭 필요한 요소 중 대표적인 게 '해당 직무 국가공인자격증'과 '해당 직무와 관련한 업무경력'이다.

이처럼 공공기관 채용에 NCS가 도입되며 현재의 채용공고-서류전형-필기전형-면접전형까지의 채용 프로세스를 갖추게 되었다.

기업에서는 채용공고 시, 해당 직무에 대한 자격증 가점 여부와 필요 업무능력을 사전에 공고한다. 서류지원을 할 때 이에 해당하는 자격, 교육, 경력사항 등을 기입하고 이 외의 항목은 기업에 따라 다르지만 현재는 거의 적지 않는 추세다.

자기소개서도 소위 '자소설'이라고 불리던 화려하고 꾸민 자소서가 아닌 해당 직무에 꼭 필요한 내용을 간략히 적는 게 일반적이다.

좁은 의미에서 NCS는 직업기초능력 시험을 말하는데, 이 시험을 보게 되며 전공시험에 해당하는 직무수행능력 평가도 진행한다(직업

NCS 도입기관
(단위 : 개사)

| 130 | 230 | 332 |
| 2015년 | 2016 | 2017(계획) |

NCS 기반 채용이란

기존 채용 방식		NCS 기반채용
행정직 0명 등 단순 정보 제공	채용공고	채용분야별 직무능력 사전공개
가족사항과 학력·학벌·토익 등	서류전형	직무수행에 필요한 교육과 자격, 경력 등
인성·적성평가, 전공필기시험	필기전형	직업기초능력과 직무수행능력 평가
취미, 성장배경 등 직무무관 질문	면접전형	직무능력 평가 중심의 면접

NCS기반채용

출처: 한국경제, 고용노동부

기초능력과 직무수행능력 평가의 진행 여부와 진행 방식은 기업마다 다르니 지원하고자 하는 기업의 공고를 꼭 참고해야 한다).

공공기관의 면접전형 역시 예전과 달라졌다. 면접 주제와 질문은 해당 직무와 관련된 내용들로 구성되는 경우가 많고, 개인의 인적사항을 알리지 않는 블라인드 면접방식이 주를 이루고 있다.

4년 전 처음 공공기관 채용에 NCS가 도입된 이후, 점진적으로 늘어나 현재 NCS 채용이 어느 정도 자리를 잡은 단계에 있지만, 기업마다 방식이 조금씩 다르다. 그러니 원하는 기업에서 필요로 하는 능력과 자격이 무엇인지, 지원하고자 하는 기업이 어떤 식으로 채용하는지 미리 파악하고 준비하자.

공공기관은 대부분 50분에서 길면 2시간 정도 NCS 시험을 본다. NCS는 의사소통능력, 수리능력, 문제해결능력, 자기개발능력, 자원관리능력, 직업윤리, 대인관계능력, 정보능력, 기술능력, 조직이해능력 등으로 나뉜다. 과거 인적성시험과 가장 크게 달라진 점은 각 문제가 직무와 연관되도록 출제된다는 점이다.

하지만 NCS에 대한 편견 탓에 시작하기도 전에 포기하는 취업준비생이 많다. NCS는 어떻게 공부하느냐에 따라 전공 공부보다 더 빠르게 합격권에 다다를 수 있다. 이번 섹션에서는 NCS 합격에 다다르기 위한 팁과 효율적으로 공부할 수 있는 방법만 다루고 본격적으로 공략하는 법은 4장에서 다룬다.

이 책에 기술된 것이 전부는 아니다. 책의 공부 방법을 따라가는 것을 목표로 하지 말고 나만의 NCS 공부 루틴을 만들고 약점을 보완해 취업 기간을 단축하자.

NCS합격에 가까워지는 꿀팁 7가지

1. NCS에도 왕도가 있을까요?

인적성을 포함한 모든 수험 분야는 올바른 방향으로 열심히 준비했다면 시험을 치를 때마다 합격권에 가까워진다. 하지만 초보 취준생들은 어디서부터 준비해야 할지 모르고 무작정 어려운 문제집만 풀다 포기하기 일쑤다. 방향을 못 잡은 초보 취준생이나 NCS가 어려운 취준생은 다음에 설명할 '초보의 NCS 공부 단계'를 참고해 보자.

2. 시간과 정답률을 모두 다 취해야 한다

많은 학생이 NCS를 공부하며 걱정하는 것이 어디에 방점을 두고 학습해야 할지 모르겠다는 것이다. "제한 시간 내 모든 문제를 풀지 못하는데 어쩌죠?", "저는 문제는 빨리 푸는 것 같은데 생각보다 많이 틀려서 걱정이에요" 등 많은 취업준비생이 '정답률'과 '속도' 사이에서 우선순위를 고민한다. 답은 '빨리 정확하게 모두 풀기'다. '정답률'과 '속도' 둘 중 하나라도 놓치면 얼마나 의미 없는 것인지 설명하겠다. NCS는 실제 회사 생활에 필요한 독해력, 사고력, 계산력, 추리력을 측정한다. 실제 업무를 하다 보면 이 책에 수록된 지문보다 길고 어려운 보고서를 수십 개씩 읽을 것이고, 정말 많은 수치를 분석하고 파악해야 한다. 상사가 몇 백 페이지나 되는 보고서를 3일 내로 요약해 제출하라고 했다면, 밤을 샐 것인가? 포기할 것인가? 옆 사람에게 부탁할 것인가? 핵심만 빠르게 이해하고 넘어가며 맥락을 잡고 세부사항은 메모해 두는 '스킬'을 사용해 제한 시간 내 보고서를 제출해야 함은 당연하고 그 과정에서 잘못된 해석은 절대 용납되지 않는다. 이를 NCS에 적용해 보자. 독해 지문의 모든 것을 외우듯이 읽어야 할 필요성이 있을까? 지문의 핵심과 주장을 파악해 문제에서 요구하는 것만 빠르게 잡아내면 되는 것이다.

3. 노력과 NCS 실력은 비례할까?

NCS 스터디 그룹에 가보면 기가 막히게 똑똑한 친구들을 발견한다. 그들과의 실력 차이 탓에 힘이 들기도 하고, 문제를 푸는 속도가 정체되고 정답률도 잘 오르지 않는 때가 오기 마련이다. 하지만 NCS에 출제되는 독해력이나 계산력, 이해력 등의 문항이 매우 어려운 지식과

능력을 평가하는 것이 아니다. 대부분 고등학교 때까지 배웠던 것의 응용이고, 초등학교나 중학교 때 배운 내용이 들어 있을 때도 있다.

학창시절을 성실하게 보냈거나 지적 능력이 우수한 사람이라면 당연히 NCS 문제가 쉽고 별것 아니라고 느낄 것이다. 그렇지 못한 다수의 수험생은 그보다 조금 뒤진 출발을 하는 것뿐이다. NCS가 어려워 봐야 얼마나 복잡한 이론을 다루고 있겠는가? 고등학생으로 비유한다면 총 10교시의 수업 중 1~2교시에 잠깐 졸았을 뿐이다. 아직 많은 시간이 남아 있다. 여러분의 지적 능력은 NCS 시험 정도는 극복할 수 있을 만큼 충분하고 노력으로 충분히 이겨낼 수 있다.

4. 출제 회사마다 문제 유형이 다르다

NCS에 처음 진입한 친구들은 NCS를 수학능력시험처럼 일정 기준이나 가이드라인에 따라 비슷한 유형의 문제가 출제되는 시험이라고 생각한다. 하지만 서점에 가서 문제집을 보다가 기업마다 다른 유형으로 구성되었음을 발견하고 당황한다. 이는 NCS 시험의 출제 메커니즘에서 답을 찾을 수 있다. 각 공공기관이 필기시험 문제를 내는 두 가지 선택지가 있다.

첫째, 내부 인원을 활용해 자체적으로 문제를 개발하고 출제하는 방법. 둘째, 외부 출제기관과 계약을 맺어 외주 형식으로 출제하는 방법. 전자의 장점은 회사에 관련된 문항을 전문적으로 출제할 수 있고, 내부 인원을 활용하므로 예산을 절약할 수 있다는 것이다. 다만, 내부 직원의 출제 경험이 전무한 경우가 많기 때문에, 문제 출제 범위나 난이도가 천차만별로 바뀔 수 있어 공정성 측면에서 문제가 될 소지가 있다. 반대로 외부 기관과 계약을 맺고 필기시험을 시행할 경우 비용이 든다는 단점은 있으나 전문성과 객관성을 확보할 수 있다.

공공기관 채용에서 가장 중요한 것은 공정한 절차다. 따라서 대부분의 공공기관은 비용이 조금 더 들더라도 외부 전문기관에 필기시험 출제를 맡기곤 한다. 이에 따라 몇 개의 전문 회사가 많은 공공기관의 필기시험을 분담해 출제한다. 이러한 상황에 어떻게 대처하면 좋을까? 내가 지원하는 공공기관의 문제를 출제하는 외부 기업이 담당한 모든 공공기관들의 문제들을 섭렵하면 되는 것이다! 그렇다면 이를 어떻게 알아낼 것인가? 공공기관들은 공정성을 위해 외부 계약을 할 때 자체적으로 은근슬쩍 진행하는 것이 아니라, 공적인 곳에서 입찰을 통해 결정해야만 한다.

그곳이 바로 나라장터(www.g2b.go.kr)다. 이곳에서 모든 공공기관의 계약 정보를 수집할 수 있으며, 출제 기관과의 계약 정보 또한 알아낼 수 있다. 이를 통해 대략적인 필기시험 일자를 예측할 수 있고, 어떤 기관이 선택되느냐에 따라 어떤 유형의 문제가 출제될지도 대략 알 수 있다. 단, 공공기관의 특성상 한 기관과 장기 계약하기 어려우므로, 100퍼센트 지난번과 동일한 기관이 시험을 출제하리란 예측은 삼가야 한다.

출제방식	장점	단점
자체 출제	• 기업에 대한 관심도 평가 용이, 예산 절감	• 난이도 조절, 공정성 확보의 어려움 • 시험 관련 전문 인력 부재로 인한 출제 어려움
외부 기관 계약	• 전문성, 객관성 확보	• 자체 출제에 비해 비용 상승

5. NCS에도 트렌드가 있나요?

NCS가 도입된 초창기에는 많은 공공기관이 NCS 가이드라인과 기업 자체 정보를 이용한 출제 방식을 채택했다. 하지만 시간이 지남에 따라 수험자의 실력이 상승했고 한정된 정보 안에서 낼 수 있는 문제의 풀은 너무나 좁았다. 따라서 외부 출제기관은 점점 다른 곳에서 해결책을 찾았다. 그것이 사기업의 인적성 시험과 공무원 행정고시 1차 시험인 PSAT, 컴퓨터활용능력 시험 등의 자격증 시험이다. 특히 PSAT은 NCS의 목표 방향과 유사한 유형을 다루며 난이도가 높아 외부 기관들이 참고하기에 매우 좋았다. 뿐만 아니라 사기업의 인적성 시험처럼 일간지의 기사도 출제되는 추세다. 따라서 완벽하게 NCS를 대비하려면 NCS 문제집뿐만 아니라 민간경력자 PSAT 교재, 실제 PSAT을 위주로 학습하도록 하자.

6. 서점에서 좋은 NCS 교재를 고르는 방법이 있나요?

NCS 교재를 고르기 전 자신에게 필요한 것이 어떤 교재인지 생각해 보면 좋다. 무조건 어려운 문제가 좋은 교재는 아니다. 난이도와 상관없이 내가 그 교재를 보았을 때 공부할 점이 있고 실제 시험에서 활용할 수 있으면 좋은 교재다. 기본서 교재를 고를 때는 문제의 구성을 확인하면 좋다.

대체적으로 사무직과 기술직군의 NCS 문제 비중은 다르다. 기술직군 취업준비생은 자료해석 부분의 문제를 더 유심히 살펴보고 사무직군 취업준비생은 언어 부분의 문제를 더 확인해 교재를 구매하자.

기본단계에서는 문제의 해설이 좀 더 알찬 교재를 고르면 좋다. 이 시기에는 해설을 볼 일이 많다. 민간경력자 PSAT 교재는 같은 문제라도 출판사마다 해설이 크게 다르기도 하기 때문에 문제집의 해설 스타일을 확인해 보자. 실전단계에서는 교재 속 문제의 난이도와 스타일이 시험예정 기업과 비슷한지 확인하면 좋다.

7. 인강을 꼭 들어야 할까요?

인강이 도움이 되지만 자신의 상황에 맞게 듣는 게 좋다. 먼저 NCS 공부를 시작한 지 얼마 되지 않았고 시간적으로 여유가 있으며 경제적 부담이 없는 취업준비생이라면 듣는 것이 도움이 될 것이다. 같은 문제더라도 인강의 문제풀이는 접근 방법이 다를 수 있으므로 새로운 시각이나 접근법을 배우는 데 도움이 되기 때문이다. 하지만 문제풀이 방법이나 접근법을 '내 것'으로 만들지 못한다면 시간은 시간대로 소모하고 정작 실전에서는 전에 배운 것 같은데 기억이 나지 않아 도움이 안 될 가능성이 높다.

그렇다면 인강을 효과적으로 활용하려면 어떻게 하는 것이 좋을까? 초보자라면 상대적으로 가장 어려운 과목 하나만 듣는 것을 추천한다. 중급자는 같이 공부하는 친구와 필요한 부분만 수강해 경제적으로 부담을 줄이는 것이 좋다. 지인과 같이 인강을 듣기가 어렵다면 취업카페에서 같이 들을 스터디원을 구하는 것도 좋은 방법이다.

초보의 NCS 공부 단계

나(박대호)는 행정고시를 2년 정도 준비했다. 행정고시 1차에도 인적성(행정고시 1차 인적성 시험을 PSAT라 부른다) 시험이 있었고, 인적성 시험을 노력 대비 잘 치르는 고시생들이 있었는데 이들을 '피셋형 인간'이라 한다. 이후 고시를 접고 취업시장으로 돌아온 후 공기업 취업 시장에도 피셋형 인간과 비슷한 'NCS형 인간'이 존재함을 알았다. 타고난 독해, 사칙연산, 추론 능력으로 일반 취준생에 비해 적은 노력으로 높은 점수를 받는 이들이 여전히 존재했다. 이들의 존재는 처음 수험시장에 입문하는 수험생에게는 압박이 될 수 있지만 다음 단계를 차근차근 밟아가길 바란다.

서점에 있는 NCS 기본서 실전문제를 시간을 재고 풀었을 때 정답률이 90퍼센트 이상이라면 바로 실전연습 단계로 넘어가도 좋다. 이런 사람들은 NCS형 인간에 가깝다. 정답률이 80~90퍼센트 정도라면 기본연습 단계부터 시작한다. 정답률이 80퍼센트 이하라면 평범한 범주에 속하는 취업준비생일 확률이 높다.

정답률(%)	문제풀이 후 받는 주관적 느낌	단계
90% 이상	쉽다, 이 정도면 전공에 집중할 수 있을 것 같다 등	실전연습
80%~90%	할 만하다, 조금만 하면 될 것 같다 등	기본연습
80% 이하	어렵다, 시간이 부족하다, 기본부터 봐야겠다 등	기초연습

정답률은 이해를 돕기 위한 개략적인 수치이고 정답률만큼 중요한 것은 처음 NCS 문제를 풀어 본 후 받는 주관적인 느낌이다. 쉽다고 느껴지거나 전공에 집중할 수 있을 것 같다는 생각이 든다면 NCS형 인간에 가깝다. 할 만하다는 생각이 들거나 조금 노력하면 될 것 같다는 생각이 든다면 기본연습으로 넘어가자. 시간이 많이 부족하거나 어렵게 느껴진다면 기초부터 차근차근 시작하면 된다.

실전연습
봉투모의고사
PSAT

기본연습
기업NCS교재,
민간경력자PSAT

기초연습
기본서 활용

NCS공부단계

기초연습

기초연습에서 제일 중요한 것은 자주 나오는 유형들을 익히는 것이다. 시중의 기본서들을 하루에 일정 시간씩 할애해 공부하는 것이 좋다. 평소 집중력이 부족한 수험생은 이 시기부터 일주일에 한 번씩 계단식으로 문제풀이 시간을 늘려보자. 처음에 추천하는 방식은 평소 집중력에 따라 하루 20~30분 정도 NCS 기본서를 푸는 것이다. 이때 하루 30분을 NCS 공부에 할애했다면 30분 중에 최소 20분 이상은 리뷰 시간에 할애할 수 있도록 하자.

기초단계의 초보 취준생은 문제풀이 양보다 문제를 덜 풀더라도 집중력 있게 풀며 모르거나 어려운 유형을 확실하게 자신의 것으로 만드는 게 중요하다. 초보 취준생이 자주하는 실수가 '열심히 하는 것'이다. 문제만 열심히 푸는 것으로 '나는 열심히 하는데 왜 실력이 늘지 않고 결과가 안 좋을까?'라고 생각하게 될 가능성이 높다. 두 번째로 많이 하는 실수는 넘어가는 것이다. 기본서를 풀며 틀린 문제나 어려운 문제는 정답을 미리 지워놓고 한 권을 다 풀고 나서 틀린 문제만 다시 시간을 재고 풀자.

기본서는 얼마나 풀어보는 게 좋을까? 내가 많은 취준생을 도운 경험에 의하면 한두 권이면 충분하다. 물론 개인차가 있기 때문에 유연하게 생각하자. 하지만 너무 기본서에만 치중하는 것은 자전거를 타고 시속 100킬로미터로 달리려 하는 것과 같다. 기초연습 시기에 중요한 것은 꾸준함과 리뷰라는 것을 염두에 두자.

기본연습

기본서로 NCS의 대표적인 유형을 익혔다면, 기본연습 단계에서는 각 기업 전용 NCS 교재를 포함해 위포트, 해커스 등 사설 NCS 문제집 그리고 민간경력자 PSAT 문제로 연습한다. 민간경력자 PSAT 문제의 질이 좋기 때문에 사설기관 문제집을 먼저 풀고 난 후에 풀면 좋다. 기본연습 단계에서 제일 중요한 것은 '나의 약점 찾기'다. 문제를 풀 때 가장 어려웠거나 자주 틀리는 세부 유형을 알고 보완하는 것으로 시작해야 한다. NCS 시험에서 1등을 하려고 공부하는 것이 아니라, 다음 전형에서 최소한 손해 보지 않고 취업하는 것이 목표임을 잊지 말자.

이 시기부터 오답노트를 적는 취준생도 있지만 오답노트를 기본연습 시기에 만들면 양이 많아져 비효율적이다. 대신 틀린 문제를 체크하고 약한 유형을 보완하자. 기본연습 시기에 NCS 스터디에 참여하는 게 대체로 스터디 시간 대비 효과가 좋은 편이었다. 기본연습 시기에 많이 실수하는 것이 기업 전용 NCS 교재(예: 한전 NCS 시험대비 교재)를 무분별하게 많이 푸는 것이다. 기업 전용 NCS 교재는 고를 때 자신이 이미 풀어본 문제인지 잘 확인하자.

기본연습 시기에는 하루에 최소 1시간 반에서 2시간은 NCS 공부에 투자하자. NCS 공부를 1시간 한다면 최소 20분 이상은 리뷰에 투자하자. 시간 관리에 신경 쓰는 것이 좋고, 스터디를 한다면 OMR 마킹

시간까지 고려해 조금 더 타이트하게 문제풀이 시간을 잡고 풀면 좋다. 기본연습 시기에는 공부 시작 초기 정답률과 비교해 정답률을 조금씩 끌어올리는 데에 신경 쓰자.

실전연습

기본연습 단계와 실전연습 단계의 차이는 시험장에서의 주관적 느낌 또는 시험 결과에서 나타난다. 할 만하다는 느낌이 들거나 합격권에 가까워지고 있음이 느껴지거나, 시험 결과가 본인이 느끼기에 아깝게 떨어졌다고 느껴지면 더 이상 기본연습 단계가 아니다.

이 시기에는 공부를 어느 정도 했다고 느끼는 수험생이 많아서 시험 결과에 따라 슬럼프가 오기 쉽다. 슬럼프가 올 때 첫 번째로 추천하는 방법은 쉬는 것이다. 두 번째는 쉬운 문제집이나 과거에 풀던 문제를 다시 풀며 자신감을 회복하는 것이다. 아니면 전공 공부를 하며 재충전해 보자.

이 단계에서 중요한 것은 컨디션 관리다. NCS 시험은 컨디션이 결과에 영향을 줄 수 있는 시험이기 때문에 NCS 공부 시간을 해당 기관 시험 시간과 비슷하게 맞추거나 규칙적인 생활을 하면 실제 시험을 볼 때도 집중력을 유지하는 데 도움이 된다. 필자는 시험을 볼 때 중간에 포도당캔디를 먹으며 집중력을 유지하려 노력했다.

	중요한 것	가장 많은 실수	목표
기초연습	꾸준함, 리뷰 시간	무작정 문제 많이 풀기	유형 익히기
기본연습	틀린 문제, 약한 유형	교재 고르기, 스터디 시간	나의 약점 찾기, 정답률 올리기
실전연습	컨디션 관리, 슬럼프 극복	컨디션 관리	NCS합격

더 자세한 NCS 공부법은 '4장'에서 다룬다.

글로 쓰는 필기전형

공공기관의 필기시험은 대다수가 NCS시험에 추가적으로 인성검사, 전공시험(객관식, 주관식), 상식, 한국사, 영어(토익 RC), 논술/약술이 기관마다 조금씩 달라진다. 논술이나 약술의 경우에는 기관 관련 분야의 이슈, 기관의 추진사업에 대한 사항이 문제로 출제되는 경우가 많다. 금융공기업이나 재단, 진흥원에서 주로 필기전형에서 활용된다. 인천국제공항공사는 면접전형에 영어에세이와 논술을 포함하기도 했다. 이 항목은 직무PT를 글로 작성한다고 먼저 생각하자. 직무PT와 차이점은 주어진 시간이나 내용에 포함할 수 있는 범위의 차이가 있다. 직무PT는 20년도 하반기부터 시간을 촉박하게 주고 발표하는 기관들이 생겨났는데, 짧은 시간 내에 주어진 질문의 핵심을 파악해서 일목요연하게 발표해야한다. 논약술이나 에세이는 PT보다는 담을 수 있는 내용은 많지만 시간은 똑같이 부족하다. 개요,문제점,현황, 방안,추진계획, 결론/제언 등 기승전결을 맞춰 작성하는 연습을 평소 해둬야한다.

인성면접도 준비할 건 해야 합니다

인성검사

인성검사는 단순히 나의 인성만 보는 것이 아니라 회사에서 채용하려는 인재상과 부합하는지, 조직에 잘 융화될 수 있는지를 확인하는 검사다. 약 한 시간 내외의 시간에 수백 문제를 빠르게 풀어야 하기 때문에 어떤 문항에서 망설이다가는 자칫 탈락의 고배를 마실 수 있다. 이제는 인성검사가 단순히 적/부적합을 나누는 용도가 아니라 채용의 작은 관문으로 자리 잡았다. 인성검사에서 기억하면 좋을 팁들을 알아보겠다.

나의 캐릭터(콘셉트) 잡기

자신의 캐릭터를 확실히 잡아야 하는 사람이 예능프로 출연자만은 아니다. 인성검사에서도 캐릭터 또는 콘셉트를 잡는 게 중요하다. 필자는 인성검사가 있기 전에 항상 속으로 '나는 리더가 아니라 팔로워다. 나는 여럿이 하는 일을 좋아한다'고 되뇌었다. 수백 문제를 풀다 보면 서로 비슷하면서도 상반되는 문항이 많이 등장하기 때문이다. 이러한 문항에서 일관성을 보이지 않는다면 인성검사에서 부적합을 받을 확률이 높아지기 때문에 일관성을 유지하는 선택이 중요하다.

일관성을 유지하는 데 제일 필요한 것이 나의 콘셉트다. 성격과 성향은 살면서 형성되기 때문에 갑자기 바꾸기 어렵다. 그렇다면 가장 현명한 선택은 자신의 성격과 성향, 인재상과 업무 성향을 유사하며 일관된 콘셉트로 정리하는 것이다. 인성검사에서 굳이 우선순위를 나누자면 ①성격, 성향 ②인재상 ③업무성향 순이다. 자신의 성격과 상반된 캐릭터를 잡고 시험장에 들어갔다가는 성향의 선택을 요하는 애매한 질문에서 일관성이 크게 벗어날 수 있다. 따라서 2장에서 자신에 대해 분석한 내용을 바탕으로 삼고, 기업을 분석해 회사의 인재상을 확인하고, 업무성향을 자기소개서에서 녹이고, 인성검사에서 일관성을 가지고, 면접 준비도 연장선에 놓이게 하는 게 제일 편리하고 좋은 결과를 가져다줄 것이다.

극단적인 질문은 피하자

인성검사를 몇 번 하다 보면 자주 보이는 문항 중 하나가 '나는 화가 나면 화를 주체하지 못한다'다. 쉬운 질문이지만 솔직해져야 한다는 이야기를 어디선가 듣고 이러한 극단적인 질문에 '매우 그렇다'라고 답변하는 이들이 종종 있다. 각종 극단적인 질문에 수험생이 간혹 말려드는 이유는 '솔직해야 한다'는 프레임에 갇혀서다. 하지만 일반적인 성향에 대해서만 솔직하면 좋겠다. 어느 인성검사 출제기관이든 극단적인 답변을 선택하는 수험생에게 좋은 점수를 줄 리 없다.

솔직하게 대답하자

솔직함을 묻는 질문 중에는 "나는 무단횡단을 한 적이 한 번도 없다", "나는 한 번도 거짓말한 적 없다"가 있다. 이처럼 '단 한 번도', '절대로' 관련 문항들을 풀 때는 솔직함을 요구하는 질문이 아닌지 생각해보자. 물론 정말로 단 한 번도 한 적 없을 수 있지만 그렇더라도 '매우 그렇다'보다는 '그렇다'로 순화해서 체크하자. 극단적인 성향으로 나타날 경우 대부분의 공공기관 인재상과는 거리가 멀어질 가능성이 매우 높다.

헷갈리는 성향은 표시해두자

어떤 성향인지 딱 떨어지게 정답을 체크하기 어려운 문항도 많다. 또는 소재에 따라 약간씩 성향이 달라지는 경우도 있는데 문제를 푸는 중간에 이러한 유사 질문이 등장하면 앞에 어떤 문항에서 어떻게 체크했는지 기억하기 힘들다. 문항이 너무 많아 다시 앞으로 가서 찾아보는 데도 엄청난 시간이 소모된다. 나는 그래서 인성검사를 풀며 내가 생각한 캐릭터 또는 콘셉트와 달리 애매한 성향의 문항이 나오면 체크해둔다. 성격 관련 문항은 동그라미, 취미나 선호도 관련 문항은 세모, 업무성향 관련 문항은 네모로 체크해둔다. 이렇게 분류해 체크해두면 애매한 문항에서 일관성이 떨어지는 일이 크게 줄어들 것이다. 필자도 처음 취업 준비를 할 때는 당연히 인성검사는 통과되는 것인줄 알았다. 하지만 한국전력기술 인성검사에서 탈락한 후로는 인재상을 고려하며 캐릭터를 확실히 잡고 검사에 임했고 이후로는 인성검사에서 탈락한 일이 없다.

시간을 초과하지 말자

그 어느 전형보다도 인성검사는 중간에 시간 관리에 신경 쓸 수 있도록 도와준다. 인성검사지 첫 장에서 언급되기도 하고 방송에서도 여러 번 언급해 준다. 어떤 기관은 지금 시간에 ××번까지 풀지 못한 수험생들은 문제 푸는 속도를 더 빨리 해달라고 방송하기도 한다. 이렇게 친절하게 시간을 관리할 수 있도록 도와주는 시험은 인성검사가 유일하다. 문제 항목이 많기 때문에 시간이 초과되면 많은 문제를 포기하게 될 수도 있다. 시간을 초과하지 말라는 말은 정말 당연하지만 인성검사에서만큼은 더욱 시간을 초과하는 일 없길 바란다.

나를 잘 모른다면

앞서 나의 장점, 가치관, 희망 기관을 생각해보는 시간을 가졌다. 이를 토대로 인성면접에서 활용해야 하는데 그럼에도 나의 성향을 아는 데 아직 어려움이 있다면 MBTI검사를 해보는 것을 추천한다. MBTI검사는 Myers-Briggs Type Indicator의 약자로 마이어스와 브릭스 두 정신학자가 고안한 성격 유형검사다. 인터넷에 있는 MBTI 무료 검사가 나의 성향을 확인하는 데 도움이 될 것이다. 성향을 확인했다면 인성검사 전 날 그동안 헷갈렸던 성향을 다시 돌아보고 시험장으로 향하도록 하자.

공공기관 인성검사 기출 문제

기출 문제	매우 그렇다	그렇다	보통 이다	아니다	매우 아니다
부주의로 인해 실수를 자주 저지른다.					
공기업은 윤리적이지 못하다.					
독특한 정신세계를 가졌다는 이야기를 들은 적이 있다.					
새벽까지 뜬 눈으로 밤을 지새울 때가 있다.					
주위로부터 전공지식이 부족하다는 평을 듣는다.					
가출한 경험이 있다.					
남들이 내게 하는 말을 잘 잊어버린다.					
죽음의 공포를 생각해 본 적이 있다.					
나는 좀처럼 불평불만을 하지 않는다.					
내 주변에 아무도 없는 허전함을 느낄 때가 있다.					
최신 과학지식에 관심이 많다.					
가족 중에 마음에 안 드는 사람이 있다.					
감정이 얼굴에 나타나는 편이다.					
어두운 곳에 혼자 있으면 무섭다.					
악착같다는 소리를 자주 듣는다.					
익숙하지 않은 게임은 하지 않는다.					
요즘 한 가지 일에 몰두하기 어렵다.					
모임을 주도하는 편이다.					
한번 일을 시작하면 푹 빠져든다.					
남의 물건을 탐내 본 적이 없다.					
일할 때 주변의 변화보다 일 자체에만 집중한다.					
메모보다 기억에 의존하는 편이다.					

효율적으로 상식을 공부하는 방법

상식에서 포인트는 반복이다

상식은 준비하기가 가장 난해할 수도 있으며 가장 준비하기 편할 수도 있는 분야다. 상식은 크게 시사상식과 일반상식으로 나눌 수 있다. 시사상식은 사회 전반에 일어나는 사건, 사고, 유행어 등이다. 일반상식은 시사상식을 제외한 상식들로 ○○ 효과, ○○ 증후군 등을 묻는 것을 예로 들 수 있다.

상식 공부에 중요한 것은 반복과 꾸준함이다. 어떤 문제가 나올지 가늠하기 어려운 만큼 폭넓게 공부하되 한 번이라도 공부하거나 들어본 적 있는 내용은 정답을 맞힐 수 있도록 준비하자.

효과적인 상식 공부 방법과 시기

상식은 다른 전형 공부와 다르게 공부 시간과 결과가 정비례하지 않을 수 있다. 하지만 최대한 효율적으로 상식을 대비하는 방법으로서 하루 20~30분 꾸준하게 상식을 정리한 글을 취업커뮤니티나 인터넷에서 찾아 읽거나, 시중 서점에 있는 상식 교재를 반복해 읽는 것을 추천한다. 중요한 점은 전공, NCS 준비 시간을 침범하지 않으면서 자투리 시간에 꾸준히 해야 한다는 것이다. 스터디에서 회당 한 명이 주간 상식을 정리해 같이 공유하며 공부하는 것도 좋은 방법이다. 휴대폰에 상식 어플리케이션을 깔고 쉬는 시간에 활용하는 것도 좋지만, 휴대폰을 다른 용도로 사용할 가능성이 높으니 추천하지는 않는다. 시중 서적으로 공부할 경우 정량적으로 얼마나 반복해야 하는지 모르는 수험생이 많다. 정답은 없지만 최소 3~4회독은 해야 상식 서적의 내용이 문제로 출제됐을 때 정답을 맞힐 수 있을 것이라 생각한다. 상식 서적의 내용을 달달 외우는 방법은 시간이 많이 소요되므로 하루치를 더 쪼개서 하루에 여러 번 보는 것이 조금 더 효과적일 것이다. 필자는 공공기관 시험을 준비할 때 식사 후마다 짧게 십 분씩 반복하고 점점 빈도를 높이며 공부했는데 효과가 좋았다. 하지만 습관으로 만들지 못한다면 실천에 옮기기 힘든 방법이므로 먼저 습관을 들일 수 있을지 파악하고 빈도수를 높이며 공부할지 고려하는 게 좋다.

직렬별 현직자가 알려주는
전공공부 지름길

사무직, 토목직, 기계직, 화공직, 전기직, 고졸전공, 건축직, 전산직

　전공은 기본이자, 공기업과 공공기관 시험을 처음 준비하는 수험생에게 가장 큰 부담이 되는 부분이다. 그러나 공기업 취업을 준비하는 사람이라면, 기본적으로 자신이 지원하려는 분야의 전공은 준비가 되어 있어야 한다.

　사기업을 준비하다가 우연히 공기업 채용공고를 보고 지원한 취업준비생, 혹은 바쁜 업무와 야근 속에서, 짬을 내 일반 기업에서 공기업으로 이직을 준비하는 지원자가 공기업 취업에 실패하는 가장 큰 이유도 바로 이 전공 분야 때문이다. 자기소개서와 면접 준비, 인적성 시험(NCS)과 같이 어느 정도 '벼락치기'로 해결되기 힘든 분야다. 여러 기업의 채용 프로세스를 동시에 진행하다가 전공 공부의 분량을 보고 겁을 먹어 지원을 포기하고 마는 경우가 부지기수다.

　전공을 공부하는 방법은 개인별로 차이가 있지만, 대부분의 기관이 행정고시 같은 서술형이 아닌 짧은 제한 시간을 주고 단순 암기나 계산형 문제를 맞히는 형태의 문제를 낸다는 것을 알아두자. 공기업 전공 시험에 적합한 전공 공부 방법은 조금 좁혀서 판단할 필요가 있다. 정말 어려워서 손을 못 대는 문제보다 실수해서, 까먹어서 못 푸는 문제가 출제될 확률이 훨씬 높기 때문이다.

현 공기업 전공시험 유형은 수학능력보다 폭넓게 알고 기본에 충실하면 더 좋은 결과를 얻기 좋다. 대학 때 어려워하던 개념도 단순 암기를 통해 이겨낼 수 있다는 뜻이다. 여러 단원을 융복합한 응용문제는 출제 비중이 낮거나 없기 때문에 대학에서 전공을 어려워하던 이들도 포기하지 않고 반복해 문제를 푼다면 어느 정도 커버가 가능하다.

아래의 직렬별 팁을 바탕으로 시험에 대비하자.

토목

- 기본적으로 기사책 분권을 자세히 보고, 필요 시 추가로 공무원 문제를 푼다. 보통 기사만 완벽히 해도 충분하다.
- 기업별로 전공과목이 상이하다. 토목공학 전 과목을 시험으로 출제한다면 문제 난이도가 기사 수준이거나 기사 수준을 하회하는 게 일반적이다. 전공 준비가 덜 됐을 때는 중요한 부분을 반복해 보는 게 효과적이다. 보통 50문제를 출제하며 한 분야당 5~8문제를 내므로 자주 나오는 문제가 있다.
- 처음에는 토목기사 분권의 기본 개념을 깊이 공부해 숙지한 후, 과년도 문제를 10개년 이상 풀어본다.

토목 전공시험의 시작과 끝은 토목기사다. 추가적으로 시공학도 같이 공부하면 좋다. 목표 기업군의 전공 전형을 확인한 후 전공 공부 비중을 알맞게 바꿔서 준비하자. 많은 토목공학과 수험생이 정말 기사 문제만으로 충분하느냐고 질문하곤 한다. 답은 '충분하다'다. 여력이 되면 9급 문제와 7급 문제를 같이 보는 게 좋지만 필자 주변의 많은 합격자를 봤을 때 기사 문제에 충실하고 개념 정리만 잘한다면 합격권에 충분히 도달할 수 있음을 확인했다. 도로공사를 제외하면 대부분 은행식 출제이기 때문에 여러 문제를 많이 접할수록 유리하다. 공부 방법에는 과년도 문제부터 풀고 각 기사 과목을 분권으로 공부하는 방법과 분권으로 공부하고 과년도 문제를 푸는 방법이 있는데, 필자는 분권으로 먼저 개념 공부를 하는 방식을 추천한다. 시험이 다가오면 마음이 급해져 개념을 익히거나 외우는 게 어렵기 때문이다.

과목별 공부 방법

응용역학

- 한 번 실력이 올라오면 면접 준비 등을 하느라 공백이 생겨도 다른 과목에 비해 실력이 오래 유지된다.
- 응용역학이 어렵거나 독학으로 힘들면 공무원 인강을 듣거나 스터디에 참여하는 것도 좋다.

응용역학은 공무원 시험부터 공기업 시험까지 단골로 출제되며 변별력을 높이는 중요한 과목이다. 주로 계산 문제가 출제되기 때문에 역학과목은 개인별 격차가 심하다. 합격권에 도달하면 다른 과목 위주로 공부해도 실력 유지가 잘 되는 편이다. 따라서 처음 공부할 때 심혈을 기울이면 나중에는 약간의 개념 정리만 해도 충분하다. 다만 역학이 어려운 취업

준비생은 너무 많은 시간을 공부에 할애하게 될 수 있다. 이때는 공무원 인터넷 강의를 수강하거나 전공스터디에 참여해 공부하는 것도 좋다.

토질역학

- 개념문제와 계산문제의 비중이 섞여 나오므로 골고루 준비해야 한다.
- 2회독 이상부터는 책 구석구석의 개념에 신경을 쓰도록 한다.
- 시공학 일부와 겹치므로 재료기사 책으로 공부한다.

토질역학은 응용역학과는 달리 개념문제와 계산문제가 골고루 섞여 출제된다. 흙의 성질, 유효응력, 전단강도, 압밀, 다짐 등 항상 출제되는 단원이 있지만 대부분 고르게 출제되므로 2회독 이상 공부할 때는 자주 출제되지 않는 단원의 개념도 꼼꼼하게 보는 것이 좋다. 토질역학의 시공학 파트는 재료기사의 시공학 부분과 겹치기 때문에 재료기사로 공부해도 무방하다.

철근콘크리트 및 강구조

- 상세 개념이 헷갈리기 때문에 시간 투자가 필요하고, 잘 안 외워지는 부분을 따로 정리할 필요가 있다.
- 계산문제는 비교적 정형화된 문제들이 나온다.
- 기사책에서 자주 안 나오는 부분이 개념문제로 종종 등장하기 때문에 이를 인지하고 공부해야 한다.

철근콘크리트 및 강구조 과목은 자주 출제되는 부분보다 구조세목 같은 가장자리 부분에서 어려움을 느끼는 취업준비생이 많다. 이 부분은 단순히 과년도 문제를 많이 푸는 것으로는 해결하기 어렵기 때문에 초기에 개념을 확실히 익히는 것이 좋다. 구조세목이 종종 변별력을 가르는 문제로 출제되므로 역학 과목 다음으로 개인 간 편차가 있다. 개념을 익히는 횟수가 늘어날수록 세부적인 숫자 항목을 기억하는 것이 좋다. 계산문제는 과목 특성상 여러 과정을 거쳐 공식의 변수를 구하고 답을 도출하는 문제가 많지만 공기업 시험에서는 시간에 제한이 있어 공식을 대입하면 풀리는 간단한 문제가 자주 출제된다. 때로는 여러 계산 과정 중 일부만 푸는 문제가 출제되기도 한다.

측량

- 개념문제에서 헷갈리는 경우가 많으므로 철콘과 같이 정리해준다.
- 개념문제와 계산문제가 비교적 고르게 출제된다.

측량학은 단순히 책으로만 공부하면 개념을 이해하기 어려워 공식을 단순 암기하는 취업준비생이 많다. 응용문제가 적은 편이고 철근콘크리트 및 강구조 과목보다 지엽적으로 출제되는 문제가 적다. 3점 유속법, 전시, 후시 등 기본적으로 풀어야 하는 문제를 놓치지 않도록 한다. 지엽적으로 출제된다면 측지학에서 개념문제를 다루는 경우가 있다. 비교적 부담이 적은 과목이므로 취업준비 초기나 마지막에 공부하면 좋다.

시공학

- 재료기사 실기 책으로 공부하는 것이 효율적이다. 재료기사 과년

도 문제를 풀어보는 게 좋다.

- 시험 일자에 비해 공부양이 부족하다면 재료기사 과년도만 5개 년정도 봐도 효율적으로 접근할 수 있다.

시공학은 토목직렬로 공기업에 입사한다면 실제로 가장 많이 쓰일 과목이다. 과년도 재료기사 실기 문제가 많이 출제되는 편으로 시간이 부족한 수험생은 과년도 재료기사 문제를 보며 준비해도 좋다. 계산문제도 나오지만 주로 개념문제가 출제된다. 상대적으로 암기 비중이 높은 과목이므로 암기가 어려운 취업준비생은 평소에 정리하는 습관을 들여야 한다.

수리학, 상하수도공학

- 기본적인 계산식부터 공부하고, 개념공부를 같이 하면 좋다.
- 다른 과목들보다 덜 지엽적으로 나와서 상대적으로 수월하다.

수리학과목은 유체역학, 수리학, 수문학을 포함하고 있다. 계산문제가 많이 출제되는 과목이므로 시간이 부족한 취업준비생은 계산문제부터 준비하면 좋다. 베르누이의 정리 같은 기본 개념은 필수적으로 익혀야 하고 하천수리학 부분의 개념도 자주 출제된다. 상하수도공학은 전 과목 중 상대적인 난이도가 가장 낮은 편이다. 암기문제가 많은 과목이라 과년도 문제를 많이 접하면 좋다. 수리학과 상하수도과목 과목은 다른 과목에 비해 난이도가 일정한 편이니 전 과목을 출제하는 기업에 지원한다면 물 관련 과목은 모두 맞춘다는 각오로 공부해야 한다.

기계

기계직군의 경우도 역시 '기사' 시험의 범위와 난이도로 출제된다. 기계직군은 일반기계기사의 필기와 실기 분야를 공부하면 시험에 문제없이 대비할 수 있다.

- 시험과목에 대한 깊은 이해보다 공식을 암기해 빠른 시간에 많은 문제를 푸는 것이 중요하다.
- 난이도는 '기사' 수준
- 일반적으로 일반기계기사, 건설기계설비기사를 보고 최대한 많은 기출문제를 풀어본다.

전공을 공부할 때는 이론을 이해한 후 기출문제를 많이 푸는 것이 도움된다. 문제를 풀 때는 꼭 시간을 정하고 빠르게 풀어야 하며, 계산기 사용이 불가능한 대신 손으로 계산할 수 있을 정도의 숫자가 출제된다는 점을 알아 두자.

이론을 독학하는 방법도 있고, 기사시험 인강을 듣는 방법도 있다. 인강을 수강하면 요약 정리와 해 설을 들을 수 있기 때문에 시간을 단축할 수 있지만, 그만큼의 비용이 든다는 장단점이 있다. 기계전공자라면 전공 공부를 독학한다는 것이 불가능은 아니기 때문에, 자신의 여건에 맞게 공부 방법을 선택해야 한다.

과목별 공부 방법

재료역학

- 공식은 최대한 외워서 문제에 바로 적용할 수 있어야 한다.

- 단위에 따라 답이 달라지므로, 주의 깊게 보아야 한다.
- 그래프(SFD, BMD 등)와 그림을 그려보며 이해하면 도움이 된다.

재료역학은 공식이 다양하고 외울 것이 많지만, 한 번 공식을 외우고 나면 오히려 문제 푸는 것이 쉬울 수 있다. 또한 물리적인 힘을 다루는 과목이기 때문에 다른 역학보다 직관적으로 풀 수도 있다. 영어 시험을 잘 보려고 단어를 외우듯, 문제를 빠르게 푸는 데 필요한 게 공식이다. 한 문제라도 더 풀어서 맞추는 쪽이 유리하므로 반드시 모든 공식을 외우고 시험에 임해야 한다.

열역학 & 열전달

- 외워야 할 공식이 많지 않기 때문에, 이론을 상세히 숙지하고 있어야 한다.
- 공식 대신 외워야 할 상수가 몇 가지 있다.
- 각종 열기관 사이클에 관해 알아 두자.
- 열전달의 3가지 방법에 대한 공식 및 내용 숙지.

상대적으로 외워야 하는 공식이 적고 이론만 이해하고 있으면 공통 공식으로 해결할 수 있다. 열역학 법칙과 각종 열기관 사이클을 충분히 이해해야 한다. 필기뿐 아니라 전공면접에도 단골로 등장하는 부분이기 때문에 이론을 설명할 수 있을 정도로 연습해 두자. 이론을 완벽히 이해한 후에는 마찬가지로 기출문제를 꾸준히 푸는 연습을 해야 한다.

유체역학

- 직관적으로 이해하기 가장 어려운 과목이다.
- 기본 공식과 여러 가지 상수를 외우고 시험에 임해야 한다.
- 무차원수를 확실하게 이해하자.

재료역학과 반대로 외워야 할 공식이 적지만, 눈에 보이지 않는 내용이기 때문에 직관적으로 이해하기 어렵다. 하지만 열역학과 마찬가지로 기본 개념을 전공면접에서 묻는 경우가 많고, 베르누이 방정식 같은 부분은 단골로 출제되기 때문에 다른 사람에게 설명할 수 있는 정도의 수준으로 이해하고 있어야 한다. 유체역학도 다른 과목과 마찬가지로 기출문제를 꾸준히 푸는 연습을 해야 한다.

기계재료 & 기계공작법

- 외울 내용이 많은 암기과목이다.
- 이론과 문제를 함께 병행하며 문제를 풀 수 있을 만큼은 암기해야 한다.

이 과목은 공식을 이용해 풀기보다 많은 양을 외워야 한다. 특히 암기에 약한 이과생이 어려움을 겪는 분야이기도 하다.

처음부터 시작하기에는 공부 양이 많고 어디서부터 해야 할지 모르기 때문에 이 과목은 기출문제를 먼저 풀어서 중요도와 빈출도 순으로 암기하는 것이 좋다.

70점만 넘기면 되는 기사시험과 달리, 채용 전공시험에서는 한 문제라도 더 맞춰야 합격할 수 있다. 어느 정도만 하고 포기할 수 없는 과목이다.

남들보다 한 문제라도 더 맞춰야 합격할 수 있다는 사실을 잊지 말자.

기계요소 및 설계

- 역학에 대한 응용과목이다.
- 재료역학 공식을 확실히 암기하고 있다면 추가 공식을 외우는 건 어렵지 않다.
- 범위가 많고 내용이 다양하기 때문에 공부 시간이 오래 걸린다.

각종 역학을 응용해 기계요소와 그 설계의 특징을 이해해야 한다. 공부 범위가 넓고 각 파트별로 연관성도 크지 않아 이해하기 어려울 수 있다. 공식을 유도해 가며 차근차근 공부하면 천천히 이해해서 풀 수는 있지만, 실제 시험에서는 그럴 시간적 여유가 없으므로 공식을 암기하는 수밖에 없다. 공식 암기뿐 아니라 이론도 이해해야 수월하게 문제를 풀 수 있다.

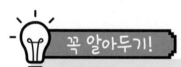

꼭 알아두기!

기계 분야 전공시험 대비 TIP!

기계기사 책의 내용을 꼼꼼히, 꾸준히 공부한 지원자라면 공기업 채용에서 전공시험을 크게 두려워하지 않을 것이다. 다만 일주일에 어느 정도 시간을 투자해 지금까지 공부한 내용을 잊지 않도록 하는 시간을 갖는 것이 좋다.

나는 일주일에 하루는 일반기계기사 도서를 복습하는 날로 잡았다.

이때 책을 보지 않고 중요 공식을 쓰는 연습과 암기과목(기계재료, 유체기계, 기계제작법 등)의 내용을 반복해서 꼼꼼히 보는 연습을 했다.

기사 난이도의 시험이라도, 한두 문제 정도는 변별력을 높이고자 사람들이 잘 공부하지 않는 분야에서 출제하기도 하니 꼼꼼하게 반복해서, 공부를 안 하고 넘겼던 부분을 간단하게라도 보는 연습을 하면 도움이 된다.

사무 공통

사무직 취업을 준비하는 수험생이 걱정하는 것 중 하나가 막막한 전공시험이다. 경영학과나 경제학과 학생은 너무 흔한 전공이라 경쟁이 치열하진 않을까 노심초사하고, 기타 전공의 비상경계 학생은 기초지식이 별로 없는 상황에서 어떠한 전공시험에 진입하는 것이 유리할지 몰라 까마득하게 느껴진다. 그러나 오랫동안 고민할 만한 시간이 없다. 공기업 사무직의 전공시험은 크게 경영, 경제, 행정, 법, 회계, 세무로 구분된다. 공기업 사무직은 전공과 상관없이 통합으로 채용하는 것이 아니라 각 전공별 T.O.가 결정돼 있는 경우가 많기 때문에 안 그래도 적은 사무직 자리가 전공을 선택함과 동시에 줄어든다고 봐도 무방하다. 예를 들어 전체 사무직을 30명 채용한다면 경영 6명, 경제 6명, 행정 6명, 법 6명, 회계 3명, 세무 3명과 같이 채용한다. 따라서 채용공고에서 어떠한 전공으로 몇 명을 채용하는지 확인해야 하며 내가 잘하는 전공과 T.O.에 따라 지원전략을 다르게 가져가야 할 것이다.

과목별 공부 방법
경영학/회계/재무

사무직 T.O. 중 큰 비중을 차지하는 게 바로 경영학이다. 경영학은 대부분의 공공기관이 전공시험 과목으로 채택하고 있을 뿐만 아니라 통합전공에서도 높은 비율로 출제된다. 그래서 초심자가 진입하기 쉽지만 방심은 금물이다. 경영학 전공은 그만큼 경쟁이 치열하다. 많은 문과대학이 경영대생을 배출하고 있을뿐더러 복수전공 등 이중전공을 포함하면 사실상 모든 문과생이 경쟁자일 수 있음을 감안하며 진입해야 한다. 시험문제는 계산보다 이론 위주이며 깊고 자세한 지식보다 넓고 얕은 상식을 물어보는 경우가 많다. 따라서 한 분야를 완벽히 공부한다는 생각보다 기본 개념을 여러 번 외운다는 느낌으로 접근하도록 하자. 경영일반, 마케팅, 인사, 회계 등에서 고르게 문제가 출제되며 회계는 어렵게 나와봐야 중급회계1 정도의 지식만 있으면 충분하다.

길을 가다 만나는 인문계 학생의 전공을 모를 때 '경영학과'학생이세요?라고 물어보면 최소 넷에 하나 정도는 '맞다'라고 할 정도로 대한민국 문과에서 경영학은 빼놓으려야 빼놓을 수가 없다. 기업들에서도 당연히 경영학을 기본적으로 챙기기 때문에 시험에서도 가장 많이 활용하고 있다. 그래서 경영학을 전공시험과목으로 선택할 취업준비생들은 거의 모든 공기업에 지원할 수 있어서 크게 걱정할 필요가 없다. 하지만 고려사항은 경쟁률이다. 물론 요즘 같은 시대에 500:1, 800:1이 무슨 상관이 있냐고 물어볼 수 있지만, 거의 모든 대학에 경영학과가 있는 만큼 대부분의 대학생이 나의 경쟁자라고 생각해도 무방할 정도로 많은 이들이 경영학을 공부해서 수험장에 온다고 해도 틀림이 없다. 그렇다면 난이도는 어떠할까? 많은 학생들이 가볍게 지원할 수 있다고 쉬운 과목이냐고 물으신다면 절대 No다. 보수적으로 생각하여 합격을 하기 위해서는 공인회계사(CPA)의 1차 시험정도를 붙을 수 있는 만큼은 해야 한다고 미리 마음먹는 것이 좋다. 최대의 적은 같이 시험을 보게 될 경쟁자들이다. 경영학/회계/재무를 나누지 않고 한 번에 통합으로 선발할 경우 행정고시 준비생, CPA 준비생 및 합격자 등 내로라할 만한 이들이 다수 응시하므로 공부할 때부터 절대 틀리지 않겠다는 각오로 완벽함을 기해야 한다.

경제학

경제학의 경우 경영학 다음으로 선택하는 수험생이 많은 과목이다. 경영학이 CPA 관련자와 경쟁한다면 경제학은 금융공기업을 준비하는 이들과 맞붙어야 한다. 다만, 경제학은 경영학에 비해 휘발성이 적은 학문이기에 일정 궤도까지 빠르게 올라간다면 앞선 이들과 충분히 경쟁해볼 만하다. 난이도는 경영학과 다를 바 없으며(경쟁률도 높고 공부해야 할 것도 많음), 합격을 위한 목표치는 7급 공무원 경제학을 붙을 수준이라고 생각하는 것이 좋다. 과목으로는 미시/거시경제학, 국제경제학, 계량경제학이 있는데, 미시와 거시경제학은 출제빈도가 높기 때문에 꼼꼼하게 공부하는 것이 필요하다. 국제경제학과 계량경제학은 전자에 비해 상대적으로 출제빈도도 낮고, 비중도 낮지만 간과할 수 없다. 기초 이론부터 소득분배이론, 후생경제학, 정보 경제학, 소비자이론, 생산자이론 등 세부 이론과 기초 개념을 빈틈없이 준비하자. 경쟁률이 높기 때문에 이 파트에서도 틀린다면 소위 메이저 공기업 필기는 통과하기 어렵기 때문이다. 공부초기에 7급 공무원 관련 온라인 강의를 참고하고 이후 독학 또는 스터디를 통해 반복회독하며 공부한다.

행정학/법

행정학과 법학은 다루고 있는 공공기관도 많지 않고 경쟁이 치열해 선호도가 조금은 떨어진다. 심지어 공부를 해도 답이 명확하게 드러나지 않는 경우가 많아 접근하기 매우 어려울 수 있다. 하지만, 남들이 꺼려할수록 진입할 만한 유인이 있다. 남들이 못하고 싫어하고 하지 않은 곳일수록 과감하게 발을 내딛는 용기가 필요하다. 행정학은 원론부터 지방행정론까지 빠짐없이 출제되기에 7, 9급 공무원 시험을 보며 끊임없이 기초를 다져야 한다. 법학은 행정학과 마찬가지로 매우 어려운 난이도의 문제는 거의 나오지 않으므로 헌법, 행정법 등 개론 수준의 이론을 꼼꼼하게 외우는 방식으로 접근하도록 하자.

통합전공 vs 단일전공 - 어떻게 해야 하나?

문과 취업준비생들이 전공시험 준비를 하며 가장 먼저 고민을 겪는 것이 '어떤 전공 과목을 선택해야 할까'에 대한 것이다. 특정 과목의 전공자라면 크게 걱정하지 않을 수 있으나, 그렇지 않은 지원자의 경우 어떤 것을 준비해야 효율적일지에 대하여 진지하게 생각하지 않을 수 없다. 일반적으로 한 전공당 공부하는 기간(하루(평일, 주말 포함) 평균 4~5시간 공부한다는 가정)이 6개월~1년 정도 소요되기 때문에 현실적으로 여러 과목을 모두 공부할 수도, 한 번 수험 과목을 선택하고 난 이후에 다른 과목으로 돌아가는 것도 현실적으로 어렵다. 그럼 우리에게 남은 선택지는 무엇일까? 바로 처음부터 진지하게 고민하고 현명하게 정하는 것. 그것이 바로 통합전공시험을 준비하는 가장 효율적인 수험자세이다. 학창시절에 시험 범위가 늘어나면 난이도가 낮아지듯 통합전공시험은 경영, 경제, 행정, 법 등 총 4가지나 되는 굵직한 과목들을 동시에 치르기에 개념적으로 어렵고 세심한 부분을 출제하는 것은 현실적으로 어려울뿐더러, 수험자의 전공지식을 측정하기에 효과적이지 못하다. 따라서 내가 처음 정하는 전공과목을 주력으로 실력을 향상시킨 뒤 타 과목들은 대표적인 기출문제를 반복해서 풀고, 메인 개념만 정리하여 가는 것이 합당하다.

그럼 어떠한 과목을 선택하는 것이 좋을까? 답을 독자들에게 주기

전 쓴소리를 한 번 먼저 하자면, 합격에 유리한 과목이란 없다. 알다시피 인문계는 매해 역대 최악의 취업난을 경신하고 있는 중이다. 올해가 최악이라고? 아니 절대 그렇지 않다. 재작년, 작년에도 그랬고, 내년에도 그럴 것이다. 당신이 취업에 성공하기 전까지 취업난은 계속해서 따라다닐 이슈이다. 구체적으로는 출산아가 취업자리보다 적어질 때까지 계속될 것이다! 그러니 조금이라도 쉬운 길을 찾으려는 생각 말고 지금 가장 필요한 행동을 하자(Do the Next right thing!)

물론 급하다고 손에 잡히는 대로 책을 집거나, 가나다순으로 해서 제일 빠른(느린) 것으로 선택하는 행동은 하지 마시길. 무턱대고 정하다 보면 예상치도 못한 경쟁자들을 만나는 등 어려움에 겪을 수도 있다.

주력 단일전공과목 택하기 전 고려요소

① 가고자 하는 기업에서 다루고 있는가
② 해당과목의 전공자인지

가고자 하는 기업에서 다루고 있는가

모두가 알다시피 세상에는 정말 많은 공기업이 있으며, 종류도 무궁무진하다. 각 기업은 업무를 수행함에 있어 필요한 전공지식과목을 선택하여 시험을 치루도록 하고 있기에 각자 시험을 보는 과목도 다르다. 어떤 곳은 경영, 경제, 행정, 법을 모두 보는가 하면 다른 곳은 경영, 경제만 제한하여 시험을 치를 수 있도록 하는 곳이 있다. 목표기관을 앞에서 정했다면 구체적으로 어떤 전공과목을 봐왔는지 잡알리오에서(job.alio.go.kr) 이전 공고를 확인하여 판단한다.

비전공자

비전공자가 경영학을 주력전공과목으로 선택하는 이들이 제일 먼저 걱정하는 것은 전공자와의 기초지식 차이에 대한 것이다. 나는 아직 기초개념조차 모르는데, 언제 경쟁자들을 따라잡을 수 있을까? 이러한 고민을 하다보니 눈앞이 깜깜해지기 마련이다. 하지만, 그러한 걱정은 다른 과목을 선택해도 똑같이 할 수 밖에 없는 것이고, 기초 정도의 실력차이는 금방 따라잡을 수 있으니 하나씩 해 나가도록 하자. 비전공자 수험생은 먼저 시중에서 객관식으로 된 경영학 서적을 한 번 훑어보도록 하자. 대학 신입생들이 보는 이론서적을 보아도 무방하지만, 우리는 학문적 성취가 아니라 빠른 시간 내에 취업을 하는 것이 주 목적이기 때문에 지름길(shortcut)만 걷도록 하자. 기초 개념을 이해한 뒤부터는 이미 당신은 1학년 경영학과 학생 그 이상과 크게 다를 바 없는 지식수준이라고 보아도 무방하다! 그 뒤부터는 이제 전공자들과 같은 커리큘럼을 수행하도록 한다.

전공자

경영학 전공시험의 파트는 크게 일반경영, 재무관리, 재무회계 등 총 3가지로 구분된다. 각각 시간이 1~2개월은 기본적으로 걸리는 과목들일 뿐만 아니라 독학으로는 수행하기 어려운 것들이기에 수험 기간의 단축을 위해서 공부 초기 온라인 강의 등의 학습방법을 적극 권장한다. 재무관리의 경우 출제빈도는 상대적으로 적은 옵션, 채권에 대한 부분까지도 놓치지 않아야 하며, 재무회계는 중급회계까지는 확실히 익혀두도록 해야 한다.

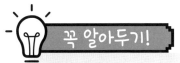
사무직 시험 팁

공부 초기에는 주전공을 정하고 다른 전공을 사이드로 정하자. 전공을 정하지 못했다면 경제보다 경영직렬이 보통 더 많이 채용되니 채용 기회가 더 넓은 전공을 주전공으로 정하면 유리하다. 어떠한 전공이 자신에게 잘 맞을지 모르겠다면 회계사, 세무사 1차 시험과목이나 7, 9급 공무원 시험과목을 연습 삼아 풀어보기를 권장한다. 그 후 기초 성적이 잘 나올 뿐만 아니라 친숙한 과목을 주전공 삼아 공부하자. 도서 또는 인강으로 빠르게 1회독을 하고 바로 공무원 기출문제집을 풀면 좋다. 단일전공을 보는 기관은 인천국제공항공사, 한국공항공사, 한국토지공사, 한국농어촌공사 등이 있고 통합전공을 보는 기관은 발전소 5개사를 예로 들 수 있다. 통합전공은 일명 올림픽시험이라 불린다. 시험과목이 많아지는데 준비할 수 있는 시간은 극도로 줄어들기 때문에 올림픽시험에 대비할 때는 기본에 충실하면 맞힐 수 있는 간단한 문제는 모두 정답이라고 해놓고 하나씩 점점 실력을 늘려가는 게 좋다. 특히 시간이 모자란 수험생은 마케팅, 인사관리, 회계는 꼭 정리하고 시험에 임하는 것이 좋다.

사무직 전공시험의 난이도는 기본적으로 7, 9급 공무원시험보다는 낮으나, 조금 더 세세한 부분을 다룬다. 따라서 CPA, 7, 9급 공무원, 회계사 그리고 세무사의 1차 시험 정도를 기초로 공부하도록 한다. 다만, 사무직의 전공시험은 높은 경쟁률에 비해 상대적으로 난이도가 평이해 기본적으로 높은 점수대에 커트라인이 위치한다. 사실상 사무직의 필기시험은 전공시험보다 NCS에서 당락이 정해지는 경우가 많다. 그러므로 T.O.가 적은 경우 전공시험은 기본적으로 다 맞힌다는 것을 목표로 공부해야 한다. 전공시험의 권장 수험기간은 사전 지식이나 학습 시간에 따라 1~6개월 사이지만 초심자라면 최소 3~6개월은 넉넉히 잡아두면 좋다.

전기

전기직렬 지원자의 전공준비에 가장 기본이 되는 것은 전기기사다. 전기기사 취득 후 전기기사 과목들(전력공학, 회로이론, 제어공학, 전기기기, 전기자기학, 전기설비)의 이론과 문제풀이로 공부를 시작한다. 다른 기사시험에 비해 난이도가 높은 편이라 진입장벽이 있는 편이다. 학부시절 전공에 어려움을 겪었다면 시간단축을 위해 인강 1회독 후 공부하는 것도 좋은 방법이다. 기본적으로 전기직 합격자의 공부 방법을 살펴보면 전기기사 이론서적 1회독 후 과년도 문제를 풀며 헷갈리거나 부족한 부분을 이론책에서 찾아 다시 학습하는 공통점이 있었다. 전기직 역시 도로공사 전공과목을 제외하면 대부분 기사필기 수준에서 출제된다. 합격생은 대부분 전기기사 과년도를 4개년에서 10개년까지 활용했다. 준비 햇수가 4개년에 가까울수록 개념에 조금 더 충실하게 준비하는 경우가 많았다. 철도시설공단, 경기도시공사, 서울시설공단과 같이 전공시험을 1과목만 보는 기업에 지원하려 할 때는 7급 공무원 개념까지 준비한다면 합격에 더 가까워질 것이다. 전공시험을 볼 때 계산기를 지참하는 시험인지 아닌지 확인해야 하고 계산기가 없는 기관의 시험이라면 간단한 루트 계산값을 기억해 둘 필요가 있다. 공부 초기에는 학교 전공에서 영어로 배운 용어가 기사시험에서 한글로 나오면 불편할 수 있다. 따라서 용어정리를 해두는 것이 좋다. 전기기사를 더 단기간에 취득하려면 오프라인 강의를 듣고 전기기기에서 이해하기 어려운 내용을 집중적으로 질문해 내 것으로 만들자.

전기기사를 공부하는 순서는 외워서 풀 수 있는 회로이론과 전자기학을 먼저 공부하는 편이다. 그리고 전력공학과 전기기기를 후순위로 공부한다. 이후 전기설비기술기준을 공부한다.

전기자기학

전자회로, 반도체, 정보통신시스템, 전계의 크기, 주파수 1GHZ 비전율 4파장, 벡터비교, 전기력선과 전계세기, 맥스웰 방정식 미분형

전력공학

가공전선, 허용전류, 유도장해 감소, 전력선측 대책, 수용률, 설비용량, 역률, 콘덴서 용량, 전압강하

전기기기

히스테리시스 곡선, 전동기 역기전력, 동기 조상기, 와류손, 부흐홀쯔, 변압기 효율, 분권전동기

회로이론 및 제어공학

위상차, RC회로에서 전류, 정상상태에서 전류, 라플라스 변환, 커패시터, 임피던스, 인덕턴스, 공진주파수

전기설비기술기준

지중선로 특징, ASS 2종 접지공사, 철근콘크리트주, 풍압하중, 전선구비조건

전기설비설계 및 관리

핵연료 특징, 태양광, 태양전지 충전률, 원자로 주기, 자가용발전설비, 수두발전 출력

화공

화공직은 화학공학과만 준비할 수 있는 것이 아니다. 공공기관은 화공 관련 직렬이 많기 때문에 관련 학과에서도 화공기사 자격증을 취득하면 화공직으로 지원 가능하다. 즉, 화공기사를 취득할 수 있는 학과가 지원 가능한데, 화학과, 환경공학과 또는 관련 학과, 섬유과, 신소재공학과, 재료공학과, 석유화학과, 고분자공학과, 식품학과, 화장품학과, 제약 관련 학과(약학부), 생명화학 등이 화공기사를 취득할 수 있다.

화공직의 주요 출제 영역은 화공열역학, 화공양론, 열전달, 유체역학, 단위조작, 반응공학, 공정제어, 천연가스, 연소공학이다. 화공직 준비에서 가장 중요한 것은 이론과 계산문제 모두를 준비해야 한다는 것이다. 시험 때마다 이론과 계산의 비중이 달랐다는 사실을 고려한다면 이론이냐 계산이냐를 구분하지 않고 같이 공부해서 어떤 상황이라도 고득점을 가져간다는 마음가짐을 가져야 한다. 짧은 제한시간 내에 50문제를 풀고 답안지에 OMR까지 마킹해야 하기 때문에 이론문제가 주로 출제됐을 때는 시간적 여유가 있고 계산문제 위주라면 시간적 여유가 없다. 그러므로 실제 시험에서 본인이 어떻게 풀어나갈지 전략을 잘 세우는 것이 중요하다. 이때 주로 많이 쓰는 전략은 이론문제를 최대한 빠르게 풀고 남은 시간을 계산문제에 할애하는 것이다. 계산 실수 여부도 마감 전까지 확인해봐야 하기 때문이다.

화공직렬에서 가장 기본이 되는 공부는 화공기사이고, 기업군에 따라 가스기사 공부를 추가한다. 화공기사는 화공열역학, 화공양론, 열전달, 유체역학, 단위조작, 반응공학, 공정제어를 포함하고 가스기사는 천연가스와 연소공학을 포함한다. 여기에 한 가지 더 준비해야 할 영역은 가스기사의 가스유체역학이다. 채용공고에는 단순히 유체역학이라고 표기돼 있어 화공유체역학만 생각하는 경향이 있으나 가스유체역학은 화공유체역학과 크게 다르지 않지만 미묘한 차이가 있기 때문에 함께 준비한다면 상당한 도움이 된다. 앞의 내용을 공부한 다음 여유가 되면 화공기사의 공업화학을 공부하는 것이 좋다. 탄화수소비, 옥탄가를 주제로 한두 문제 정도 출제될 수 있기 때문이다. 그려면 뜻밖의 보너스점수를 획득할 수 있다. 최소 6개년의 기사 기출문제를 준비해두면 좋다.

처음 공부하거나 필기시험까지 여유가 없을 경우에는 개념을 확립하려 하기보다 기출문제를 풀어보기를 추천한다. 그 이유는 기사에서 다루는 내용이 너무나 넓고 많기 때문이다. 만약 개념을 먼저 공부하고 문제를 푼다면 불필요한 곳에 시간과 노력을 투자하는 우를 범할 수 있다. 문제를 풀어가면서 접하는 여러 내용 중 빈도가 높은 부분을 우선순위로 정해 오답노트에 정리하면 언제고 복습하는 데 큰 도움이 될 것이다.

화공직 대비 과목별 필수 출제 포인트

'필수'라고 해서 꼭 출제된다는 뜻은 아니다. 다만 아래 내용을 우선순위로 가져가야 한다고 이해하면 좋다.

화공열역학

열역학 제0~3법칙, 경로함수와 상태함수, 세기성질과 크기성질, 라울의 법칙, 헨리의 법칙, 퓨가시티와 퓨가시티 계수, 열역학 사이클, 초임계유체 특징, 역행응축, 이상기체와 이상용액, 성능계수(COP), 막스웰 방정식, 자유도 계산, 특히 역행응축은 천연가스를 채취할 때 적용되는 기본 열역학 개념이므로 가스공사를 준비한다면 무조건 알아두자.

화공양론

비교습도와 상대습도, 레이놀즈 수 및 기타 무차원 수, 푸아죄유의 법칙(Hagen-Poiseuille), 용해도와 석출, 상당직경 및 상당길이. 양론은 개념보다 계산이 주된 영역이므로 필요하다면 계산식을 암기해야 한다. 그리고 기본적인 단위환산 문제가 출제될 수 있다.

열전달

열전달의 3가지 방법, 열저항과 열손실, 경막전열계수, 총괄열전달 계수, LMTD. 양론과 마찬가지로 개념보다 계산이 주된 영역이므로 필요하다면 계산식을 암기하도록 하자.

유체역학

점도의 정의, 나비에 스토크스(Navier-Stokes) 식, 펌프 일 계산, 상사의 법칙, 베르누이 법칙, 공동현상(Cavitation).

단위조작

공비혼합물, 맥캐브 티엘(McCabe-Thiele) 법, 건조속도곡선, 충전탑의 성질, 전환류와 최소환류, 단증류와 다단증류.

반응공학

아레니우스 방정식, 평형상수, 반응속도와 반응차수, 공간시간과 체류시간, 혼합용기의 특징.

공정제어

라플라스 변환, 각종 제어의 특성, 전달함수, 선형화 정리.

공업화학

노킹현상과 옥탄가, 합성가스의 제조.

가스유체역학

노즐과 디퓨저, 정상 유동과 비정상 유동, 유관과 유적선, 펌프의 성능곡선.

연소공학

연소의 정의와 종류, 가연성 가스의 폭발범위와 위험도, 고위발열량과 저위발열량, 이론연소가스량, 연소의 이상현상.

고졸채용 사무, 기술

고졸채용에서 전공은 앞의 7가지 과목 중에서 출제되는데 회계원리, 금융일반, 기업과 경영, 상업경제, 커뮤니케이션 과목은 수능과 모의고사 직업탐구 영역 문제 또는 상업경진대회 문제로 준비한다.

금융상식 과목은 매경테스트, 테셋(TESAT)으로, 일반상식 과목은 시중에 있는 일반상식 책으로 준비하면 좋다. 고졸채용에서 기술직렬은 각 직렬의 산업기사 서적으로 준비하고, 시간이 부족하다면 과년도 문제풀이를 보고 자주 출제되는 문제 위주로 준비하면 좋다. 시간이 부족한 고졸기술직 수험생은 전공서적이나 산업기사 책을 구매하기보다 바로 과년도 문제풀이 교재로 전공시험을 준비하자.

한국사는 기술직, 사무직 모두 스펙으로 활용되거나 시험에 출제하는 기관이 많다. 기본적으로 스펙 준비 과정에서 한국사 고급 자격증을 취득하는 것이 좋고, 이후에는 한국사 전형이 있을 때마다 '개념정리+약간의 문제풀이'로 대비하는 것이 효율적이다. 기본적으로 한국사 고급 기출문제를 풀었는데 80~85점 이상 점수를 낼 수 있다면 공기업 한국사 전형에서 크게 어려움을 느낄 일은 없을 것이다. 다만 한국사검정능력과 공기업 시험의 한국사 시험은 약간 차이가 있다. 첫 번째는 문제수이고 두 번째는 출제 비중의 차이인데 주로 공기업 한국사 전형은 고대사 비중이 높고 근현대사 비중이 조금 더 낮은 것이 차이점이다. 일반적으로 근현대사 문제를 어렵게 느끼는 수험생이 많기 때문에 상대적으로 난이도는 조금 더 쉽다고 볼 수 있는데, 한국사검정능력은 60점만 넘으면 되지만 공기업 전형에서 한국사시험은 60점 수준이 아니라 거의 다 맞힌다고 생각해야 손해를 보지 않는다. 전공이 약한 수험생도 한국사는 기본적으로 준비된 이들이 많기 때문이다. 한국사를 효율적으로 공부하려면 먼저 자격증을 취득할 때나 처음에 공부할 때 정리를 잘 해둬야 한다. 평소 정리가 어렵거나 시간을 조금 더 단축시키고 싶다면 첫 공부 때만 인강을 들으며 정리하는 것도 방법이다. 첫 번째 공부할 때 각 시기의 문화 · 예술 · 경제뿐 아니라 중요한 각 시기의 사건 또는 사건의 흐름을 정리해두자. 이후 두 번째 회독부터는 정리해 둔 내용을 반복하며 아는 것을 더 확실하게 내 것으로 만들어서 당락을 가르는 문제를 맞힐 수 있도록 하자. 준비 시간이 부족하다면 자주 출제되는 삼국시대 종교행사, 삼국시대 각 부흥기 주요 왕 업적, 석탑 및 불교사상, 과전법, 공민왕 업적, 주기론 주리론, 국권피탈과정 등은 꼭 정리해두자.

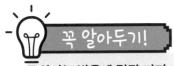

꼭 알아두기!

쉽다는 반응에 걱정 마라

시험문제를 풀고 나면 난이도와 헷갈리던 문제의 정답이 궁금해서 같이 공부하던 지인들이나 인터넷 커뮤니티 또는 단톡에서 시험 이야기를 공유하기 마련이다. 이때 시험 난이도에 상관없이 무조건 쉬웠다고 말하는 이들이 있는데 취업커뮤니티에서는 이들을 쉽다+앵무새를 합쳐 '쉽무새'라 부른다. 이들과 시험 후기를 나누다 보면 내 답이 오답인 것 같고 나만 난이도가 어려웠다고 생각한 듯해 멘붕이 오기도 한다. 하지만 지레 겁먹고 걱정할 필요 없다. 내가 정말 문제를 틀린 것이 아니라면 시험을 잘 봤는지 아닌지는 결과가 나와야 안다. 합격컷에 가까워질수록 이러한 결과를 차분히 기다리며 다음 전형을 준비하거나, 다음 기관을 준비하는 것이 최선이다. 나 역시 시험을 보면 항상 사람들의 반응을 살피고 문제를 맞춰봤다. 하지만 불안감만 늘어날 뿐 나에게 직접적인 도움이 되진 않았다. 그래서 나는 시험을 보고 문제를 복원하여 기록해두는 습관으로 바꿨다. 시험문제를 복원하면서 나에게 부족했던 부분들을 알 수 있었고 전공 실력을 빨리 올리는 데 도움이 되었다.

건축

- 건축기사 필기/실기 문제가 공공기관 시험에 비슷하게 출제
- 건축기사 필기/실기시험 과년도 기출 문제 최소 5개년 이상 숙지
- 기사 실기의 경우 깔끔하게 답안 작성 필요
- 건축기사 숙달되면 건축사예비시험, 7/9급 공무원 과년도 공부할 것

건축직은 토목직과 비슷하면서 약간 다르다. 기본적으로 토목직에는 없는 건축사예비를 보는 건축직 준비생이 많다. 건축사예비 시험은 2019년 종료되었지만 기사 기출문제를 기본으로 풀고 추가로 필

요한 부분을 예비사 책으로 보충하는 준비생이 많다. 건축직 교재를 만약 선배나 지인에게 물려받았는데 오래되었다면 해당년도를 확인하자. 건축구조기준(KBC)과 세부 기준이 2010년 이후에 변경되었기 때문이다. 건축기사 문제는 대부분 공공기관에서 비슷하게 출제된다. 하지만 종종 건축기사를 상회하는 난이도로 문제가 출제된다. 이에 대한 대비를 하려면 건축사예비와 7/9급 공무원 책도 참고하는 것이 중요하다. 건축기사 과년도 기출문제는 5개년에서 10개년을 봐야 좋다. 건축사예비 각 권의 맨 뒤 기출문제를 시험이 다가올수록 복습한다. 추가적으로 여력이 되면 공무원 7/9급 건축구조학을 과년도 5개년 정도 참고하자. 건축직 전공을 공부하는 첫 시기는 대부분 대학교 3학년 2학기 겨울방학 때이다. 이때 건축기사를 1회차에 한 번에 취득하는 것이 중요하다. 단순히 기사자격증을 취득한다고 생각하고 공부하는 것이 아닌 과년도 풀이마다 평균 88점 이상을 목표로 공부하자. 건축기사가 바로 취득되면 산업안전기사나 건설재료 시험기사를 노려볼 수 있다.

건축직 과목별 기출 모음

건축계획

한식 ,현관위치, 은행객장 최소폭, 싱글룸, 미술관 채광, 학교핑거플랜, 무창백화점, 파빌리온공장, 병원집중식, 병원수술실, 병원2인실, 양단코어 종류, 백화점주통로, 동선밀도, 레지덴셜

시공/설비

홈통 신축이음, 시멘트 창고 바닥높이, 공통가설비, Reaming, 공동

도급, 사질토 특징, 용접각도, 벤치마크 높이, 네트워크 공정표, 입찰순서, VE효과 가장 큰 단계, 공동도급방식, 압축강도, 철근정착, 거푸집 밑면 고려대상, Nacl, 포졸란, 손익고려예산

구조

단면2차모멘트, 피복두께, 등가블록a, 균열모멘트, 라멘 지점모멘트, 전단응력도, 트러스 경사재, 아치구조특징, 합성보 유효폭, 나선철근 특징, 기둥띠철근 수직간격

법규

제2종 주거지역에 설치할 수 없는 것, 학교 공항 등 시설, 노외주차장 장애인대수, 비상용승강기 대수, 내화구조기준

전산

- 정보처리기사 + 보안기초(정보보안기사나 TOPCIT ESSENCE) + 9급 전산직
- 정보처리기사 평소에 88점 이상 목표로 준비
- 정보보안기사 점점 확대되는 추세

전산직은 대부분의 공공기관에서 채용하지만 소수직렬이다. 따라서 조금 더 전략적인 접근이 필요하다. 전산직은 일부 기관에서 정보보호직으로 채용하기도 하는데 이 경우에는 전공과목이 달라진다. 소수직렬이기 때문에 일반 공기업 전산직을 준비하면서 은행권전산직

을 같이 준비하는 전산직 준비생들도 있다. 기본적으로 전산직은 정보처리기사를 기본으로 한다. 정보처리기사를 취득하는 데 평균 1달 안팎으로 시간이 소요된다. 처음 기사를 취득할 때부터 공부에 신경 써야 하지만 회독을 할수록 정리를 깊게 하는 방향으로 공부하면 좋다. 자료구조론은 2회독부터 시간을 내서 한 번 정리하면 좋다. 문제가 어렵게 출제되는 날에는 기사예제보다 어렵게 출제되므로 정보처리기사가 숙달되면 7/9급 공무원 책을 통해 이론을 숙지하는 것도 좋다. 또한 정보보안 분야도 전산직에서 자주 출제되므로 이에 대한 대비가 필요하다. 정보보안기사로 공부하거나 TOPCIT시험에서 주는 ESSENCE교재를 활용하면 이에 대한 대비가 가능하다.

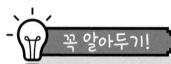

꼭 알아두기!

기사취득 시점에 따른 공부방향 설정

직장에 다니다 공공기관을 준비하거나 공무원, 사기업 등 다른 분야를 지원하다 공공기관을 준비하는 경우에는 기사 취득시점이 오래 지난 경우가 생긴다. 이 때 정량적으로 보자면 기사공부를 한 지 약 반년 이상 지났다면 공부 초기에 어느정도 감을 잡는 것이 유리할 수 있다. 초기에 과년도 문제집을 CBT사이트에서 풀거나 큐넷 사이트에서 다운받아서 풀다가 개념을 공부하는 방법을 고민해보자. 감 회복을 노리고 세부적인 파트를 공부할 때 여러 단원을 통합하여 알아야 풀 수 있는 문제에 대해 접근이 쉬워질 것이다.

합격에 가까워지는 면접

면접자가 갖추어야 할 11가지

면접단계에서 탈락하면 이전 단계에서 떨어진 것과는 비교할 수 없을 만큼 정신적 타격을 입는다. 한 번의 탈락으로 며칠 이상의 후유증이 나타날 수도 있다. 어떤 이는 여러 곳에 동시 합격해 취업에 성공하고 어떤 이는 면접에서 계속 고배를 마시며 공기업 취업을 포기할지 고민한다. 이런 차이는 어디에서 오는 것일까? 우리는 처음부터 한 번에 원하는 곳에 최대한 빠르게 취업하는 것을 이 책의 목표로 삼았다. 이제 그 마침표를 잘 찍기 위한 11가지 방법을 공유한다.

면접을 처음 준비하는 독자나, 면접의 문턱에서 고배를 계속해서 마시는 독자는 이 절을 주목하자. 필자가 도움을 준 수많은 취업준비생이 면접전형에서 보인 약점 대부분이 이 절에 포함되어 있다. 개개인별로 성향이 조금씩 다르기 때문에 무조건 면접에 대비해 대본을 외우기보다 자신의 상황을 생각해 답변하자. 자신의 진짜 실력을 업그레이드해 가면이 아닌 지워지지 않는 메이크업을 하고 면접에 임하자. 아래 열한 가지 메이크업 방법이 있다.

1. 면접의 첫 걸음, 첫인상과 복장 그리고 자세

첫인상은 5초 안에 결정된다고 한다. 짧은 시간에 상대에게 좋은 인상을 준다면 면접자에겐 더할 나위 없이 좋을 것이다. 평소 첫인상이 좋지 않다는 이야기를 들어본 경험이 있다면 나도 모르는 습관들을 파악해보자. 웃는 모습이 어색하다면 거울을 보거나 좋아하는 유명인의 웃는 얼굴을 보며 연습할 필요가 있다.

면접 복장

기본적으로 단정한 이미지를 주는 것이 좋다. 남성은 무채색 정장과 흰색 계열 셔츠 그리고 옷과 비슷한 계열의 구두를, 여성은 무채색 투피스와 흰 블라우스 그리고 옷과 비슷한 계열의 구두가 무난하다. 색상은 블랙이나 네이비를 선택하는 게 일반적이다. 복장과 관련해서 가장 많은 질문이 '~옷 입어도 되냐'는 것이다. 너무 튀는 복장만 아니라면 면접관은 크게 신경 쓰지 않을 확률이 높으니 걱정하지 말자.

자세

입장할 때 구부정한 자세를 주의하고, 가벼운 목례 후 허리를 곧게 펴서 앉는다. 손은 가지런히 허벅지 위에 올려놓는 것이 기본 자세이나, 면접을 보기 전 면접관들이 먼저 자세를 편하게 풀어주는 경우도 많다. 자세를 편하게 하라고 했다 해서 완전히 몸을 풀지만 않는다면 자세 때문에 나쁜 인상을 심어주는 일은 많지 않을 것이다.

2. 나도 모르는 습관을 파악하자

면접에서 가장 필요한 것은 자신감이다. 자신이 스스로에게 당당하지 않은데 어떤 면접관이 채용하겠는가. 개인적인 습관들(다리 떨기, 말더듬기, 눈 깜빡임, 손 떨기, 시선 회피 등)은 면접 스터디나 거울, 녹화로 확인할 수 있다. 면접 준비 초기에 습관을 파악하는 것은 중요하다. 잘못된 습관을 그냥 방치한 채 면접을 준비하다가 나중에 고치기 힘든 고질병이 될 수 있기 때문이다. 필자는 당황할 때 눈을 깜빡이는 습관이 있었다. 이후 눈 깜빡이는 것을 의식하며 많이 줄이는 데 성공했다. 개인적인 습관을 단기간에 100퍼센트 없애는 건 불가능하겠지만, 적어도 실전에서 당황하지 않게 줄일 수 있을 것이다.

3. 면접관이 압박하더라도 싸우거나 당황하지 말고 말하는 논점을 흐리지 않도록 한다

최근에는 압박면접이 줄어드는 추세지만, 개인의 성격에 따라 냉소적인 태도를 보이는 면접관이 있다. 압박면접에서 싸우거나 논점을 흐리면 면접관이 조직생활에서 적응하지 못하는 지원자라고 확대 해석할 수 있다. 이러한 압박에 대응하기 어렵다면 면접스터디나 지인과 모의면접을 하면서 연습하자.

답변에는 반드시 논리가 있어야 한다는 점을 중요하게 의식하자. 논점이 흐려지면 좋은 점수를 받기 어렵지만, 반대로 말도 안 되는 질문에 논리적으로 답변하면 좋은 점수를 받을 수 있다. 면접 질문은 대부분 정답이 없으니, 정답을 내려고 하기보다 자신의 생각을 논리정연하게 잘 답변하는 게 낫다.

4. 두괄식과 미괄식의 화법을 적절히 섞어 조화롭게 사용한다

면접 화법을 크게 두괄식과 미괄식으로 나눌 수 있다. 일반적으로 자기소개서는 두괄식이 좀 더 좋지만, 면접에서는 상황에 따라 다르다. 두괄식은 전달하려는 의미가 한 번에 잘 이해되는 장점이 있지만, 말이 딱딱하게 끊어지기 때문에 외운 것이 아닌 발언이더라도 상대방은 외워서 말하는 것처럼 들을 수 있다. 미괄식은 물 흐르듯 이야기하기 때문에 발언의 전개가 부드럽지만, 자칫 잘못하면 말이 길어져 발언을 모두 못할 수도 있고 면접관이 지루해하고 집중력이 떨어질 수 있다. 필자는 면접스터디를 할 때 무의식중에 두괄식 위주로 답변했었다. 그래서 두괄식 위주의 답변에 의식적으로 1~2회 미괄식 답변을 섞으려고 모의면접 때마다 준비했다. 한 가지 화법만 사용하기보다 개인 특성에 따라 적절히 화법을 섞거나 조정하는 것이 좋다.

5. 논리적이고 구체적인 수치를 활용하는 답변이 좋다

평소에 감성적인 사람이더라도 면접에서만큼은 논리적인 답변 또는 구체적인 수치가 들어간 답변을 활용해야 플러스 점수를 받는다. 예를 들면 "한국가스공사는 부채를 많이 경감했습니다"가 아니라 "한국가스공사는 33조의 부채 중 30퍼센트를 경감했습니다"처럼 보다 구체적인 수치를 활용하는 게 좋다. 그리고 답변에서 자신의 의견에 대한 근거를 뒷받침하면 더 좋다. 논리가 부족한 답변은 면접관의 추가 질문을 부르게 되고 추가 질문은 면접자의 실수로 이어진다.

6. 면접 전 회사의 기본 정보는 직무별로 꼭 알아간다

많은 취업준비생이 면접전형 전에 구글링을 통해 뉴스를 찾아보고 공식 홈페이지에 가서 회사 정보를 수집한다. 짧은 시간 안에 핵심이 되는 정보를 파악하려면 아래의 항목들을 찾아보자.

① 회사의 매출, 영업이익, 순이익, 채무 등
② 슬로건, 나의 직무에 관한 조직도, 핵심가치, 인재상
③ 회사가 현재 추진 중인 사업, 감사에 지적받은 사항
④ 회사 자산, 시설물, 현황 등

7. 평소 발표를 어려워한다면 면접스터디를 활용하자

다른 전형은 스터디를 하지 않아도 상관없으나, 평소 발표하기 어려워하는 수험생이라면 면접은 꼭 스터디를 활용해보자. 직무면접은 같은 과 또는 같은 직렬끼리, 인성면접은 타 학교나 타 직렬끼리 스터디원을 구성하면 좋다. 스터디를 하며 자신의 안 좋은 습관이나 면접 시 단점을 바로바로 피드백 받을 수 있고 고쳐졌는지 확인할 수도 있기 때문이다.

8. 한 템포 쉬어가도 좋다

모든 질문에 바로바로 대답하기는 어렵다. 당황스러운 질문이거나 바로 답변하기 어려운 질문은 면접관에게 양해를 구하는 것도 방법이다. "잠시 생각할 시간을 주실 수 있겠습니까?", "생각을 정리하고 말씀드려도 괜찮겠습니까?" 등 자신만의 시간을 가질 멘트를 미리 생각해 보자. 이런 멘트를 남발하는 것은 마이너스 요소가 될 수 있지만, 당황하거나 긴장하는 것보다는 한 템포 쉬어가는 게 면접의 완성도를 높여줄 것이다.

9. 면접 대본을 모두 외우는 게 아닌 키워드로 기억하자

독심술사가 아닌 이상 면접에 어떤 질문이 나올지 미리 대비하는 것은 불가능하다. 면접을 보다가 특정 질문에 머리가 하얗게 변하는 상황을 겪어본 지원자는 완성된 답변을 외우는 게 아니라 키워드로 기억해 말하는 연습을 하면 면접 때 말실수를 줄일 수 있다. 말을 잘 못하거나 면접전형에 약하다고 판단되면 녹음해서 들으며 고치고, 거울을 보며 연습하는 것도 도움이 된다. 필자는 주요 질문의 답변을 녹음해 면접장까지 가는 길에 들으며 연습했다.

10. 질문할 거리가 있는 면접자가 되자

면접관에게 매력적인 면접자는 질문할 거리가 있다. 자기소개서에 자신의 장점이나 경험을 어필하거나 또는 비슷한 면접 질문이 나올 때 자신의 장점 또는 경험을 살짝 말해서 면접관에게 질문을 유도하는 것도 방법이다. 유리한 영역으로 질문을 끌고 올 수 있다면 면접이 더 이상 긴장되는 거사는 아닐 것이다.

11. 어려운 질문은 왜 했을지 생각해보자

정답이 없는 양자택일 질문, 난처하게 만드는 질문을 받으면 평소에 말을 잘하던 사람도 당황한다. 잠시 생각할 시간을 달라고 했지만 속만 타오르고 시간은 흘러간다. 이때 어떻게 생각해야 답변을 좋게 이어갈 수 있을까? 답은 간단하다. 면접관이 왜 이런 질문을 했을지 생각해 보는 것이다. 회사에는 정답이 딱 떨어지지 않는 일이 정말 많다. 이때 어떻게 일을 풀어 나갈지 궁금한 것일수도 있다. 물론 면접관들이 좋아할 답변도 있을 것이다. 추가로 여력이 된다면 단답형으로 끝내기보다 항상 직무와 연관해 회사에 어떻게 기여할지를 답변하면 좋다. 좋은 답변이 나오면 면접관은 벌써 면접자를 회사에서 활약할 후배로서 머릿속에 그리고 있을지도 모른다.

유형별 면접 대처법

일대다 면접과 다대다 면접

공기업 면접에서 가장 많은 형식이 다대다 면접이고, 그다음이 일대다 면접이다. 일대일 면접은 없다고 봐도 무방하다.

다대다 면접에서 많이 연습해야 하는 것은 답변 길이를 20초 내외로 짧고 간결하게 해야 한다는 것이다. 따라서 두괄식 답변 연습이 도움이 된다. 또한 맨 마지막에 답변하는 위치라면 같은 질문에 대한 답이 앞에서 이미 나오는 경우가 많은데, 이때는 자신의 의견을 논리적으로 답변하려고 노력하는 게 좋다.

일대다 면접에서는 질문이 꼬리에 꼬리를 무는 경우가 많다. 그러므로 거짓말은 금물이다. 면접관은 꼬리질문을 하며 면접자가 답변하는 것을 보고 거짓인지 아닌지 바로 확인할 수 있다. 면접자는 질문이 꼬리를 물면 압박감을 느낀다. 스터디원과 꼬리질문을 연습하며 스토리텔링을 하면 도움이 된다.

인성면접

크게 자소서 기반 질문, 회사 핵심가치 관련 질문, 인성 상황 질문으로 나눌 수 있다. 앞선 전형에서 작성한 인성검사표나 자소서와 대조한 질문이 들어올 수도 있다. 일반적인 공공기관 면접은 압박면접이 아니다. 기본적으로 1분 스피치, 지원 동기, 입사 후 포부, 마지막으로 할 말, 자신의 장단점, 힘들었던 경험, 회사가 당신을 꼭 뽑아야 하는 이유, 관심 있는 직무와 이유, 팀 프로젝트 경험 등을 준비한다. 상황 질문은 문제가 어려우나 답은 없다. 단지 논리적으로 이유를 말하는 것이 중요하다. 직무와 비슷한 상황을 질문하는 경우도 있다. 예를 들면, "2시에 미팅이 있는데, 현재 1시 50분이다. 그런데 민원인이 갑자기 방문했다. 그리고 후배의 고충 상담이 예정되어 있고, 팀장님이 서류작업을 시켰다. 당신은 무엇부터 할 것인가?" 같은 질문이다. 예시 답변은 다음과 같다.

"민원인 응대가 가장 중요하다 생각합니다. 민원업무는 가스공사의 이미지와 직결된다고 생각하기 때문입니다." 이런 방식으로 자신의 의견을 논리적으로 전달한다.

직무면접(PT면접)

기본적으로 전공을 물어보거나 해당 회사의 실제 직무상황을 주는 상황면접으로 나눌 수 있다. 일반적으로 전공 질문은 그리 어렵지 않지만 아는 것과 말로 설명하는 것은 다르기 때문에 나올 만한 주제를 선정해 직접 시간을 재면서 답변하는 연습을 해두면 유용하다.

일대다 면접에서는 면접관이 각자 다른 전공인 경우가 많다. 그러므로 모르더라도 자신감 있게 발표하도록 하고, 면접 준비에 여유가 된다면 다른 분야에 어떻게 활용할 수 있는지 말하는 것도 좋다. 토목직렬을 예로 들어 보면 "모어원은 흙의 전단응력을 구하거나 재료의 주응력을 구하는 데 쓰이는데, 기계 분야의 파이프관로 전단응력 계산에도 적용할 수 있다 생각합니다" 식이다. 상황면접은 실제 업무상황을 제시하는 경우가 많다. 업무처리 순서를 묻거나 빈칸을 채우는 문제가 출제되기도 한다. 정답이 없는 경우가 대부분이니 논리적으로 답변하는 것이 좋다. 최근에는 컴퓨터를 이용해 발표 자료를 만든 후 발표하게 하는 기업도 생겼다. 시간적 여유가 있다면 평소에 PPT와 한글 자료를 깔끔하게 만드는 연습을 해보자. 면접은 크게 AP(Analysis Presentation)형과 발산형으로 나눌 수 있다. 인바스켓 면접은 AP면접 스타일에 더 가깝다. AP면접은 주어진 제시문이 많은 특징이 있고, 주어진 내용에 대한 정확한 이해를 바탕으로 방안을 제시해야한다. 제시문으로는 신문기사, 공사/공단 관련 자료나 그래프 등이 포함된다. 발산형은 제시문이 적거나 거의 없다. 그렇기 때문에 나의 생각을 논리정연하고 설득력있게 발표해야 한다. 기관별로 선호하는 PT스타일이 다르기 때문에 후기를 참조해서 면접 대비방향을 정해야한다. 유형에 따라 받는 꼬리질문이 크게 달라질 수 있다. 예를들면 AP스타일은 제시문에서 해당 내용은 왜 빼고 발표했는지?에 대해 묻거나 본인의 발표와 제시문의 연관성에 대해 질문을 받을 수 있다면, 발산형은 주장한 방안에 대해 공사/공단의 관점에서 어떻게 생각하는지에 대해 질문을 받을 수 있다.

토론면접

토론면접은 특정 주제를 가지고 면접자들이 사회자와 찬/반으로 나뉘어 의견을 주고받으며 결론을 도출하는 면접이다. 이런 면접에 자신이 있다면 사회자를 맡는 것도 좋다. 토론면접에서 가장 중요한 것은 모나지 않는 것이다. 토론 상대를 감정적으로 대하거나 이기려고만 드는 게 아니라, 상대에게 자신의 의견을 논리적으로 전달할 수 있어야 한다. 토론하며 상대의 의견을 경청하는 것도 중요하다. 토론 면접 때는 상대의 의견을 정리하는 것은 물론 발언 횟수를 체크해야 한다. 나의 발언 횟수가 적다면 횟수를 맞추는 게 좋다.

토론, 토의 면접이 몇 년간 이어지면서 공격적인 성향의 지원자는 많이 줄어들게 되었다. 기존에는 모난 사람을 걸러내는 정도였다면 이제는 자신이 주장한 아이디어가 논리적으로 맞는지 체크를 하거나 관점을 문제에 따라서 다각도로 혹은 심층적으로 분석할 수 있는지를 확인하기도 한다.

영어면접

토익 스피킹 레벨 6 정도 수준이면 충분히 준비 가능하다. 취미가 무엇인가? 해외여행 경험이 있는가? 같은 부담 없는 질문을 주로 하며 5~10분 동안 면접관과 대화한다. 영어에 자신이 없다면 간결하게 대답하는 연습을 한다. 혹은 질문을 그대로 받아서 말하는 연습을 해도 좋다. "What is your favorite food?" "My favorite food is chicken."

해외사업이나 해외근무가 많은 직렬이나 직무에서는 영어로 직무 PT설명, 상황질문에 대한 답변, 주제에 대한 의견을 피력할수 있어야 한다. 영어면접의 난이도가 있는 대표적인 곳은 KOTRA와 인천국제공항공사가 있다.

기타 면접

역할극을 하거나, 도미노면접을 보는 경우도 있다. 이때도 면접을 준비하는 공통 원리는 같다. 면접관이 어떤 부분을 볼지 고민해보는 것이다. 리더 역할을 맡은 지원자는 리더십, 포용력, 타인의 의견을 수용하고 정리하는 능력을 볼 것이고 조원이나 팔로워를 맡은 지원자는 적극성, 상대를 배려하는지 볼 것이다. 팀워크 태도부터 면접 전후 정리정돈 같은 사소한 것이 평가 요소로 활용될 확률이 있다.

AI면접 대처법

미래를 예측하는 것은 굉장히 어려운 일이다. 하지만 AI면접이 사기업부터 공공기관까지 점점 확대되는 추세이며 어느 시점에는 많은 기관이 활용할 것이라는 충분한 확률이 있어 따로 대처법을 마련했다. AI면접은 2018년 초부터 기업 채용에 활용되기 시작하였다. 면접은 크게 영상면접, 자기보고식 인성검사, 게임기반 적성검사로 구성된다.

면접 과정에서 개인의 표정, 사용단어, 감정, 감정어휘, 안면색상, 목소리 톤, 게임 해결 과정 등 다양한 정보를 수집하고 이 정보를 인공지능이 뇌신경과학 연구결과를 활용해서 분석하고 지원자의 핵심 역량을 판단한다. 기업은 MTMM(Multi Trait Multi Method, 다특성 다측정) 채용을 함으로써 지원자의 다양한 역량을 다양한 방법으로 분석할 수 있다. 또한 비용을 절감할 수 있고 부정행위와 학습효과를 방지한다. 이 책에서는 AI면접을 세계 최초로 도입하여 활용하고 있는 마이다스아이티사의 인에어(inAIR) 인공지능면접 프로그램을 기반으로 AI면접을 기술한다.

AI면접 순서

웹캠음성체크 및 안면등록 → ①기본질문 → ②탐색질문 → ③상황질문 → ④뇌과학게임

① 기본질문: 자기소개, 지원동기, 장·단점 등 기본적인 문제가 출제된다. 주로 생각시간 30초, 답변시간 30초 내외로 주어진다.

② 탐색질문: 인성검사와 유사한 질문이 출제된다. 매우 그렇다 ~ 매우 아니다의 선택지를 고르는 문제가 출제된다.

③ 상황질문: 특정 상황을 주고(In basket) 그에 대한 답변을 요구하는 문제가 출제된다. 예를 들면 "당신의 상사가 당신에게 마음에 들지 않는다는 이야기를 했습니다. 어떻게 답변하시겠습니까? 솔직하게 답변해주세요" 같은 상황이다. 생각시간 5초~30초, 답변시간 30~60초가 주어진다.

④ 뇌과학게임: 뇌과학게임은 여러 유형의 게임으로 지원자의 다양한 능력을 측정한다. 지원자의 성향을 행동 기반으로 측정하며, 게임을 잘 풀수록 게임의 난이도가 상승한다.

AI면접의 포인트

어떤 자료를 면접 데이터로 활용하는가?

목소리와 영상을 통해 다양한 정보가 기록된다. 크게 4V라 하여 네 가지 자료가 데이터로 재가공돼 활용된다.

① Vision Analysis: 주요 감정 분석.

② Voice Analysis: 톤, 크기, 음색 분석.

③ Verbal Analysis: 접속사, 주요 단어 등. 객관적인 단어가 많은지

주관적인 단어가 많은지 분석.

④ Vital Analysis: 표정, 안색 등.

어떤 게임들이 있을까?

① 멀티태스킹: 2종류 이상의 정보를 주고 답안지를 선택하게 한
다. 글자와 자음 모음을 섞어 해당하는 구간을 확인하는 게임을
예로 들 수 있다.

② 주의집중력, 자기통제능력: 원래 ADHD 검사용으로 만들어진 게
임이었다. 색상이나 간단한 기호를 통해 정보를 처리하는 주의
집중력, 자기통제력을 판단한다.

③ 작업기억용량: 작업기억용량은 유동지능과 매우 높은 상관관계
가 있다. 여러 카드를 주고 두 번째 전에 뒤집은 카드를 확인하
는데 문제를 잘 맞히면 점점 그 전에 뒤집은 카드를 찾는 문제가
출제된다.

④ 계획능력: 전략적 사고를 바탕으로 시뮬레이션하는 게임이다.
하노이타워(런던타워게임)를 예로 들 수 있다.

⑤ 추론능력: 단순한 규칙을 넘어 물건 또는 상황에 대한 인지능력
을 바탕으로 규칙을 찾는 문제다. 대표적으로 공 3개의 무게를
비교해서 대소를 비교하는 문제를 예로 들 수 있다.

⑥ 정서인식력: 사람의 얼굴을 보고 그 사람이 느끼는 감정을 선택
하는 게임이다.

⑦ 정서민감도: 무표정의 얼굴에서 시작해 점점 표정이 변하는 모
습을 보고 특정 감정이 느껴지는 표정일 때를 판단한다.

⑧ 타인 심리적 특성 판단력: 오로지 외모만 보고 그 사람의 취향,

특성 등을 판단한다.

AI면접의 어려움은?

AI면접을 준비하며 가장 많은 수험자가 어려워하고 멘탈이 붕괴되는 부분이 바로 '게임'이다. IQ게임과 비슷한 여러 게임을 푸는 과정에서 지원자들은 탈락하는 것은 아닌지 불안해한다. 이에 대해 나는 마이다스아이티의 AI면접 컨퍼런스에 참여해 담당자에게 직접 질의하면서 확인하였다. AI면접에서 진행되는 게임은 단순한 해법 확인이 아니라서 게임 풀이 여부로 합격이 정해지지 않는다는 답변을 받았다. 따라서 이를 걱정하기보다 다음 방법으로 준비하기를 추천한다.

AI 면접을 잘 보기 위한 포인트

면접의 기초 원리는 대기업 면접이건, NCS면접이건, AI면접이건 사실 모두 같다.

첫 번째, 가면을 쓰지 말자

내가 컨퍼런스에서 직접 확인한 AI는 사소한 표정과 안색 변화에도 반응했다. 가면을 쓰고 면접에 임하면 바로 들통 나기 쉽고 이는 고스란히 기록되어 탈락 후 다음 지원 시에도 큰 족쇄로 남을 가능성이 높다. AI면접에서 거짓반응은 합격에서 멀어지는 길이다.

두 번째, 공략을 보고 게임하지 말자

세상의 모든 지능게임에 대비하기는 어렵다. 앞으로 AI면접이 성행한다면 유행하는 게임이 계속 생길 것이다. 공략을 보고 준비하는 것

AI면접

은 수학문제를 답안지만 보고 푸는 것과 똑같다. 자칫하면 응용력이 떨어져서 실전에서 멘탈붕괴를 겪을 수도 있다.

세 번째, 거울과 녹화를 활용하자

모든 내용이 기록된다. 나의 사소한 습관과 당황했을 때의 제스처와 습관까지 노출되기 때문에 다른 면접보다 더 나의 모습을 되돌아보며 피드백을 하자.

네 번째, 나 자신을 알라

사람 면접관이 놓치는 요소를 AI는 확인할 수 있고 지원한 직무에 필요한 능력에서 약점이 보이면 그에 대한 집요한 질문이 이어지기도 한다. AI면접을 준비하며 제일 중요한 것은 나에 대해 잘 정리하는 것이다. 이 책의 초반부에 나의 경험, 나의 강점, 내가 원하는 기업 등을 정리하라고 말한 부분을 기억하라.

면접 준비 관련 FAQ 4

모를 때 어떻게 해야 할까요?

모르면 모른다고 솔직하게 말하는 게 가장 좋다. 그러면 보통 면접관은 다른 질문을 하는데 그때 대답하면 된다. 다른 질문을 했는데도 모르면 아마 더 쉽고 기초적인 질문을 할 것이다. 기초적인 질문에도 답변을 못한다면 그때는 분명 감점이 있겠지만 모르는 것을 얼버무리는 것보다는 아는 것을 잘 말하는 게 더 보기 좋다.

면접관 표정이 안 좋았어요

면접관의 스타일은 천차만별이다. 어떤 면접관은 무뚝뚝해서 가벼운 질문도 날카로워 보이고 어떤 면접관은 상냥하게 웃으며 날선 질문을 한다. 이렇듯 면접관의 스타일은 각각 모두 다르기에 절대 면접 분위기가 당락을 결정하지 않는다.

필자는 표정이 날카로운 면접관과 면접을 볼 때면 긴장하기보다 '내가 완벽해서 깎아내릴 부분을 찾으려나 보다'라고 생각하며 면접에 임했다. 모든 면접관을 만족시키는 어렵다. 대신 내 성격을 활용해 내향적이라면 차분함과 침착함을 바탕으로 한 끈기나 성실함 등의 장점을, 외향적이라면 밝음과 적극성을 바탕으로 한 자발적이고 친화적인 장점을 어필하도록 노력해보자.

고시공부 경험 말해야 할까요?

군이 말하기보다 고시공부 경험과 관련한 질문에 대한 답변만 준비하는 것이 좋다. 공백 기간이 긴 취업준비생에게 면접관이 그 부분을 질문할 수 있기 때문이다. 중간에 공백이 길다고 무조건 마이너스는 아니다. 역시 논리적으로 공부하면서 느낀 점과 수험생활에서 배운 점을 답변한다면 오히려 더 좋은 점수를 받을 수도 있다. 포장하기에 달려 있다.

면접복장 어떻게 하죠? 꼭 정장 입어야 하나요?

최근 자율복장으로 면접전형을 진행하는 기관도 있는데 그러한 경우가 아니라면 정장을 입는 것이 좋다. 면접복장을 정장으로 규정하지 않을 때는 비즈니스룩을 코디해 면접에 참여할 수도 있으나, 정장을 입는 게 훨씬 마음이 편할 것이다. 정장 색으로 블랙, 네이비, 그레이가 일반적이며 너무 눈에 튀는 색상이 아니라면 면접관이 크게 신경 쓰지 않을 확률이 높다. 넥타이는 지원하는 기관의 색상을 활용하는 경우가 많은데 너무 튀지 않는다면 면접관이 역시 크게 신경 쓰지 않을 가능성이 높다. 참고로 고졸전형 지원자는 교복을 입고 가면 된다.

NCS 면접에 대비하는 필수 준비질문 5

① 자기소개(1분 스피치)

② 지원동기(하고 싶은 말)+입사 후 포부

③ 나의 단점과 극복사례+이직 사유

④ 지원직무와 관련한 경험

⑤ 지원회사의 핵심가치에 대한 생각과 나와 일치하는 핵심가치

위의 5가지 유형 질문은 면접 스터디나 혼자라도 필수적으로 준비하면 좋을 것들이다. 자기소개는 최근 물어보지 않을 때가 많지만 그래도 준비하고 가는 것과 준비하지 않고 가서 답변하는 것에 차이가 큰 질문이다. ②~⑤번의 질문은 조금씩 유형이 바뀌며 출제되기 때문에 키워드로 연습해 두면 실전에서 활용할 수 있다.

자기소개

자기소개는 대부분 1분 스피치로 준비한다. 나는 면접에서 자기소개를 한 적이 거의 없지만 그래도 준비하는 게 마음이 편안하다. 자기소개에는 여러 가지 유형이 있는데, 첫 번째는 크리에이티브한 유형이다. 특이한 문구로 이목을 사로잡는 유형을 말한다. 기억에 남는 지인의 1분 소개 멘트 중 일부는 다음과 같았다.

> 저는 성형미인입니다. 회사의 얼굴이라는 마음가짐으로 눈을 성형했습니다. 그리고 작은 민원도 듣고자 귀를 성형했습니다. (중략) ○○공사를 위해 더 예뻐지도록 노력하겠습니다.

두 번째 유형은 장점을 나열하는 방식이다. 필자가 사용하던 방법이다.

첫째, 꼼꼼함이 장점입니다. 서울메트로에 근무하면서 공사관리문서를 정리하였고 그 공로로 서울시장상을 수여한 경험이 있습니다. 이처럼 주어진 작은 업무도 꼼꼼하게 임하는 신입사원이 되고 싶습니다. 둘째, 친화력이 장점입니다. 화성시 기숙사에서 생활하면서 처음 보는 기숙사생과 등산하고 영어회화를 공부하며 친목을 다졌습니다. 가스공사에 입사한다면 먼저 선배들에게 다가가는 막내사원이 되고 싶습니다.

세 번째 유형은 비유를 활용하는 방법이다. 주로 사자성어나 사물/인물에 빗대어 자신의 장점을 어필하는 것이다.

효자손같이 ○○공사의 가려운 곳을 긁어주는 2번 지원자입니다.
우공이산을 실천하는 4번입니다.

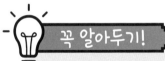
꼭 알아두기!

1분 자기소개를 잘하기 위한 팁

1분 자기소개를 어려워하는 이가 많다. 자기소개에 정답은 없지만 간단한 포인트를 살려 무난하면서 기억에 남는 자기소개를 할 수 있다. 아래의 팁을 참고해 자신만의 1분 자기소개를 만들어보자.

① 비유에 너무 집착하지 말자

참신하고 기발하게 하겠다는 생각에 각종 사물, 동물, 원소를 총동원해 자신의 이미지에 끼워 맞추는 지원자가 많다. 물론 임팩트 있고 근거 있는 비유는 면접관에게 깊은 인상을 심어줄 수 있다. 하지만 비유에 집착할 필요는 없다. 필자뿐 아니라 주변 동기, 각종 공공기관에 입사한 후배에게 물어 보았는데 기억에 남을 비유를 한 이보다 무난하면서 포인트를 잘 살린 이가 훨씬 많았다.

② 직무에서 자신의 장점을 살리자

1분 자기소개는 자신을 알리는 가장 짧으면서 중요한 1분이다. 면접자를 채용할 면접관은 면접자가 기관에 잘 적응하고, 오래 다니며, 선후배들과 잘 어울리고, 직무를 잘 수행하리라 기대할 것이다. 앞서 분석한 자신의 장점을 생각하며 해당 직무에 자신이 가진 장점을 적용하는 자기소개를 준비하자.

③ 자신의 영역을 만들자

면접은 자신에게 유리한 영역으로 끌고 와서 이야기하는 것이다. 자신에게 유리한 영역이란 긍정적인 반응을 얻을 수 있고 대답하기 편한 이야기를 할 수 있는 소재를 말한다. 자신의 영역으로 끌고 오기 가장 좋은 것이 1분 자기소개다. 특이한 이력이나 어필하고 싶은 영역을 언급하면 면접관들은 그 부분에 흥미를 느끼고 꼬리질문을 이어갈 가능성이 높다. 그러면 평소 긴장을 많이 하던 면접자도 편안하게 면접에 임할 수 있다.

④ 자신의 영역이 없다면 고유의 콘셉트를 만들자

자신에게 흥미를 일으킬 만한 소재가 없다면 면접 당일 자신의 콘셉트를 잡고 가는 것도 좋다. 예를 들어 면접 당일 '도전을 중요시하는 인재'로 콘셉트를 잡는다면 자기소개에서 도전한 경험과 결과를 어필하고 연관 질문을 받거나, 직무 관련한 질문 또는 PT면접에서 도전을 주제로 삼아 콘셉트를 이어가는 것이다. 너무 대놓고 강조하는 것은 역효과가 날 수 있지만 면접 전 콘셉트를 잡고 가는 것은 자신의 영역을 만드는 것만큼이나 도움이 될 것이다.

⑤ 너무 길지도 짧지도 않게(30~40초 사이로)

1분 자기소개라고해서 1분을 초과하거나 1분에 가깝게 준비하면 면접관의 집중력이 떨어질 수 있고, 다대다 면접에서 재촉을 받거나 심하면 면접관이 발언을 자를 수 있다. 대부분 40초 내외로 하면 좋다는데 듣는 이들이 너무 짧다는 느낌만 받지 않으면 된다. 20초 안팎은 조금 짧은 느낌이라 잘 준비하면 임팩트를 남길 수 있지만, 잘못하면 성의 없어 보일 수도 있다.

지원동기

지원동기는 내가 회사를 어떻게 알게 되었는지 말하는 게 아니다. 어떻게 지원했고 이후 어떠한 마음가짐인지 어필하는 것이다. 이 부분은 자기소개서의 '입사 후 포부' 질문과 유사하다. 포부는 구체적일수록 좋다. 예를 들면 "5년 내에 공사감독이 돼 주배관 이설공사를 감독하고 싶습니다"와 같이 구체적이면서 회사의 배경지식이 약간 포함돼 있으면 더 좋다.

나의 단점과 극복사례

나의 단점과 극복사례는 특이 경력이거나 지원자가 평균의 범위에서 벗어나는 경우 준비하는 게 좋다. 나이가 굉장히 어리거나 상대적으로 많은 지원자, 이색 경력의 지원자, 이직자 등은 이유와 그를 통해 얻은 경험 그리고 앞으로 회사생활에 어떻게 녹여낼지를 준비하면 된다. 장점은 대부분 바로 말하지만, 단점은 말하기 어려워하는 사람이 많다. 단점을 말한다고 해도 업무에 치명적인 단점을 말하는 것은 좋지 않다. 예를 들면 약속에 늦는다거나 약속을 안 지키는 단점은 치명적이다. 단점 역시 어떻게 극복하는지에 그치는 것이 아니라 직무와 연결한 답변을 준비하면 좋다.

핵심가치

회사의 핵심가치 중 어떤 가치가 자신과 맞는지 물어보는 질문은 NCS 면접에서 자주 나온다. 어떤 면접관은 면접자가 핵심가치를 이미 알고 있다는 전제하에 질문하기도 한다. 또한 응용해서 자신과 가장 거리가 있는 핵심가치를 답변하라고 질문하는 경우도 있다. 역시

면접관들에게도 면접은 어렵다

단위:% ※면접관 경험 253명 설문

- 체계적인 면접 질문 구성 ·············· 25.6
- 첫 인상으로 지원자의 성향 판단 ··· 20.6
- 지원자의 거짓말 여부 판단 ········· 14.7
- 객관적인 판단 기준 세우는 것 ····· 13.4
- 선입견에 현혹되지 않는 일 ········· 13
- 면접진행 시 면접분야에 대한
  정보 파악 ······························· 6.7
- 면접장에서 표정 관리 ················ 3.4
- 면접진행 시 시간 관리 ··············· 1.7
- 지원자의 돌발질문 대처 ············ 0.4
- 기타 ····································· 0.5

자료:잡코리아

면접관: 면접관들에게도 면접은 어렵다.

출처: 중앙일보

핵심은 논리 정연함과 회사 직무와 연결시키는 것임을 잊지 말자.

면접 전 필수 검색정보

- 핵심가치(인재상)
- 최근 주요 사업
- 뉴스
- 현황
- 사회공헌활동, 사보

기본적으로 회사의 핵심가치와 인재상을 기억해야 한다. 자소서에 미리 핵심가치와 인재상을 녹이고 면접 때 질문을 유도하면 더 좋다. 최근 주요 사업은 회사공시자료나 뉴스 검색에서 확인할 수 있다. 회사에 관한 좋지 않은 뉴스도 파악하고 있자. 현황을 알고 있다는 것은 면접관을 회사에 관심이 있다고 생각하게 만드는 요소 중 하나다. 기술직은 기기 현황, 사무직은 회계 현황을 파악해 두면 좋다. 또한 공공기관이기 때문에 대부분 사회공헌활동을 한다. 이를 사보를 통해 홍보하는 경우가 많다. 사보는 해당 공기업이 어떤 일을 하는지 홍보하는 책자의 역할도 한다. 면접자는 이를 활용할 필요가 있다.

면접 실력 향상을 위한 TIP

녹음

면접 경험이 적을수록 녹음이 중요하다. 자신의 말 습관을 알 수 있고, 면접 장소까지 이를 들으면서 갈 수 있기 때문이다.

거울

스터디를 하지 않는다면 거울을 보고 똑같이 말할 수 있어야 한다. 혹은 가족이나 친구에게 연습 삼아 말해 보는 것도 도움이 된다.

체크리스트

면접이란 결국 회사에 얼마나 필요한 인재인지를 판단해서 뽑는 일이다. 면접관의 입장에서 하루에 수백 명 이상 면접을 볼 텐데, 어떤 점을 체크리스트로 삼을지 생각하는 것은 면접을 준비하는 데 도움이 된다.

체크리스트의 예시로는 '다대다 면접에서 다른 학생의 발언을 경청하는가?', '답변이 극단적이지 않는가?', '어려운 질문에 침묵하지 않는가?', '외운 티가 나는가?' 등이 있다.

주요 공기업 면접 기출 문제

공기업 면접 기출문제는 이 책 이외에도 여러 커뮤니티에서 확인할 수 있다. 기출문제를 외우기보다 새로운 문제를 접할 때 어떻게 대답할 것인지 생각해 본다.

인성면접

- 본인이 추진한 일 중 성공적으로 완수한 경험을 이야기하라
- 미래 철도 산업에 대해 이야기하라
- 왜 철도공단에 지원하였는가?
- 철도공단과 한국철도공사의 차이점을 말하라
- 본인의 취미와 그 이유는 무엇인가
- 같이 일하기 싫은 사람과 일한 적이 있는가? 어떻게 개선하였는가?
- 소통, 협력 경험이 있는가?
- 몰입하고 집중하여 효과적으로 이뤄낸 경험이 있는가?
- 의사소통 오류로 인한 문제를 해결한 경험을 말하라
- 갈등해결 경험이 있는가?
- 실패한 경험을 말해보라
- 야간근무, 교대근무에 대해 어떻게 생각하는가?

- 갑작스러운 발령이 난다면?
- 순환근무에 대해 어떻게 생각하는가?
- 10년 후 나의 모습
- 노조파업에 참여할 것인가?
- 파업에 대한 의견을 말해보라
- 조직에 잘 적응하지 못하는 구성원이 있다면?
- 10년 차이 나는 직장동료와의 세대 차이를 어떻게 극복할 것인가?
- 어떻게 하면 이런 다른 분야의 지식들을 효율적으로 습득할 수 있는가?
- 남들과 차별화된 자신만의 경쟁력
- 부당한 지시를 받은 경험
- 가장 슬펐던 일은 무엇인가?
- 단점이 무엇인가? 단점을 어떻게 극복했는가?

직무면접

- 국민연금의 소득 재분배 역할은 무엇인가?
- 국민연금의 문제점 및 해결방안은 무엇인가?
- 국민연금이 국민들의 신임을 얻지 못한 원인과 대처방안은 무엇인가?
- 한미 FTA가 우리나라 경제에 미치는 영향은?
- 중소기업의 발전 방향은?
- 경제성장과 사회복지 중 무엇이 우선시되어야 하는가?
- 킬로미터당 고속도로 노선 설계비용은 얼마나 되는가?
- 캔트(Cant)에 대해 설명하라
- 유비쿼터스는 무엇인가?

- 직류송전과 교류송전의 차이는?
- 지중선로와 가공선로의 차이점은?
- 전기는 어떤 과정을 통해 발생하는가?
- 우리나라에서 새로운 수자원을 어떻게 확보해야 하는가?
- 홍수의 원인과 대책에 대해 서술하라
- 건설현장에서 재해를 줄일 방안은?
- 외부에서 보는 코레일 기술 수준은?
- 어떻게 정시 열차 운행에 기여할 것인가?

상황면접

- 회의 중 선배가 발표를 잘못했을 때 당신만 그 사실을 안다면 어떻게 하겠는가?
- 민원을 줄일 수 있는 방안이 있는가?
- ○○산업에서 ○○직무에 기여할 방안은?
- 동료가 무리한 부탁을 한다면 어떻게 할 것인가?
- 고객이 무리하게 탑승을 요구한다면 어떻게 할 것인가?
- 구매부서가 비협조적이라 정비물품 구입이 지연됐을 때 어떻게 대처할 것인가?
- 부정승차 인원을 발견하면 어떻게 조치할 것인가?
- 차량을 운행할 때 안전요원이 있는데 안전사고가 발생하면 어떻게 대처할 것인가?
- 사람이 플랫폼에 쓰러져 있다면 어떻게 할 것인가?
- 기차에서 본인의 아이가 심하게 운다면 어떻게 할 것인가?
- 당장 부품을 구할 수 없는 상황에서 상사가 막무가내로 요구한다

면 어떻게 해결할 것인가?

- 비용을 줄이면서 이전에 없던 새로운 관광 상품을 기획해보라
- 안전기준을 상향 조정하려고 하는데, 나 빼고 모든 사람이 반대하면 어떻게 할 것인가?
- 선배가 효율성 증진을 이유로 업무 절차 중 일부를 무시하고 진행하고자 한다. 본인은 어떻게 대처할 것인가?

직무면접 기출 풀이 예시

실제 시험에서 답변한 내용을 그대로 재현하였다. 메모는 참고사항이다. 기관마다 직무면접에 활용하는 도구가 다르다. 화이트보드를 이용하는 곳도 있고, 큰 종이로 발표하기도 한다. 필자는 인터넷이 제한된 PC를 이용해 제한 시간 내 발표하라는 면접을 경험했다. 최대한 도식을 이용해 쉽게 이해하도록 발표하였다.

건설재해 예방방안

Ⅰ. 개요

- 남양주 사고, ICT 등 한국가스공사의 재해에 관한 관심이 증대.
- 공학적 지식과 실무경험을 토대로 각각의 요소에 따라 재해를 예방.
- 제주 애월 LNG인수기지를 예로 들어 설명.

Ⅱ. 재해요인의 원인

- 공학적 미숙(철산대교)
- 의식적 미숙
- 예상치못한 재해(지진하중)

Ⅲ. 해결

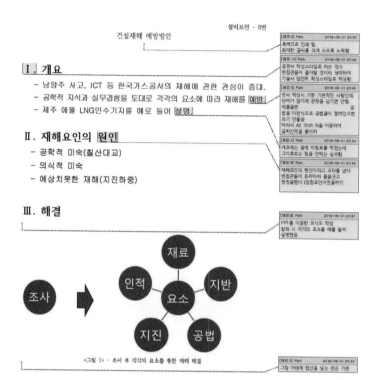

<그림 1> - 조사 후 각각의 요소를 통한 재해 해결

[메모1] Park 2018-09-01 20:30
흑백으로 인쇄 됨.
최대한 글씨를 크게 쓰도록 노력함

[메모10] Park 2018-09-01 20:46
공문서 작성스타일로 하는 것이
면접관들이 좋아할 것이라 생각하여
기술사 답안지 작성스타일로 작성함

[메모3] Park 2018-09-01 20:40
문서 작성시 가장 기본적인 사항인데,
단어가 끊기게 문장을 넘기면 안됨.
예를들면   공
법을 이런식으로 공법끝이 찰려있으면
보기 안좋을
따라서 Alt Shift N을 이용하여
글자간격을 줄이자

[메모4] Park 2018-09-01 20:33
개요에는 끝에 마침표를 찍었는데
그이후에는 점을 안찍는 실수함

[메모9] Park 2018-09-01 20:42
재해요인의 원인이라고 오타를 냈다
면접관들이 둔감해야 좋을듯고
천정울했다 (감점요인이었을까?)

[메모5] Park 2018-09-01 20:41
PPT를 이용한 모식도 작성
발표 시 각각의 요소를 예를 들어
설명했음

[메모2] Park 2018-09-01 20:32
그림 아래에 캡션을 넣는 것은 기본

직무면접

공기업 취업 스터디 활용법

NCS 스터디

NCS는 전공처럼 많은 시간을 투자해 공부하기보다 일주일에 시간을 정해 짧은 시간 동안 집중해서 푸는 연습을 하는 것이 좋다. 사실 스터디를 가장 추천하는 분야이기도 하다.

실제 시험보다 짧게 시간을 재고 연습하기

NCS 스터디의 장점은 여러 사람이 모여 실제 시험 상황과 비슷한 분위기에서 NCS를 연습할 수 있다는 점이다. NCS의 핵심은 짧은 시간 동안 집중력을 발휘해 가장 많이 정확하게 푸는 것이다. 따라서 짧은 시간에 문제를 푸는 연습을 꾸준히 한다면, 그 시간 동안 어느 부분에 집중할지, 어떤 부분을 버려야 고득점을 받을 수 있는지 감을 잡을 수 있다.

NCS에 강점이 있는 스터디원에게 도움받기

두 번째 장점은 바로 상대방의 문제 푸는 방법을 내 것으로 만들 수 있다는 것이다. 함께 문제를 푼 후 다른 사람과 어려웠던 문제를 푸는 방법, 개인별 팁 등을 공유하는 시간을 가질 수 있으며 이를 통해 서로의 취약점을 보완할 수 있다.

일반 시험과 달리, 문제를 푸는 과정보다 결과가 중요한 시험인 것을 인지하자. 어떤 식으로 풀든 빨리 정확하게 답을 도출하면 되므로, 스터디 과정에서 생각지도 못한 문제풀이 방법을 습득할지도 모른다!

NCS는 스터디 때만, 남은 시간에는 다른 부분을 공부하자

정해진 스터디 시간에만 NCS에 집중해서 공부하고, 남은 시간에 전공 공부, 영어 공부 등 자신이 원하는 일을 할 수 있는 것도 생각보다 큰 장점이다.

면접 스터디

스터디 결성

필기 혹은 인적성에 합격하고 공준모나 카페에서 면접 스터디를 구하는 두 가지 케이스가 있다.

해당 전공자로만 스터디원을 구하는 것과 전공을 고르게 분포시키면서 구하는 방법이 있다. 전자는 서울시 시설공단이나 한전처럼 면접에서 전공을 물어보는 경우에 좋고, 후자는 일반 공기업처럼 전공을 물어보기는 하되 그보다는 인성면접, 토론면접, 영어면접(인국공 등 극소수) 위주인 경우에 좋다.

스터디원은 짝수로 4~6명이 적당하다. 8명 이상은 분위기가 산만해질 수 있으니 주의하자.

1분 스피치, 지원동기, 포부

스터디 첫날 1분 스피치, 지원동기, 포부 3가지를 먼저 준비하고, 스터디원끼리 파트를 나누어 회사에 관한 정보를 수집하는 것이 첫 번째 단계다.

다른 전공 분야의 스터디원이 모인 스터디에서 정보를 수집할 때는 각자의 전공 분야에 대해선 각자 찾고, 회사의 매출, 순이익, 인재상, 비전 등을 찾아 외우도록 하자.

요즘 NCS 면접은 대부분 1분 스피치를 하지 않지만, 하는 경우도 있으므로 준비해 두는 것이 좋다. 지원동기와 입사 후 포부는 기회가 된다면 거의 물어볼 것이다. 당연한 이야기지만, 지원동기에서 높은 연봉과 고용 보장 등의 세속적 이유를 직설적으로 얘기해서는 절대 안 된다. 뉴스나 회사 홈페이지에서 접할 수 있는 그 회사의 사업과 자신의 전공을 연결해서 준비하는 게 무난하다.

예컨대 "○○공사의 ○○사업을 뉴스로 접한 후 관심을 가지게 되었는데, ○○(전공)분야로 ○○ 부분에 기여하고 싶어 지원했다"고 할 수 있겠다.

포부 역시 "○○분야에서 일하며 ○년 이내에 ○○를 담당하고 싶고, 장기적으로는 ○○한 관리자가 되고 싶다"고 작성 가능하다.

인성면접

요즘은 면접관 3~4명, 지원자 1명 정도의 면접 구성이 많다. 면접이 다대다 면접인지, 다대일 면접인지 파악하고 만약 모른다면 두 가지 케이스 모두 연습하자. 다대다 면접이라면 답변 시간을 20초 정도로 체크하며 답변하는 연습을 하자. 6명이 스터디원이라면 3명이 면접관, 3명이 지원자를 맡아 구성할 수 있다. 면접관 역할인 스터디원이 난해한 질문을 던지고, 면접자 역할의 스터디원이 답변을 잘 못하거나 보충이 필요한 부분을 피드백하면 된다. 다대다 연습 시간은 개인당 3~5분, 다대일은 10분 정도로 연습하면 된다. 인성면접에서 나올 수 있는 질문 목록은 아래와 같다.

- 지원동기, 자기소개
- 인성면접 결과를 바탕으로 한 질문
- 민원, 상사가 시킨 업무, 원래 업무 등이 동시에 주어졌을 때 무엇부터 할 것인가?
- 신입사원의 자세(덕목)
- 회사에 대해 아는 것들에 대한 질문
- 최근 사회적 이슈 등

사실 어떤 문제가 나올지 아무도 모르지만, 자신의 의견을 논리적으로 잘 설명할 수 있다면 문제없을 것이다.

최근에 김영란법과 공공기관, 공무원의 청렴 문제가 점점 대두되고 있으므로 이에 관련한 문제를 준비하는 것도 좋다.

예컨대 '회사 선배가 모두 선물을 받았다. 이제 당신 차례인데 선배들을 신고할 것인가? 아니면 선물을 받을 것인가?' 같은 문제다.

정해진 답변은 없으나, 자신의 답변을 논리적으로 설명할 수 있어야 한다. 가령 받는다고 답변한다면, "선배 모두가 받았다면 받겠습니다. 선배가 없으면 회사도 없고 저도 없기에 지금은 받더라도 신고하지는 않겠습니다. 그러나 제가 팀장 혹은 관리자의 자리가 되었을 때는 이를 꼭 근절하도록 하겠습니다"라고 답변할 수 있겠다.

직무면접(전공면접)

다른 전공자가 모인 스터디에서 직무면접을 준비한다면, 나올 법한 문제들을 준비하고 다른 스터디원 앞에 나가서 발표하면 된다. 보통 5분~10분 내외의 발표이기 때문에 시간을 정해놓고 연습한다. 가장 많은 케이스가 5분 발표, 5분 질의다. 전공이 달라도 크게 상관없는 이유는, 실제 면접 시에도 자신의 전공에 해당하는 면접관이 오지 않을 수 있기 때문이다. 그러면 타 전공의 면접관에게 설명하고 질문을 받게 될 텐데, 이때 타 전공의 스터디원이 하는 질문이 면접관들이 던지는 질문과 유사할 수 있어 도움이 된다.

직무면접은 문제를 받고 일정 시간 내 문제를 푼 후, 면접관에게 발표하는 방식인데, 발표 자료를 컴퓨터로 타이핑해서(워드, 엑셀, 한글 등 이용. 인터넷은 사용 불가) 인쇄한 다음 발표하는 곳도 있고, 손으로 종이에 적어서 발표하거나 칠판에만 쓰는 곳도 있다. 시간 여유가 있다면 3가지를 다 연습해보는 것이 좋다. 그게 아니라면 개요를 잘 짜는 연습을 해야 한다. 특히 기승전결이 있게 발표할 수 있도록 연습하자.

Q&A

다른 직군과 스터디하는 게 좋을까요?

앞서 봤듯이 충분히 도움이 된다고 생각한다. 몇몇 특정 직렬 메인 공기업을 제외하면 대부분 기술/사무처럼 문/이과 정도로 크게 나누고 여러 직렬 면접관이 함께 들어오는 경우가 많다. 이런 경우 타 직렬도 이해되도록 설명할 수 있어야 하는데 다양한 직렬의 구성원이 모인 스터디에서의 경험이 이런 상황에서 실력을 발휘하도록 해준다.

또한, 문과직렬은 면접 스터디에서 그 회사의 기술적인 부분에 대한 이해도를 높일 수 있고, 이과직렬은 사회적 이슈 등 문과직렬이 강점을 갖는 분야에서 도움을 받을 수 있다.

스터디하기 VS 혼자 하기

좋은 스터디원을 구한다는 전제하에 스터디를 하는 게 좋고, 특히 취업준비를 시작한 지 얼마 안 됐을수록 스터디를 하는 게 좋다. 다만 좋은 스터디를 구하기 쉽지 않고, 타이트한 스터디가 좋은 것만도 아니다. 본인의 공부 방향이나 공부 양에 맞지 않으면 부담만 된다. 따라서 스터디는 본인의 공부 시간과 일정에 부담되지 않는 선에서 하자.

만약 본인이 정말 스터디를 할 시간이 없고, 면접에 자신 있다면 굳이 스터디를 하지 않아도 된다.

취업 금방금방 하는 사람들, 이 정도는 하더라

고등학교(고졸공채)

채용 과정 및 평가 전형 단계 숙지

평소 가고자 하는 기업을 정해 두었다면 그 기업의 채용절차를 확인해야 한다. 특별한 이슈가 없다면 지난번 채용 방식과 비슷할 것이다. 서류전형은 어떻게 이루어지는지, 필기와 면접은 어떤 단계를 거치는지 꼭 확인해서 그에 맞춰 준비해야 한다. 가산점을 주는 항목이 있다면 대비해야 하기 때문이다. 취업 커뮤니티에서 지난번 채용 후기나 결과를 확인하는 것도 좋다.

채용 정보 확인

기본적으로 채용 공지나 정보는 해당 기업 홈페이지에서 확인할 수 있다. 하지만 매번 관심 기업의 홈페이지를 확인하기 힘들다면, 정보가 종합된 커뮤니티를 활용하는 것도 좋은 방법이다. 대표적인 예로 잡코리아(www.jabkorea.co.kr), 사람인(www.saramin.co.kr), 공준모(cafe.naver.com/studentstudyhard) 등이 있다. 채용 공고를 일찍 확인할수록 자기소개서 등을 준비하는 시간에 여유가 생긴다. 혹여 원하던 기업의 채용 공고를 확인하지 못해 지원조차 못하는 상황이 벌어지지 않아야 한다.

자격증 남들만큼 준비하기

과거 채용 공고를 확인해서, 가점을 받을 수 있는 기능사는 물론 한국사나 컴활 등 각종 자격증을 미리미리 취득해 둔다. 또한 각 전공별 필기시험에 대비해 기능사를 준비하는 것이 좋다. 학교 교과 과정을 따라서 충실히 준비했다면 최소 1개 이상의 기능사는 있을 것이다. 기능사 1개, 컴활, 한국사 등 기본 자격증을 갖췄다면 추가로 특별한 자격증을 취득하기보다 전공 필기나 NCS 공부에 시간을 투자하는 편이 효율적이다.

3장에서 고졸스펙에 대해 이야기하였다. 학년별로 깊게 정리하면 아래와 같다.

사무직

1학년 : 컴활1급 취득, 전산회계 1급, 한국사 2급 이상
2학년 : 전산회계 2급 이상, 전산세무 2급 이상, 기업회계 및 세무회계 취득, (금융권 지원자는 펀드투자권유대행인, 증권투자권유대행인, 은행텔러 취득), 대외활동, NCS공부 시작
3학년 : 입사지원 시작 및 부족한 부분 채우기

기술직

1학년 : 해당직렬 기능사 취득 및 최대한 많은 기능사 취득, 컴활1
　　　　급 취득(사무직 병행지원자만)

2학년 : 한국사고급, NCS 공부 시작

3학년 : 입사지원

대졸공채

1~2학년, 3학년 취업 스텝＋군대

- 금융공기업을 희망한다면 학점을 관리하자
- 영원한 자격증 그리고 경험을 얻자
- 자기소개서를 채워가는 시기

'군대 가기 전에는 놀아야지', '저학년일 때 놀아야 나중에 후회 안한다'라고 어떤 이들은 말한다. 하지만 금융공기업을 준비하는 입장에서는 절대 안 될 말이다. 학점이 서류전형의 주요 스펙이기 때문이다.

'영원한 자격증'과 '경험'을 갖춘다면 분명 다른 취업준비생들보다 앞서갈 수 있다. 한 번 취득하면 영원히 남는 자격증으로 컴퓨터활용능력 자격증, 정보처리기사 자격증, JLPT 자격증, 한자자격증을 들 수 있다. 취업과는 관련도가 낮지만 운전면허도 포함된다. 영어나 국사 공부도 하면 좋겠지만, 이 시기에 점수를 취득하면 취업 준비 시기에 다시 공부해야 하는 번거로움이 있기 때문에 여력이 된다면 공부하고 그렇지 않다면 영원한 자격증과 경험을 쌓는 데 주력하자. 경험은 아르바이트를 포함해 공공기관 체험형 인턴, 각종 대외활동 등이 좋다. 무조건 해야 하는 필수조건은 아니지만, 여러 활동과 경험이 있다면 자기소개서를 쓸 때 마음이 편안해지리라.

~2학년의 경우 전공심화(공대는 공학인증), 복수전공의 갈림길에 놓이게 된다. 지원하려는 직렬과 동일계열이 아닐 경우에는 복수전공 또는 교양과목으로 지원하려는 직렬의 과목을 수강해두는 것이 좋다. 공학계열이나 자연계열의 경우 자연과학대(화학과, 생물공학과)는 화공직이나 환경으로 지원할 것인지 의사결정을 하고 관련 과목을 수강해두고, 반도체나 통신계열은 TO가 많은 전기직으로 지원할 것을 염두하고 관련 과목을 수강해두면 교육사항 작성 시 편리하다. 다양한 분야의 내용을 배우는 학과나 재료, 신소재, 도시공학 등 공공기관에서 메인으로 채용하지않는 학과의 학생이라면, 본인의 전공을 최대한 살려서 입사지원할 것인지 혹은 기계, 전기, 토목처럼 상대적으로 TO가 많은 직렬로 지원할 것인지 전략적인 선택이 중요하다.

4학년

교양과 학문의 깊이를 쌓는 대학을 벗어나기까지 앞으로 1년. 4학년에게 대학생활 마지막 1년은 이제껏 준비해 둔 것들이 결실을 맺기 시작하는 시기다. 지금부터는 하루하루 사회를 향해 나갈 채비를 해야 한다. 4학년생이 1~2월에 해야 하는 것은 계절학기 수강, 연간 취업 일정 캘린더 정리, 지원 전략 수립, 모자란 스펙 보충이다. 본격적인 취업 시즌이 되면 제출서류 준비, 자기소개서 작성, 필기시험 등으로 하루가 모자랄 정도로 시간이 부족하다. 그렇기 때문에 그 시기가 오기 반 년 전까지는 학교 수업 등 다른 요소가 취업에 지장을 주지

내년 1월 합격 예정 기준(합격 목표 12개월 전)

	활동
1월~2월	1. 계절학기 수강 2. 취업 연간 캘린더 정리 및 지원 전략 수립 3. 모자란 스펙 보충
3월~7월	전공필기 시험 및 NCS 본격 준비//학교 강의 수강
8월	전공필기 시험 및 NCS 본격 준비
9월	서류 제출 및 필기시험 마무리//졸업논문 준비//학교 강의 수강
10월	필기시험 막판 마무리 공부//학교 강의 수강
11월	면접 스터디 및 지원 기관조사//졸업논문 준비
12월(합격 월)	기타 공공기관 지원

않도록 미리 대비하는 것이 좋다. 취업 시즌에는 단 6학점(2과목)을 수강하는 것도 버거울 수 있다.

한편, 취업 지원 캘린더 만들기는 취업 전략을 세우는 데 필요한 작업이다. 현재는 합동채용을 실시하고 있어 모든 공공기관에 지원하는 게 사실상 불가능하다. 그렇기 때문에 목표에 맞춰 몇 개의 섹터를 나누고 이 특정 날짜에는 목표로 하는 공기업에 서류 합격을 하겠다는 식으로 추려서 준비해야 한다.

목표와 연간 일정이 세워졌으면 그 다음에는 이제껏 준비한 스펙을 정리하고 남은 학점을 수강하는 등 모자란 부분을 채운다. 본격적인 취업 시즌이 다가오면 취업 준비와 학업을 병행하기가 정말 어렵다. 최대한 많은 학점을 1학기에 듣고 2학기는 학교생활이 취업 준비에 방해가 되지 않도록 해야 한다. 공기업 취업을 위해 적어도 영어, 자격증, 교육사항 등을 점검하도록 한다.

이직준비자

이직의 필요성을 생각해 보자

본인이 꼭 이직해야 하는지를 깊이 생각해 볼 필요가 있다. 필자는 이직을 처음 생각하고 나서 결심하기까지 1년 정도 고민했다. 업무 강도부터 사업의 업황, 회사의 미래 등을 많은 시간을 들여 생각했다.

일반인의 인식과는 다르게, 공공기관이나 공기업도 현재 다니는 직장보다 일이 많을 수 있고, 더 힘든 상사를 만날 수도 있다. 특히 이직 사유가 면접에서 합격의 당락을 가를 치명적인 질문이 될 수 있으므로, 이직을 마음먹었다면 그 사유를 신경 써 준비하는 게 좋다.

공부 원칙 정하기: 전공(기사)은 길게, 영어와 자격증은 짧게

공부 양이 많은 전공은 매일 혹은 일주일 단위로 목표를 정해 업무를 마친 후 조금씩이라도 공부하는 것이 좋다. 처음부터 큰 목표를 세우면 바쁜 일상 속에서 더욱 지치기 마련이다. 필자는 6개월 정도 기간을 잡고 매일 조금씩 할당량을 정해 전공을 공부했다. 조금씩이라도 매일매일 공부한다는 자신과의 약속을 지킨다면, 어느새 전공 지식이 쌓여 있는 자신을 발견할 수 있을 것이다.

전공 공부를 장기적인 계획으로 가져간다면, 영어와 기타 자격증은 시험 일정을 확인해 단기간에 준비하는 것이 좋다. 언제 시험공고가 뜰지 모르므로 토익이나 토스, 오픽 같은 영어 말하기 시험은 최대한 빨리 시험 일정을 정하는 것이 좋고, 최근에는 어느 정도 난이도 있는 한국사 고급, 컴활 1급도 취득하는 사람이 많기 때문에 자격증에 가점이 있는 기업에 지원한다면 미리 취득해 두자.

마인드 컨트롤 방법

이처럼 현실적인 공부 계획을 잡았다고 해도 업무는 계획대로만 흘러가지 않는다. 언제 야근할지 모르고, 회식이 잡힐지도 모르며, 출장을 갈지도 모른다. 야근이나 회식 등으로 본인의 하루 공부 양을 채우지 못한다면 아주 조금이라도 공식을 다시 복습하는 시간을 갖도록 하자. 이는 하루하루 공부하는 흐름을 깨트리지 않기 위함이다. 부족한 공부는 주말에 좀 더 시간을 내 보충하자.

바쁜 업무를 끝내고 집에 오면 매우 힘들고 힘이 빠지지만, 이직을 결심했다면 정말 필사적인 각오로 임해야 한다. 그래야 모든 시간을 투자해 공부하는 지원자를 이길 수 있다는 점을 명심하자. 야근과 회식 탓에 직장업무와 이직준비를 병행할 수 없다면, 이직을 포기하거나 혹은 퇴직한 후 이직에 전념하는 것 중 하나를 선택할 필요가 있다.

체크리스트 만들기(예시)

항목	내용
이직을 꼭 해야 하는 이유	높은 업무 강도 및 낮은 휴식 시간
금전적인 여유	O
다니면서 이직 준비가 가능한가?	매우 힘듦(잦은 야근)
이것만큼은 새 직장이 갖춰 줬으면 좋겠다.	주말 출근 ×
이직 시 연봉 변화	연봉 감소(조금)
이직에 필요한 스펙 등	토익 800, 오픽 IH, 한국사 고급
이직 준비 방법	퇴근 후 도서관
목표 기간	6개월(2019년 하반기)

Q&A

회사를 다니며 이직을 준비할까요? 퇴사 후 전업으로 공부할까요?

전적으로 자신의 상황에 달린 문제다. 업무가 너무나 많거나, 회식이 잦아 이직 준비가 도저히 불가능하다거나 혹은 당장 그만둬도 6개월은 아무 문제없이 살 수 있다면 그만두고 준비할 만하겠지만, 가정이 있거나 일을 그만두면 생계와 직결되는 사람에게 바로 꿈을 따라가라고 말하긴 어렵다.

별로 안 내키는 곳에 붙었을 때 그냥 다니기 Vs. 취업준비 계속하기

아는 지인이 별로 안 내키는 곳에 합격해 그냥 다닌 경험이 있는데, 결론부터 말하면 다른 공공기관으로 이직했다. 일을 할 때 본인의 가치관은 매우 중요하다. 벌써부터 별로 내키지 않는다고 한다면, 나중에 일하면서 힘든 순간마다 '그때 ○○로 갈걸' 하고 후회할 것이다. 법이 보호하는 한 당신의 고용은 60살 혹은 그 이상일 것이기 때문에 남은 30년을 어디서 어떻게 일해야 후회하지 않을지 고민해 보자. 아마 답은 이미 정해져 있을 것이다.

합격대기자: 취업 후 시간이 남는다면

업무능력 항상

현직자들이 가장 많이 사용하는 컴퓨터 프로그램을 꼽으라면 단연코 한글과 엑셀, 그리고 PPT다. 이 프로그램은 이제 선택이 아닌 필수

다. 학창시절에 이 프로그램들을 사용했다면 큰 문제없이 업무에 적응할 수 있을 것이다. 다만, 아직 프로그램 사용이 익숙하지 않거나 엑셀 함수를 사용하는 것이 어렵다면, 이 기간을 이용해 컴퓨터 활용 능력이나 기타 컴퓨터 관련 자격증을 공부해 놓는 것이 좋다. 현직자 중 간혹 이 프로그램을 사용하기 어려워하는(특히 엑셀의 함수와 같은 부분을) 사람이 있다. 만약 상사가 이런 부분에서 도움을 요청했을 때 나서서 문제를 해결한다면 큰일이 아니라도 신입사원으로서 +a 요소가 될 것임은 분명하다.

운전면허

조금 뜬금없는 내용일 수 있지만, 의외로 공기업, 공공기관에 근무하게 된다면 정말로 필요한 능력이 운전이다. 특히 사회기반시설을 관리하는 공기업이라면, 해당 권역, 지역 내 분포된 많은 시설을 방문하는 경우가 많다. 이런 시설을 관리하거나 혹은 급한 업무 때문에 업무용 차량을 이용해 현장에 가게 될 일이 생긴다. 운전면허가 없다면 혼자 출장이나 외근을 가기 힘들고, 만약 가게 되더라도 운전할 수 있는 다른 상사와 함께 가야 한다. 상사가 배려심 있고 좋은 분이라면 상관없겠지만, 아직까지 보수적인 분위기가 많이 남아 있는 공기업에 신입사원을 옆에 태우고 운전하는 것을 좋아하는 상사는 생각보다 많지 않다. 이런 이유로 취업 후, 주위에서 개인 여가 시간과 주말을 이용해 운전면허를 취득하는 걸 많이 봤다. 운전면허가 아직 없는데 취업 후 무엇을 할지 고민한다면, 이 기간을 이용해 운전면허를 취득하는 것도 좋다.

여행과 여가

취업 후 일을 시작하면, 중간에 긴 휴가를 내기가 쉽지만은 않다. 업무 일정상 휴가를 쓸 수 없을 수도 있고, 지금은 많이 안 그렇지만 상사의 무언의 압박 때문에 사용할 수 없는 경우도 생긴다. 특히 공기업 기술직은 교대근무를 하는 비율이 상당히 높으므로, 휴가를 길게 내면 휴가 기간 동안 빈자리를 다른 선배가 대신 채워야 한다. 상사 눈치를 보지 않는, 소위 '마이 웨이(My-way)'를 추구한다면 상관없을 수 있지만 그게 아니라면 긴 휴가는 사회 초년생에겐 부담이 되기 마련이다. 그러니 취업 전에 시간이 허락한다면 평소에 하기 힘든 긴 여행을 하는 것도 좋다. 짧은 휴가는 직장생활 중에도 어렵지 않으니 길게 가야 하는 유럽이나 미주, 혹은 쉽게 갈 수 없는 곳을 추천한다. 취업 준비 기간 동안 받은 스트레스를 해소할 수 있고 새로운 직장에서 새로운 마음가짐으로 업무를 시작하는 재충전의 기회가 된다.

졸업행정 처리 또는 퇴직행정 처리

대부분 공공기관이 합격 후 빠르면 1주일 길어도 2~3주 내에 바로 회사에 입사하기를 요구한다. 4학년 재학 중 공채에 합격하는 경우에는 수강 중인 과목의 교수님께 출결 관련 협조를 구하거나 시험 때만이라도 출석할 수 있도록 스케줄을 파악해두는 것이 좋다. 몇 년 전까지만 해도 취직을 하면 출석 처리를 잘 해주었으나 최근에는 형평성 문제로 출결 처리가 안 되는 학과가 대부분일 것이다. 슬기롭게 학교생활을 마무리할 수 있도록 미리 준비하자.

이직자는 대학교 재학생보다 더 빠듯한 경우가 많다. 퇴직 신청을 해도 인사위원회 및 상사, 인사팀의 결재 및 행정 처리 때문에 하루,

이틀 안에 퇴직행정 처리가 힘들 때가 있다. 최종합격 여부를 미리 가늠하기 어렵기 때문에 합격발표가 난 이후 부서장과 인사팀에 양해를 구해야 하지만 미리 사직서를 작성해두고 업무인수인계서 작성, 직장대출 또는 우리사주 해약 준비 그리고 경력인정을 위한 경력증명서를 준비해두면 퇴사 및 이직으로 정신없는 와중에도 시간을 절약해줄 것이다.

chapter 4

NCS
공부 꿀팁

4가지 유형별 공부 방법

NCS는 직무능력 기반 시험으로서 과목이 다양하다. 이를 4가지 유형으로 나눠 보았다. 4가지 유형 외의 기타 유형은 사무기기 사용부터 직장 예절 등이라서 많은 공부를 요하기보다 기본서를 한두 권 풀다 보면 자연스레 익숙해질 수 있는 부분이다. 공부하기에 앞서 팁 두 가지만 기억하자.

Tip 1) 잘하는 친구의 방법을 내 것으로 흡수하자

스터디할 때 문제풀이를 주도하는 스터디원이나 친구에 해당된다. 흔히 '캐리'하는 스터디원이 있으면 문제를 푸는 새로운 방법에 대한 영감을 받을 수 있다. 하지만 영감만 받고 끝난다면 아무 의미가 없고 막상 시험장에서 활용할 수 없다. 스터디에서 받은 영감을 문제풀이에 활용해서 내 것으로 만들자. 그것이 힘들다면 굳이 그 문제풀이 방법을 고집할 필요는 없다. 해설지도 마찬가지다. 해설지에 매몰되기만 하고 연습하지 않는다면 실전에 도움이 되지 않는다. 시험장에서 활용하려면 내 것으로 만드는 게 중요하다.

Tip 2) 정답률에 집중하자

NCS 시험마다 시간 여유가 없는 수험생은 평소에 공부할 때도 시간에 쫓기기 십상이다. 평소 공부할 때 최대한 정답률을 유지하며 시간을 조금씩 줄이는 연습을 하면 도움이 된다. 반대로 시간을 먼저 줄이고 정답률을 높이는 연습을 하면 심리적으로 쫓기게 돼 전자보다 더 준비하기 어렵다. 한 문제를 풀더라도 제대로 푼다는 마음가짐으로 평소 공부하는 게 실전에서 실력을 발휘하는 데 도움이 될 것이다.

우선 기존 NCS 공부 시간은 그대로 유지하거나 추가로 정답률 올리는 연습을 할 시간만 늘려 매일 10~20문제를 풀면서 정답의 근거와 오답의 근거를 찾는 연습을 해야 한다. 문제를 풀 때에는 평소와 다르게 시간에 구애받지 않고 정답과 오답의 근거를 찾는 데 주력한다. 익숙해지면 평소 문제풀이 시간과 유사하게 시간을 점점 제한하며 푼다. 제일 중요한 것은 감으로 문제를 푸는 것이 아니라 정답인 이유, 정답이 아닌 이유를 찾으려 하는 것이다. 습관을 들이며 부족한 부분을 메꿔나갈 때 비로소 NCS 실력이 올라간다.

NCS에도 종류가 있다.

모듈형 vs PSAT형

NCS는 의사소통능력, 수리능력, 문제해결능력, 자기개발능력, 자원관리능력, 대인관계능력, 정보능력, 기술능력, 조직이해능력, 직업윤리 10개 능력 단위로 이루어져 있는데 기관별 NCS 시험 유형은 입찰된 NCS 출제사에 따라 달라진다. NCS를 유형으로 나누면 모듈형, PSAT형, 복합형으로 나눌 수 있다. 기본 배경지식이 있어야 문제를 풀 수 있는 경우에 모듈형인 경우가 많다. 거리와 속력 시간에 관련된 문제, 소금물에서 소금을 첨가할 때 달라지는 농도를 묻는 문제를 예로 들 수 있다. PSAT형은 5급 행정고시 시험인 PSAT과 유사한 형태로 자료해석, 언어논리, 상황판단 세 과목과 같은 문제 유형으로 출제된다. 복합형은 모듈형과 PSAT형의 중간 정도라 볼 수 있고 복합형으로 출제되는 기관이 많고 시중의 문제집도 복합형을 따르는 경우가 많다. 따라서 모듈형 또는 PSAT형 한 유형만 준비하기보다 모듈형, PSAT형을 같이 준비해야 취업 기간을 단축할 수 있다. 시험이 PSAT형으로만 출제되면 수험생들이 시간이 부족해 어려움을 겪는 경우가 빈번하게 발생된다. 모듈형은 배경지식을 기반으로 하는 문제들이 많기 때문에 학창시절 수학에 자신이 있었던 수험생은 쉽게 여기기도 한다. 하지만 PSAT형은 배경지식이 아닌 주어진 제시문을 보고 문제를 푸는 문제가 대부분이다. 따라서 준비 방법을 달리 해야 효과적이다. 모듈형은 NCS 홈페이지(www.ncs.go.kr)의 NCS모듈 관련 매뉴얼들을 읽어보는 것이 도움이 된다. 하지만 양이 방대하므로 시간에 여유가 있는 대학교 1~2학년에게만 권하고, 대학교 3학년 이상부터는 시중 문제집을 한두 권 풀며 유형을 익히는 편이 훨씬 효율적이고 점수 향상에 도움이 된다. PSAT형과 복합형은 4장에서 자세히 다룬다.

모듈형 문제(수리 능력) 예시

강물이 A지점에서 3km 떨어진 B지점으로 흐르고 있을 때, 물의 속력이 1m/s이다. 철수가 A지점에서 B지점까지 갔다가 다시 돌아오는데 1시간 6분 40초가 걸렸다고 한다. 철수의 속력은?

① 2m/s

② 4m/s

③ 6m/s

④ 12m/s

시험에도 트렌드가 있다

NCS가 도입되고 내가 시험을 보던 초창기에는(2015~2016) 시험 전형만 NCS고 대기업 인적성(HMAT, GSAT)과 유형이 거의 똑같은 경우도 많았다. 시험이 점차 자리 잡으며 블라인드채용이라는 큰 틀 아래서 작은 변화가 계속되었다. 출제기관들도 출제경험이 늘어나며 점차 단순 대기업 인적성시험 스타일의 모듈형이 아닌 NCS모듈로 출제하게 됨으로써 복합형으로 출제되는 기관이 늘었고, 문제의 난이도를 높게 조정하려 하다 보니 PSAT문제 그대로 출제한 경우도 있었다. 이에 수험생들은 트렌드에 맞는 준비가 필요하다.

공공기관 시험은 입사단계인 자소서, 스펙, 필기전형(NCS, 전공), 면접의 트렌드가 조금씩 바뀐다. 자소서는 글자 수의 변화, 스펙은 최소 요구스펙의 변화, 면접은 인바스켓, AI면접 등 방식의 변화가 있었고, 필기전형은 주로 전공전형의 유무와 NCS 스타일의 유무로 트렌드가 변화한다. 2020년부터 한국철도공사는 그동안 NCS만 보는 필기전형에서 전공시험이 새로 도입된다. 또한 수자원공사 역시 2019년에는 NCS만 봤지만 다시 전공이 도입된다. 트렌드에 따라 공부 기간이 짧게는 2주에서 길면 한 달 이상 차이를 보일 수 있기 때문에 관심기관의 공고를 눈여겨보자.

언어논리(의사소통능력)

대표 유형 1) 지문해석

우리는 수능시험 때부터 지문을 읽고 독해한 내용을 바탕으로 문제를 푸는 유형에 익숙해 있다. NCS의 언어과목 역시 같은 방향성을 보인다. 가장 기본 유형인 지문해석을 바탕으로 주제 찾기, 일치/불일치, 글의 내용을 바르게 이해하기 등은 학창시절부터 풀어와서 익숙한 유형이다. 언어의 기본이 되는 이 유형을 잘하려면 역시 독해력 향상이 정답이다.

독해력 향상에 정도는 없지만 필자가 독해력을 키우려는 학생을 도와서 결과가 좋았던 방법은 '문단 요약하며 읽기'였다. 필자는 학창시절 인강 선생님에게 배운 방법을 바탕으로 독해에서 살아남았는데 그 방법은 NCS에서도 유효했다. 문제를 풀지 않고 신문기사나 논문 등 특정 지문을 읽으며 문단을 요약하는 것이다.

하루에 30분씩 꾸준히 연습하고, 숙달되면 시간을 재며 독해 속도를 조금씩 높여 나간다. 이후 문제를 풀며 한 문단을 읽을 때마다 중심내용을 한 문장으로 머리에 요약하는 연습을 한다. 이 외에도 대입, 편입, 취업, 고시, 공무원 등 다양한 수험 분야에 독해력과 관련한 전문가들이 있으므로 독해 분야가 매우 어려우면 자신에게 맞는 독해 방법을 찾아서 적용해보는 것이 좋다.

지문해석 유형이 어려운 수험생은 정답의 근거를 찾는 연습을 꼭 하길 바란다. 선택지를 지우는 식으로 답을 찾다가 두 개를 남기고 결국 찍는 수험생이 많다. 이러면 시간만 보내고 오답을 낼 확률이 높다. 빠른 시간에 고치기 쉽지는 않지만 문제풀이 때마다 습관을 들이면 실전에서 나아진 정답률을 체감할 수 있을 것이다. 다음 예제들을 통해 문제 접근 방법을 참고해보자.

문 11. 다음 글의 중심 주제로 가장 적절한 것은?

맹자는 다음과 같은 이야기를 전한다. 송나라의 한 농부가 밭에 나갔다 돌아오면서 처자에게 말한다. "오늘 일을 너무 많이 했다. 밭의 싹들이 빨리 자라도록 하나하나 잡아당겨 줬더니 피곤하구나." 아내와 아이가 밭에 나가보았더니 싹들이 모두 말라 죽어 있었다. 이렇게 자라는 것을 억지로 돕는 일, 즉 조장(助長)을 하지 말라고 맹자는 말한다. 싹이 빨리 자라기를 바란다고 싹을 억지로 잡아 올려서는 안 된다. 목적을 이루기 위해 가장 빠른 효과를 얻고 싶겠지만 이는 도리어 효과를 놓치는 길이다. 억지로 효과를 내려고 했기 때문이다. 싹이 자라기를 바라 싹을 잡아당기는 것은 이미 시작된 과정을 거스르는 일이다. 효과가 자연스럽게 나타날 가능성을 방해하고 막는 일이기 때문이다. 당연히 싹의 성장 가능성은 땅 속의 씨앗에 들어있는 것이다. 개입하고 힘을 쏟고자 하는 대신에 이 잠재력을 발휘할 수 있도록 하는 것이 중요하다.

피해야 할 두 개의 암초가 있다. 첫째는 싹을 잡아당겨서 직접적으로 성장을 이루려는 것이다. 이는 목적성이 있는 적극적 행동주의로서 성장의 자연스러운 과정을 존중하지 않는 것이다. 달리 말하면 효과가 숙성되도록 놔두지 않는 것이다. 둘째는 밭의 가장자리에 서서 자라는 것을 지켜보는 것이다. 싹을 잡아당겨서도 안 되고 그렇다고 단지 싹이 자라는 것을 지켜만 봐서도 안 된다. 그렇다면 무엇을 해야 하는가? 싹 밑의 잡초를 뽑고 김을 매주는 일을 해야 하는 것이다. 경작이 용이한 땅을 조성하고 공기를 통하게 함으로써 성장을 보조해야 한다. 기다리지 못함도 삼가고 아무것도 안함도 삼가야 한다. 작동 중에 있는 자연스런 성향이 발휘되도록 기다리면서도 전력을 다할 수 있도록 돕는 노력도 멈추지 말아야 한다.

① 인류사회는 자연의 한계를 극복하려는 인위적 노력에 의해 발전해 왔다.
② 싹이 스스로 성장하도록 그대로 두는 것이 수확량을 극대화하는 방법이다.
③ 어떤 일을 진행할 때 가장 중요한 것은 명확한 목적성을 설정하는 것이다.
④ 자연의 순조로운 운행을 방해하는 인간의 개입은 예기치 못한 화를 초래할 것이다.
⑤ 잠재력을 발휘하도록 하려면 의도적 개입과 방관적 태도 모두를 경계해야 한다.

연습할 때는 지문을 읽으면서 중심문장을 요약해야 좋지만, 실전에서는 중심문장을 요약하는 것은 머리로 하고 중요하다고 생각하는 한두 문장만 문단별로 체크한다. 첫째로 중요하다고 생각하는 문장은 "이렇게 자라는 것을 억지로 돕는 일, 즉 조장을 하지 말라고 맹자는 말한다"이다. 그럼 나머지 지문을 읽으며 첫째 문단의 중심문장을 한 문장으로 요약해보자. 첫째 문단에서 중심이 되는 내용은 억지로 자라는 것을 돕지 말고 잠재력을 발휘하도록 하는 게 중요하다는 것이다. 둘째 문단에서 중요한 문장은 "암초를 말하면서 자연스러운 성장을 존중하지 않는 것, 밭의 가장자리에서 자라는 것을 지켜보는 것, 그리고 성장을 보조해야 한다. 아무것도 안함도 삼가야 한다"다. 이 문단에서 중심내용은 적절한 개입과 지켜보는 것이 필요하다는 것이다. 결국 전체적인 중심 주제로 '잠재력을 발휘하기 위해 적절한 개입이 필요하다'는 내용을 찾으면 된다. 따라서 정답은 ⑤번이 된다.

글의 중심주제를 찾는 문제다. 이러한 유형은 NCS 언어유형 과목에서 기초가 되는 중요한 유형이다. 대입을 준비해본 수험생이라면 대학수학능력 시험에서도 이런 유형을 공부했을 것이다. 선택지를 먼저 보고 지문을 읽는 방법과 지문을 읽고 선택지를 보는 방법이 있는데, 필자는 지문의 주제가 어렵게 느껴질 때는 선택지를 읽고 지문을 읽는다. 개개인마다 친숙한 글 주제가 다를 것이다. 필자는 과학기술 지문을 좋아하지만 누군가는 역사나 철학 지문을 더 선호할 것이다. 독해력을 언어를 푸는 내내 꾸준하게 유지하기 힘들다면 시간이 좀 더 걸릴 수도 있지만 선택지를 먼저 보는 것도 방법이다.

16년 민간경력자 5급 5책형 언어논리 12번

문 12. 다음 글에서 알 수 있는 것은?

> 우리가 조선의 왕을 부를 때 흔히 이야기하는 태종, 세조 등의 호칭은 묘호(廟號)라고 한다. 왕은 묘호뿐 아니라 시호(諡號), 존호(尊號) 등도 받았으므로 정식 칭호는 매우 길었다. 예를 들어 선조의 정식 칭호는 '선조소경정륜입극성덕홍렬지성대의격천희운현문의무성예달효대왕(宣祖昭敬正倫立極盛德洪烈至誠大義格天熙運顯文毅武聖睿達孝大王)'이다. 이 중 '선조'는 묘호, '소경'은 명에서 내려준 시호, '정륜입극성덕홍렬'은 1590년에 올린 존호, '지성대의격천희운'은 1604년에 올린 존호, '현문의무성예달효대왕'은 신하들이 올린 시호다.
>
> 묘호는 왕이 사망하여 삼년상을 마친 뒤 그 신주를 종묘에 모실 때 사용하는 칭호이다. 묘호에는 왕의 재위 당시의 행적에 대한 평가가 담겨 있다. 시호는 왕의 사후 생전의 업적을 평가하여 붙여졌는데, 중국 천자가 내린 시호와 조선의 신하들이 올리는 시호 두 가지가 있었다. 존호는

왕의 공덕을 찬양하기 위해 올리는 칭호이다. 기본적으로 왕의 생전에 올렸지만 경우에 따라서는 '추상존호(追上尊號)'라 하여 왕의 승하 후 생전의 공덕을 새롭게 평가하여 존호를 올리는 경우도 있었다.

왕실의 일원들을 부르는 호칭도 경우에 따라 달랐다. 왕비의 아들은 '대군'이라 부르고, 후궁의 아들은 '군'이라 불렀다. 또한 왕비의 딸은 '공주'라 하고, 후궁의 딸은 '옹주'라 했으며, 세자의 딸도 적실 소생은 '군주', 부실 소생은 '현주'라 불렀다. 왕실에 관련된 다른 호칭으로 '대원군'과 '부원군'도 있었다. 비슷한 듯 보이지만 크게 차이가 있었다. 대원군은 왕을 낳아준 아버지, 즉 생부를 가리키고, 부원군은 왕비의 아버지를 가리키는 말이었다. 조선시대에 선조, 인조, 철종, 고종은 모두 방계에서 왕위를 계승했기 때문에 그들의 생부가 모두 대원군의 칭호를 얻게 되었다. 그런데 이들 중 살아 있을 때 대원군의 칭호를 받은 이는 고종의 아버지 흥선대원군 한 사람뿐이었다. 왕비의 아버지를 부르는 호칭인 부원군은 경우에 따라 책봉된 공신(功臣)에게도 붙여졌다.

① 세자가 왕이 되면 적실의 딸은 옹주로 호칭이 바뀔 것이다.
② 조선시대 왕의 묘호에는 명나라 천자로부터 부여받은 것이 있다.
③ 왕비의 아버지가 아님에도 부원군이라는 칭호를 받은 신하가 있다.
④ 우리가 조선시대 왕을 지칭할 때 사용하는 일반적인 칭호는 존호이다.
⑤ 흥선대원군은 왕의 생부이지만 고종이 왕이 되었을 때 생존하지 않았더라면 대원군이라는 칭호를 부여받지 못했을 것이다.

글의 내용을 묻는 문제다. 집중력이 떨어졌거나, 문제의 지문이 잘 읽히지 않는다면 선택지부터 빠르게 훑고 본문을 읽어도 된다. 글의 내용을 묻는 문제에서는 지문을 읽으며 문단별로 문제될 만한 내용에 체크해 두면 좋다. 예를 들면 필자는 첫째 문단에서 '명에서 내려준 시호', '신하들이 올린 시호'에 체크하고 두 번째 문단에서는 '묘호-재위 당시 시호-사후' 부분에 밑줄을 칠 것이다. 세 번째 문단에서는 앞부분인 '왕실의 일원들을 ~ 비슷한 듯 보이지만 크게 차이가 있었다'까지는 한 번에 읽으며 외울 수 없으니 선택지를 확인하고 다시 풀 생각을 하고, '크게 차이가 있다'는 문장에 밑줄을 칠 것이다. 이제 다 읽었으니 선택지로 넘어가자. ①번은 '옹주' 키워드를 통해 왕실의 일원을 묻는 문단으로 다시 가야 한다. 해당 문단에서 옹주는 후궁의 딸임을 알 수 있다. ②번은 첫째 문단에서 소경이 명에서 내려준 시호임을 확인 가능하다. ③번은 지문의 맨 마지막 문장에서 확인 가능하다. 따라서 정답이다. ④번은 지문의 첫째 문장에서 일반적으로 왕을 칭하는 호칭은 묘호임이 확인 가능하다. ⑤번은 살아 있을 때 대원군의 칭호를 받은 사람은 흥선대원군이 유일하므로 정답이 아님을 알 수 있다.

대표 유형 2) 문맥 흐름과 추론

문맥 흐름에 대한 문제는 크게 빈칸에 관한 유형과 문단 배열에 관한 유형으로 나눌 수 있다. 빈칸에 들어갈 말의 유형은 단순히 앞뒤의 문맥을 보고 푸는 유형과 중심내용에서 유추하는 유형으로 나눌 수 있다. 추론에 대한 문제는 본문에 나열된 여러 키워드의 관계를 가지고 정답을 찾는 문제가 많다. 문단 배열에 관한 유형은 문단의 순서를 배치하는 문제거나 문장이나 문단을 가운데 삽입하는 문제가 나온다. 이러한 유형 역시 기본이 되는 것은 독해력이다. 문맥 흐름에 대한 문제는 문맥의 앞뒤 두세 문장만 잘 확인해도 정답을 찾는 데 도움이 된다. 추론에 대한 문제는 문단의 중심내용도 중요하지만 속성이 비슷한 키워드들을 동그라미, 세모, 네모 등으로 분류하며 읽는 게 문제 해결에 도움이 된다. 아래 예제 문제를 풀어보자.

16년 민간경력자 5급 5책형 언어논리 17번

문 17. 다음 글의 ㉠과 ㉡에 들어갈 말을 가장 적절하게 짝지은 것은?

> 칼로리 섭취를 줄이는 소식이 장수의 비결이라는 것을 입증하기 위해 A 연구팀은 붉은털원숭이를 대상으로 20년에 걸친 칼로리 섭취를 제한한 연구결과를 발표하였으며, 그 결과는 예상대로 칼로리 제한군이 대조군에 비해 수명이 긴 것으로 나타났다.
>
> 그런데 A 연구팀의 발표 이후, 곧이어 B 연구팀은 붉은털원숭이를 대상으로 25년 동안 비교 연구한 결과를 발표하였으며, 그들의 연구결과는 칼로리 제한군과 대조군의 수명에 별 차이가 없다는 것을 보여주었다. A 연구팀과 다른 결과가 도출된 것에 대해 B 연구팀은 A 연구팀의 실험 설계가 잘못되었기 때문이라고 주장했다. 즉 영양분을 정확하게 맞추기 위해 칼로리가 높은 사료를 먹인데다가 대조군은 식사 제한이 없어 사실상 칼로리 섭취량이 높아 건강한 상태가 아니기 때문에 칼로리 제한군이 건강하게 오래 사는 건 당연하다는 것이다.
>
> B 연구팀의 연구결과 발표 이후, A 연구팀은 처음 발표한 연구결과에 대한 후속 연구의 결과를 발표하였다. 처음 연구결과를 발표한 지 5년이 경과하였기 때문에 25년에 걸친

연구결과를 정리한 것이다. 이번 연구결과도 5년 전과 마찬가지로 역시 칼로리 제한군이 더 오래 사는 것으로 나타났다.

이 연구결과를 바탕으로 A 연구팀은 자신들의 결론과 다른 B 연구팀의 연구결과는 B 연구팀이 실험설계를 잘못했기 때문이라고 주장하면서 역공을 펼쳤다. B 연구팀은 대조군에게 마음대로 먹게 하는 대신 정량을 줬는데, 그 양이 보통 원숭이가 섭취하는 칼로리보다 낮기 때문에 사실상 대조군도 칼로리 제한을 약하게라도 한 셈이라는 것이다. 즉 B 연구팀은 칼로리 제한을 심하게 한 집단과 약하게 한 집단을 비교한 셈이었고, 그 결과로 인해 유의미한 차이가 없는 것으로 나타났다는 것이다.

A 연구팀은 자신들의 주장을 입증하기 위해 각지의 연구소에 있는 붉은털원숭이 총 878마리의 체중 데이터를 입수해 자신들의 대조군 원숭이 체중과 B 연구팀의 대조군 원숭이 체중을 비교하였다. 그 결과 총 878마리 붉은털 원숭이의 평균 체중은 A 연구팀의 대조군 원숭이의 평균 체중 ⟮　㉠　⟯, B 연구팀의 대조군 원숭이의 평균 체중 ⟮　㉡　⟯. 따라서 체중과 칼로리 섭취량이 비례한다는 사실에 입각했을 때, 서로의 대조군 설계에 대한 A 연구팀과 B 연구팀의 비판이 모두 설득력이 있는 것으로 밝혀진 셈이다.

	㉠	㉡
①	보다 더 나갔고	보다 덜 나갔다
②	보다 덜 나갔고	보다 더 나갔다
③	과 차이가 없었고	과 차이가 없었다
④	보다 더 나갔고	보다 더 나갔다
⑤	보다 덜 나갔고	보다 덜 나갔다

이 문제는 대조되는 선택지가 제시되므로 후자에 해당한다. 따라서 지문을 읽을 때 좀 더 중심내용을 파악하는 데 신경 쓰며 읽는다. 지문에서 문단별로 중요한 키워드나 문장 또는 내용을 체크하자. 첫째 문단에서는 A연구팀이 '칼로리를 제한했더니 수명이 길어졌다는 연구결과를 발표했다'는 게 중심내용이다. 두 번째 문단에서는 'B연구팀이 A연구팀보다 5년 더 연구한 결과 큰 차이가 없다고 주장했고, A연구팀이 칼로리가 높은 사료를 먹였고 대조군의 식사 제한이 없어 칼로리 섭취가 높아 건강하게 살았다'는 내용이다.

세 번째 문단은 'A연구팀이 추가로 5년의 추가 후속연구를 했는데 칼로리 제한군이 더 오래 산다'는 내용이다. 네 번째 문단은 'B연구팀이 대조군은 칼로리 제한이 없어야 했는데 대조군도 칼로리를 제한해 결과에 차이가 없다'는 내용이다.

마지막 문단은 이를 입증하기 위한 각 연구팀의 대조군 원숭이와 일반 원숭이의 체중 비교 실험이다. 마지막 문장의 'A, B 서로의 비판이 모두 설득력 있다'는 내용이 이 문제의 포인트다.

A연구팀의 주장이 입증되려면 붉은털원숭이의 평균체중보다 B연구팀의 대조군 원숭이 평균체중이 낮아야 한다. A연구팀의 주장대로라면 B대조군 원숭이는 칼로리 제한으로 가벼워야 하기 때문이다. 따라서 ⓛ은 보다 더 나갔다는 게 된다.

B연구팀의 주장이 입증되려면 A 대조군은 칼로리 섭취가 높아 각지의 붉은털원숭이 평균체중보다 무거워야 한다. 따라서 ㉠은 보다 덜 나갔다는 게 된다. 따라서 정답은 ②번이다.

중심내용을 파악해 문제를 해결해야 하기 때문에, 중심내용이 머리에서 정리 되지 않는다면 간단히 메모하며 문제를 풀자.

대표 유형 3) 기타

기타 유형에는 논리퀴즈문제, 같은 의미로 사용된 어휘를 찾는 문제, 화자의 입장에서 말할 대화 내용 등 여러 유형이 있다.

논리퀴즈문제는 PSAT이나 민간경력자 문제에서 자주 등장하지만 NCS에서 자주 등장하는 편은 아니다. 어휘에 관련한 유형은 단기적인 학습으로 대비할 수 있는 문제는 아니지만 문제를 풀 때 해당 어휘를 대입해 문장 앞뒤를 읽어보는 것과 자주 틀리는 어휘문제를 정리하는 것으로 오답률을 줄이도록 한다. 이 외에 기타 유형은 생소한 유형이더라도 문장의 중심내용을 파악하며 푸는 게 정석적인 대응 방법이다. 논리문제가 자주 출제되진 않지만 다음 내용만 정리해도 어느 정도 문제풀이가 가능하다.

논리문제 이것만 알아도 충분하다!

언어를 준비하는 이들 중 가끔 논리퀴즈나 순우리말/속담 등에 시간을 많이 쏟는 경우가 있다. 하지만 자주 출제되지 않는 문제에 시간을 쏟는 것은 최단 시간에 원하는 기업에 취업한다는 우리의 공부 방식에 부합하지 않는다. 다음 네 가지만 참고하여 논리퀴즈문제에 접근해보자. NCS 시험의 유형이 변하지 않는 이상 다음 내용은 대부분의 논리퀴즈문제에 적용할 수 있다. 새로운 내용은 아니고 중고등학교 수학 시간에 한 번쯤은 보았을 만한 내용이다.

조건문 표기하기(∧,∨,~)

아래는 조건문을 표현하는 기본적인 방법이다. 도식으로 표현하는 게 익숙해지면 시간이 많이 단축된다. 필요조건과 충분조건은 종종 문제로 출제되는 소재이니 가볍게 읽어보자.

> 조건문을 표기하는 방법의 예시
> P이면 Q이다 : P→Q
> R이 아니면 X이다 : ~R→X, NOT ~
> A 또는 B라면 C이다 : A∨B→C,   또는 ∨
> E라면 F 그리고 G이다 : E→F∧G,   그리고 ∧

1. 필요조건: A←B, ~만, ~에만, ~에 한하여

필요조건의 사전적 정의는 두 개의 명제, 혹은 두 개 이상의 사건에 관해 어느 하나를 옳다고 주장하지 않으면 다른 하나를 주장할 수 없을 때, 후자에 대한 조건으로 전자를 일컫는 말이다. '~만'이 주로 포함되어있다.

> A←B
> A는 B이기 위해 필요하다. B인 경우에만 A이다. B에 한하여 A이다. B이어야 만 A이다.

2. 충분조건: A→B, ~면, ~할 때, ~인 경우

두 개의 명제 혹은 두 개의 사건에 대해 어느 하나를 옳다고 주장하는 것이 다른 하나를 주장하는 데 충분한 조건. 이때 전자를 후자의 충분조건이라고 한다.(두산백과 출처)

삼단긍정논법 : P이면 Q이다. P가 참이다. 그러므로 Q는 참이다

삼단긍정논법이 그대로 문제에 출제되는 경우는 많지 않다. 하지만 여러 조건문이 나열될 때 삼단논법을 활용해서 문제를 푸는 경우가 많다.

대우 : ~B→~A = A→B

대우의 뜻은 기본적으로 'B가 아니면 A가 아니다'이다. 원래 명제가 참일 경우 대우도 참이 된다.

여러 조건문이 섞일 때 조건문들의 대우가 다른 조건문과 연결되면서 정답의 단서가 되는 경우가 많다.

드모르간의 법칙 : ~(A∧B)=~A∨~B, ~(A∨B)=~A∧~B

드모르간의 법칙은 수리 집합론이나 논리학에서 여집합, 합집합, 교집합의 관계를 기술하여 정리한 것으로 여러 조건문들이 나열될 때 드모르간의 법칙도 자주 적용된다.

대당사각형

아리스토텔레스 논리학에서 명제 형식을 도식화한 것을 대당사각형이라 한다. 하지만 실전 NCS 문제풀이를 할 때 대당사각형을 쓸 일은 없다고 봐도 무방하므로 논리학에 관심이 있는 독자는 찾아보기만 하자.

언어논리 문제 예시

문 18. 다음 정보를 따를 때 추론할 수 없는 것은?

> ○ 혈당이 낮아지면 혈중 L의 양이 줄어들고, 혈당이 높아
> 지면 그 양이 늘어난다.
> ○ 혈중 L의 양이 늘어나면 시상하부 알파 부분에서 호르몬
> A가 분비되고, 혈중 L의 양이 줄어들면 시상하부 알파
> 부분에서 호르몬 B가 분비된다.
> ○ 시상하부 알파 부분에서 호르몬 A가 분비되면, 시상하부
> 베타 부분에서 호르몬 C가 분비되고 시상하부 감마
> 부분의 호르몬 D의 분비가 억제된다.
> ○ 시상하부 알파 부분에서 호르몬 B가 분비되면, 시상하부
> 감마 부분에서 호르몬 D가 분비되고 시상하부 베타
> 부분의 호르몬 C의 분비가 억제된다.

○ 시상하부 베타 부분에서 분비되는 호르몬 C는 물질대사를 증가시키고, 이 호르몬의 분비가 억제될 경우 물질대사가 감소한다.

○ 시상하부 감마 부분에서 분비되는 호르몬 D는 식욕을 증가시키고, 이 호르몬의 분비가 억제될 경우 식욕이 감소한다.

① 혈당이 낮아지면, 식욕이 증가한다.

② 혈당이 높아지면, 식욕이 감소한다.

③ 혈당이 높아지면, 물질대사가 증가한다.

④ 혈당이 낮아지면, 시상하부 감마 부분에서 호르몬의 분비가 억제된다.

⑤ 혈당이 높아지면, 시상하부 알파 부분과 베타 부분에서 각각 분비되는 호르몬이 있다.

조건문을 정리하면 아래와 같다(감소는 앞에 ~붙임).

1) ~혈당 → ~L , 혈당 → L

2) L → A

3) ~L → B

4) A → C ∧ ~D

5) B → D ∧ ~C

6) C → ~물 , C → 물

7) ~D → ~식욕 , D → 식욕

8) A는 알파 B,C는 베타 관련, D는 감마 관련으로 정리할 수 있다.

①번은 1)에서 ~L이고 3)에서 B이다. B는 5)에서 D와 ~C인데 여기서 D는 식욕의 증가이므로 추론 가능하다.

②번은 2)에서 L이고 3)에서 A이다. A는 C와 ~D인데 여기서 ~D는 식욕의 감소이므로 역시 추론 가능하다. 또한 6)에 의해 C는 물질대사의 증가이므로 ③번도 추론 가능하다.

④번은 1)에서 ~L이고 3)에서 B이다. B는 5)에서 D이므로 식욕이 증가되는데 식욕과 호르몬은 비례하므로 호르몬의 분비가 증가된다. 따라서 추론이 불가능하므로 정답은 ④번이다.

⑤번은 2)에 의해 L이고 3)에서 A이다. A는 C이므로 8)에 의해 알파, 베타 부분에서 분비되는 호르몬으로 추론 가능하다.

Point!

해당 문제는 민간경력자 문제로 실제 NCS 문항에서 출제될 경우 조금 더 수월하게 문제풀이가 가능하도록 보기 항목이 줄어들 것이다. 이러한 추론문제를 수식으로 표현하여 푸는 방법도 있고, 지문을 따라가며 푸는 방법이 있는데 수식으로 표현해 푸는 방법이 어려운 문제에 대처하기에 좋아 시간이 단축된다.

03

자료해석(수리능력)

자료해석은 많은 취업준비생이 어려워하는 유형이다. 다른 유형보다 자료해석만큼은 부족한 부분이 있다면 채우려는 자세로 공부해야 보다 빠른 시간 안에 합격권에 도달할 수 있다.

대표 유형 1) 단순 사칙연산 또는 규칙 찾기

단순 사칙연산이나 규칙을 찾는 문제는 대기업 인적성에서 자주 출제되던 유형인데 최근 출제 경향이 줄고 있다. 하지만 처음 공부할 때 한 번 정도는 기본서로 풀어봐야 출제되었을 때 당황하지 않는다. 소금물 문제, 거리·시간·속력 문제 등 기초적인 사칙문제부터 숫자의 간격에서 규칙을 찾는 문제, 나이 퀴즈 등 대학입시 인적성에도 등장하는 문제들이다. 이러한 유형은 대부분 NCS 기본서의 자료해석 앞부분에 포함되어 있으며 기본서 한 권 정도 문제를 풀며 정리하면 이

유형에 대부분 대비할 수 있을 것이다.

계산 기본기 연습을 위한 팁 3가지

첫 번째 빠르게 사칙연산을 하려면 기본적으로 제곱수는 20까지 외워두는 게 좋다.

두 번째, 1/3부터 1/9까지 값을 외워 두고 사칙연산에 활용하는 것이다.

$$\frac{1}{3} = 0.333, \quad \frac{1}{4} = 0.25, \quad \frac{1}{5} = 0.2, \quad \frac{1}{6} = 0.167$$

$$\frac{1}{7} = 0.143, \quad \frac{1}{8} = 0.125, \quad \frac{1}{9} = 0.111$$

예를 들면,

$$\frac{5}{7} = 1 - \frac{1}{7} \times 2 = 1 - 0.143 \times 2 = 0.714$$

5/7을 이미 알고 있는 1/7의 숫자로 치환해 계산한 방법이다.

$$\frac{1}{6} + \frac{2}{7} = 0.167 + 0.143 \times 2 = 0.453$$

또는 사칙연산에 활용할 수도 있다.

세 번째로 두 자리 수의 곱셈은 다음 방법으로 각 숫자를 대각선으로 곱하고 아랫방향으로 곱한 값들을 더해 좀 더 빠르게 계산할 수 있다.

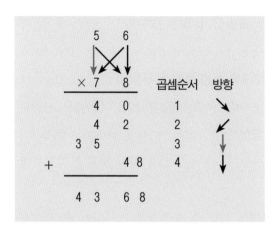

너무 많은 어림셈은 정답을 찾기 어렵게 만든다

계산 속도를 높이려고 자릿수를 너무 많이 올림하거나 내림해 계산하는 경우, 이를 노리고 비슷한 보기가 출제했다면 계산을 다시 해야 하므로 오히려 시간을 더 소비할 수 있다. 일반적으로 천의 자리의 나눗셈은 n자리까지 계산하라고 정량적으로 말해주기는 어렵지만, 대체로 십의 자리까지는 숫자를 그대로 계산하는 것이 좋다. 꼭 선택지를 먼저 보고 값이 촘촘하게 붙어 있다면 어림셈을 평소보다 덜 하는 것이 좋다.

17944의 숫자를 384로 나눠야 하는 문제가 출제되었다고 가정하면, 이 때 어림셈을 해도 될지는 선택지를 보고 ①번 46.7, ②번 47.2 처럼 정답의 간극이 좁다면 어림셈을 너무 과하게 시도하지 말고 계산하는 것이 좋다.

$$\frac{17944}{384} = 46.72 \quad \text{VS} \quad \frac{17940}{380} = 47.21$$

선택지를 보고 판단하자!

대표 유형 2) 도표 해석하기
(가스·전기 요금, 성과급 계산, 상승률, 차트 비교 등)

도표를 해석하는 유형은 사칙연산을 넘어 도표 속의 로데이터를 직접 계산하거나 데이터를 비교해 옳고 그른지 판단하는 문제가 많이 출제된다. 어렵게 출제될 경우에는 계산이 복잡하거나 지문이 해석하기 어렵거나 길게 출제된다. 해당 공기업이 관리비 또는 요금을 납부하는 업무와 관련 있다면 미리 요금체계를 보는 것이 도움이 될 수 있다. 도표를 해석하는 유형에서 가장 많이 하는 실수가 어휘 함정에 빠지기와 계산이다.

자주 나오는 함정 3가지

1. %p(퍼센트 포인트), %

%p는 백분율의 단순 산술적 차이를 나타내고, %는 백분율을 나타낸다.

예를 들면 50% → 70%가 될 경우

① 20%p가 증가함으로도 표현할 수 있지만,

② 40%가 증가했다고도 할 수 있다.

2. 계속 증가(하락), 순위

도표 유형에서 표의 흐름을 읽거나 순위를 확인하는 보기에서 실수하는 학생들이 많다. 이 유형의 특징은 눈으로 확인해야 하는 항목을 여러 가지로 출제해 실수를 유도한다. 실수를 줄이려면 많은 항목을 기억해야 하는 보기는 간단히 문제지에 체크하고 연속 증가(하락)에 관한 문항이라면 속으로 연속 증가인지 하락인지 되뇌며 도표를 스캔하는 것도 방법이다.

3. 전일 대비(전 분기 대비 등) 최대 상승률(하락률)

특정 시점과 비교하여 상승률(하락률) 등 수치를 계산하는 문제다. 표에서 데이터를 많이 제공할수록 행과 열을 헷갈려 실수하거나 분자/분모를 헷갈려 실수하는 경우가 많다. 분자/분모를 실수한다는 것이 의아한 초보 취준생이 있을 수도 있다. 도표 문제는 어려운 용어를

지역별·시기별 시장 수   단위 : 개

	1988년	1989년	1990년	1991년
서울	789	789	828	832
경기	1149	1201	1249	1298
인천	616	680	677	692
대전	644	599	587	584
대구	470	522	540	593
광주	778	824	866	846
부산	918	949	960	959

보기 : 매해 지역별로 시장 수가 연속 증가한 지역은 2지역이다. 보기는 O일까? X일까?

내서 계산을 헷갈리게 만드는 경우가 있기 때문에, 도표 속 공식이 어렵다면 분자/분모에 신경을 써야 한다. 과도한 어림셈 탓에 계산을 두 번 이상 하지 않도록 주의하자.

대표 유형 3) 지문해석 및 계산 유형
(지문 내용이 계산을 필요로 함)

이 유형은 단순 도표 해석뿐 아니라 지문, 차트 등 각종 자료를 동시에 제시하고 계산해서 해석하라는 문제다. 응용이 많고 복합적으로 출제되기 때문에 다양한 종류가 있으며 문제의 중·후반부에 등장해 수험생의 시간을 뺏어간다. 보통 2~3개 자료에 2~5 문제가 출제된다. 어렵게 출제되면 이해하는 데 시간이 많이 들기 때문에 많은 수험생이 문제를 지나쳐야 할지 고민한다. 몇몇 기관에서는 틀린 문제에 감점을 부여하므로 수험생의 고민은 가중된다. 필자는 남은 시간이 많지 않을 때 어려운 3문제를 뛰어넘고 뒤에 3문제 이상을 맞출 수 있다면(상대적으로 문항이 더 쉬워 보인다면) 당장 어려운 문제를 뛰어넘는 것을 선호한다. 정답률과 문제 합격 수에 대한 가중치를 알 수 없고, 어려운 문제를 풀다가 문제를 남겼는데, 남은 문제가 쉬운 문제였다면 아쉬움이 남을 것이기 때문이다.

선택지 보는 순서로 시간단축 시도하기

문제를 풀 때 선택지를 ①번부터 보는 취준생이 많다. 필자는 자료해석 파트에서 제일 계산이 복잡한 선택지를 먼저 풀어보라고 추천한다. 한 문제당 시간이 1분 내외인 NCS 시험에서 계산이 너무 많거문 31. 다음 <보고서>는 2009 ~ 2012년 A국의 근로장려금에 관한 조사 결과이다. <보고서>의 내용과 부합하지 않는 자료는?

─────<보고서>─────

　　정부는 2009년부터 근로자 가구를 대상으로 부양자녀수와 총급여액에 따라 산정된 근로장려금을 지급함으로써 근로 유인을 제고하고 실질소득을 지원하고 있다.

　　2009년 이후 근로장려금 신청가구 중에서 수급가구가 차지하는 비율은 매년 80 % 이상을 기록하여 신청한 가구의 대부분이 혜택을 받고 있는 것으로 조사되었다.

　　수급가구를 가구구성별로 부부가구와 단독가구로 구분할 때, 수급가구 중 부부가구가 차지하는 비중은 2009년 이후 계속 70 %대를 유지하다가 2012년 80 %를 돌파하였다.

　　2012년부터 지급대상이 확대되어 60대 이상 1인 가구도 근로장려금 신청이 가능해졌다. 이에 따라 2012년 60대 이상 수급가구는 전년의 25배 이상이 되었다.

　　근로형태별 근로장려금 수급가구는 상용근로자 수급가구 보다 일용근로자 수급가구가 더 많았으며, 일용근로자 수급 가구가 전체 수급가구에서 차지하는 비율은 2009년부터 매년 65 % 이상을 차지했다.

　　2009년에는 수급가구 중 자녀 2인 가구의 비율이 가장 높았으나 2010년과 2011년에는 자녀 1인 가구의 비율이 가장 높았던 것으로 조사되었다.

① 연도별 근로장려금 신청 및 수급가구 현황

(단위 : 천가구)

구분	2009년	2010년	2011년	2012년
신청가구	724	677	667	913
수급가구	591	566	542	735
미수급가구	133	111	125	178

② 가구구성별 근로장려금 수급가구 분포

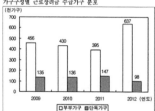

(천가구)

③ 연령대별 근로장려금 수급가구 분포

(단위 : 천가구)

구분	합	30대 미만	30대	40대	50대	60대 이상
2009년	591	44	243	260	41	3
2010년	566	39	223	254	46	4
2011년	542	34	207	249	48	4
2012년	735	23	178	270	160	104

④ 근로형태별 근로장려금 수급가구 분포

(단위 : 천가구)

구분	합	상용근로자	일용근로자
2009년	591	235	356
2010년	566	228	338
2011년	542	222	320
2012년	735	259	476

⑤ 부양자녀수별 근로장려금 수급가구 비중

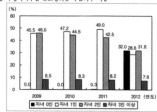

문 32. 다음 <표>는 어느 해 12월말 기준 '가' 지역의 개설 및 등록 의료기관이다. <표>와 <조건>을 근거로 하여 A ~ D에 해당하는 의료기관을 바르게 나열한 것은?

<표> '가' 지역의 개설 및 등록 의료기관 수

(단위 : 개소)

의료기관	개설 의료기관 수	등록 의료기관 수
A	2,784	872
B	( )	141
C	1,028	305
D	( )	360

※ 등록률(%) = $\dfrac{\text{등록 의료기관 수}}{\text{개설 의료기관 수}} \times 100$

─────<조 건>─────

○ 등록률이 30 % 이상인 의료기관은 '종합병원'과 '치과' 이다.

○ '종합병원' 등록 의료기관 수는 '안과' 등록 의료기관 수의 2.5배 이상이다.

○ '치과' 등록 의료기관 수는 '한방병원' 등록 의료기관 수보다 작다.

	A	B	C	D
①	한방병원	종합병원	안과	치과
②	한방병원	종합병원	치과	안과
③	종합병원	치과	안과	한방병원
④	종합병원	치과	한방병원	안과
⑤	종합병원	안과	한방병원	치과

236

나 복잡하면 시간이 초과될 수밖에 없다. 따라서 쉬운 문제는 눈으로도 선택지를 지울 수 있도록 출제한다. '몇 년 연속 증가 · 감소 추세', '단순 지문 속 항목 개수 세기' 등이 예다. 선택지를 보는 순서를 바꾼다고 하면 '쉬운 선택지를 빠르게 보고 푸는 게 빠르다', '결국 거기서 거기다' 하고 의견이 나뉘겠지만 자료해석 파트는 뒤로 갈수록 단순 계산으로 정답이 정해지기보다 중상 난이도의 선택지 2개를 비교 계산해서 정답을 구해야 하는 문제가 많아진다. 이런 상황에서 단순 계산에 쓸 시간을 뒤로 할애하면 종종 시간이 단축된다. 문제 난이도가 앞부분이 비교적 쉬우므로, 중반부 이후 어려워지는 시점에서 활용하는 편이 더 좋다. 지문이 주어지고 도표로 제대로 표현했는지 확인하는 문제 유형에서는 보통 두 번째 문단부터 문제와 관련된 내용이 나오는 경우가 많기 때문에 앞의 사진과 같이 지문 앞쪽이 문제와 관련이 없다 싶으면 바로 건너뛰는 게 좋다.

문제해결(문제해결능력)

대표 유형 1) 규칙 찾기

규칙을 찾는 유형은 모스 부호나, 프로그래밍 언어나, 각 회사에 맞는 기계 작동 방법 등으로 바뀌어 출제된다. 규칙을 알아내고 대입하는 것이 이 유형을 푸는 기본적인 방법이지만 바로 보기에 대입하면 더 빠른 경우도 많다. 어렵게 출제될 때는 경우의 수를 찾는 유형처럼 조건을 나누어 규칙을 찾아야 한다. 다음 예제 문제를 풀어보자.

15년 민간경력자 5급 인책형 상황판단 15번

문 15. 다음 글을 근거로 판단할 때, <보기>에서 방정식 $x^3+4x+2=0$의 표현으로 옳은 것만을 모두 고르면?

> 과거에는 방정식을 현재의 표현 방식과는 다르게 표현하였다.
>
> 카르다노는 x를 reb^{9}라고 쓰고 x^3을 cub^{9}라고 했으며 $+$를 p:과 같이 써서 $x^3+6x=18$을
>
> $$\text{cub}^9 \text{ p: } 6\text{reb}^9 \text{ ae}\overline{\text{q}}\text{lis } 18$$
>
> 이라고 했다.
>
> 스테빈은 $x^3+3=2x+6$을
>
> $$1^{③}+3 \text{ egales á } 2^{①}+6$$
>
> 이라고 썼다. 여기서 egales á는 $=$를 나타낸다.
>
> 기랄드는 x를 (1), x^2을 (2), x^3을 (3)과 같이 사용했다. 즉, $x^3+21x^2+4=0$을
>
> $$1(3)+21(2)+4=0$$
>
> 이라고 쓴 것이다.
>
> 헤리옷은 $x^3+3x=0$을
>
> $$xxx+3 \cdot x=0$$
>
> 과 같이 표현했다.

───────〈보 기〉───────

ㄱ. 카르다노는 cub^9 p: 4reb^9 p: 2 ae$\overline{\text{q}}$lis 0이라고 썼을 것이다.

ㄴ. 스테빈은 $1^{③}+4^{①}+2$ egales á 0이라고 썼을 것이다.

ㄷ. 기랄드는 $1(2)+4(1)+2=0$이라고 썼을 것이다.

ㄹ. 헤리옷은 $xxx+4 \cdot x+2=0$이라고 썼을 것이다.

① ㄱ, ㄷ

② ㄴ, ㄹ

③ ㄱ, ㄴ, ㄷ

④ ㄱ, ㄴ, ㄹ

⑤ ㄴ, ㄷ, ㄹ

규칙을 찾는 문제다. 지문이 그다지 길지 않으니 보기를 보며 대입해 나가는 방법이 시간 단축에 도움이 될 것이라 판단한다. ㄹ이 들어간 선택지가 3종류나 있으므로 ㄹ부터 확인한다. 해리옷의 특성은 제곱수를 붙여서 나열하고 곱셈은 · 을 표기하는 것이다. 이 특징을 대입하면 ㄹ이 맞는다는 것을 확인할 수 있다. ㄹ이 없는 선택지인 ①, ③번을 제거한다. 남은 ②, ④, ⑤번 중에서 ㄴ은 모두 포함되어 있으므로 ㄱ 또는 ㄷ을 확인하면 경우에 따라 정답을 확인할 수도 있다. ㄱ을 먼저 보겠다. 카르다노의 특징은 x3은 cub9로 +은 p:로 =은 aeqlis로 표현했다. 이를 지문의 방정식에 대입하면 ㄱ은 정답이다. 따라서 ④번이 정답이 된다. 만약 ㄷ을 먼저 확인해 기랄드의 방법으로 대입하면 (3)+4(1)+2=0으로 써야 정답이 된다.

Point!

공식이 한 눈에 이해하기 어렵다면 바로 보기에 대입하는 것이 도움이 된다.

대표 유형 2) 추론 문제

추론과 관련한 문제는 NCS 중에서도 시간이 많이 걸리고 오답율도 높다. 지문이 길뿐더러 용어가 어렵고 예외 적용 사항이 보기로 항상 등장하기 때문에 정답을 맞히면서도 께름칙한 부분이 있는 게 사실이다. 하지만 이 유형은 모두 어려워하는 것이라 조금만 정신을 차리고 집중하다 보면 생각보다 쉽게 답을 발견할 수 있다.

2014년 5급 공무원 공채시험 상황판단영역 6번 문제

문 6. 다음 <쓰레기 분리배출 규정>을 준수한 것은?

<쓰레기 분리배출 규정>

○ 배출 시간 : 수거 전날 저녁 7시 ~ 수거 당일 새벽 3시
까지(월요일 ~ 토요일에만 수거함)

○ 배출 장소 : 내 집 앞, 내 점포 앞

○ 쓰레기별 분리배출 방법

– 일반 쓰레기 : 쓰레기 종량제 봉투에 담아 배출

– 음식물 쓰레기 : 단독주택의 경우 수분 제거 후 음식물
쓰레기 종량제 봉투에 담아서, 공동주택의 경우 음식물
전용용기에 담아서 배출

– 재활용 쓰레기 : 종류별로 분리하여 투명 비닐봉투에
담아 묶어서 배출

① 1종(병류)

② 2종(캔, 플라스틱, 페트병 등)

③ 3종(폐비닐류, 과자 봉지, 1회용 봉투 등)

※ 1종과 2종의 경우 뚜껑을 제거하고 내용물을 비운 후 배출.

※ 종이류 / 박스 / 스티로폼은 각각 별도로 묶어서 배출.

– 폐가전·폐가구 : 폐기물 스티커를 부착하여 배출

○ 종량제 봉투 및 폐기물 스티커 구입 : 봉투판매소

---

① 甲은 토요일 저녁 8시에 일반 쓰레기를 쓰레기 종량제 봉투에
담아 자신의 집 앞에 배출하였다.

② 공동주택에 사는 乙은 먹다 남은 찌개를 그대로 음식물 쓰레기
종량제 봉투에 담아 주택 앞에 배출하였다.

③ 丙은 투명 비닐봉투에 캔과 스티로폼을 함께 담아 자신의 집
앞에 배출하였다.

④ 丁은 사이다가 남아 있는 페트병을 투명 비닐봉투에 담아서
집 앞에 배출하였다.

⑤ 戊는 집에서 쓰던 냉장고를 버리기 위해 폐기물 스티커를 구입
후 부착하여 월요일 저녁 9시에 자신의 집 앞에 배출하였다.

이 유형의 문제는 〈규정〉을 먼저 읽고 선택지를 검증하려 한다면 시간이 부족하거나 기억이 나지 않아 되돌아갈 수밖에 없다. 따라서 선택지에 나오는 정보를 키워드로 삼아 〈규정〉에서 검증하는 방향으로 가는 것이 효율적이다. ①에서 첫 번째 정보는 '토요일 저녁 8시'다. 이 것을 보자마자 곧바로 〈규정〉의 배출시간을 확인한다. 배출시간은 '수거 전날 저녁 7시~수거 당일 새벽 3시(월요일~토요일까지만 수거함)'이다. 즉, 일요일 저녁 7시~ 토요일 새벽 3시까지만 배출할 수 있는 날이므로 선택지의 토요일 저녁 7시는 무슨 이유에서든 규정을 어긴 것이다. 따라서 ①번은 답이 아님을 알 수 있다. 뒤의 정보는 읽지 않고 넘어가도록 한다. 다만, 간혹 예외사항이라는 조항이 아래에 붙을 수 있으므로 그런 것은 확인하고 넘어간다. ②에서 '공동주택'이라는 단어를 보자마자 위의 〈규정〉에서 공동주택을 찾도록 한다. 음식물 쓰레기는 음식물 전용용기에 담아 배출해야 함을 확인한 뒤 다시 선택지로 넘어온다. 먹다 남은 찌개를 그대로 버렸으므로 역시나 오답임을 확인할 수 있다. ③에서 '투명 비닐봉투'라는 용어를 보자마자 〈규정〉에서 재활용 쓰레기 파트에 있음을 확인한다. 선택지에서 캔과 스티로폼을 함께 담았다는 내용을 보고 다시 〈규정〉으로 가서 캔과 스티로폼이 같은 범주에 해당하는지 찾아보고 오답임을 알아낸다. ④에서 사이다가 남아 있는 페트병을 보고 지금까지 보지 않은 지문 중 윗부분인 예외사항을 확인한다. 페트병은 내용물을 버리고 처분해야 하므로 오답이다. 여기까지 왔으면 곧바로 다음 문제로 넘어가도록 한다. 〈규정〉에서 틀린 것은 거의 명확하나 맞는 것은 위화감을 느끼지 못하기 때문에 오히려 판단을 흐려지게 만들 위험이 있다. 틀렸다고 생각하면 또 다시 ①~⑤번을 모두 봐야 할 수밖에 없어 사실상 새로 풀어야 한다.

조건의 적용

조건의 적용은 앞서 나온 규정의 검증과 반대로 풀어나간다. 선택지에서는 사실상 정보를 얻을 수 없으며, 조건을 복합적으로 종합해 판단해야 하기에 조건을 잘못 이해하면 아예 손도 못 대는 경우가 발생한다. 이 유형에서 주의해야 할 것은 논리적 경우의 수가 한 가지보다 많을 때가 종종 있다는 것이다. 섣불리 '이 문제의 알고리즘은 A이기 때문에 B로 풀면 되고 그렇다면 답은 C이겠구나'라고 생각하면 안 된다. 다음 문제를 통해 확인하자.

2014년 5급 공무원 공채 상황판단영역 문제 16번

문 16. 다음 글과 <조건>을 근거로 판단할 때, 甲이 두 번째로 전화를 걸 대상은?

○○국은 자문위원 간담회를 열 계획이다. 담당자 甲은 <자문위원 명단>을 보고 모든 자문위원에게 직접 전화를 걸어 참석여부를 확인하려 한다.

<자문위원 명단>

성명	소속	분야	참석경험 유무
A	가 대학	세계경제	○
B	나 기업	세계경제	×
C	다 연구소	경제원조	×
D	다 연구소	경제협력	○
E	라 협회	통상	×
F	가 대학	경제협력	×

───────── ⟨조 건⟩─────────

○ 같은 소속이면 참석경험이 있는 자문위원에게 먼저 전화를 건다.

○ 같은 분야면 참석경험이 있는 자문위원에게 먼저 전화를 건다.

○ 같은 소속의 자문위원에게 연이어 전화를 걸 수 없다.

○ 같은 분야의 자문위원에게 연이어 전화를 걸 수 없다.

○ 참석경험이 있는 자문위원에게 연이어 전화를 걸 수 없다.

○ 명단에 있는 모든 자문위원에게 1회만 전화를 건다.

① A

② B

③ C

④ D

⑤ E

먼저 ⟨조건⟩을 전체적으로 이해하고 정리한다. 이 시간이 제일 어렵고 복잡하나 이 부분을 놓치면 문제를 아예 풀 수 없으니 최대한 열심히 해석하도록 한다. 이 ⟨조건⟩의 핵심은 어떠한 소속이나 분야든 참석 경험이 있는 자문위원이 우선순위이지만 참석 경험이 있는 자문위원이 연속으로 전화를 받을 수 없다는 것이다. 일단 이 정도의 추론으로 표를 보도록 한다. 참석 경험이 있는 자문위원은 A와 D 두 명이다. 이 둘 중 한 명이 어떤 경우든 첫 번째로 전화를 받게 된다. 여기서 주의해야 할 점은 A나 D 중에 한 명으로 경우의 수를 한정시키거나 이를 생각하는 데 시간을 허비하는 것이다. 명확한 논리 없이 선택의 수를 함부로 지우지 않도록 한다. 그 상태로 문제를 이끌어 간다면 두 가지 경우의 수가 나온다. A가 첫 번째로 전화를 받는 경우 두 번째로 전화를 받는 것은 C, E이며 D가 첫 번째로 전화를 받는 경우 B, E가 두 번째로 전화를 받는다. 여기서 두 번째로 전화 받는 것은 E라고 확신할 수 있다. 따라서 답은 E가 되는 것이다.

복합 계산

추론 문제 중 가장 어려워하는 유형이 복합 계산 문제다. 이 유형의 문제가 어렵게 출제될 경우 상당 시간을 소요할 수 있으므로 풀기 힘들다고 판단되면 정답률이 이 한 문제 탓에 낮아지더라도 뒤에 남은 많은 문제를 위해 건너뛰는 것이 좋을 수도 있다.

18년 민간경력자 5급 상황판단 18번

문 18. 다음 글을 근거로 판단할 때, 甲 ~ 戊 중 가장 많은 지원금을 받는 신청자는?

A국은 신재생에너지 보급 사업 활성화를 위하여 신재생에너지 설비에 대한 지원 내용을 공고하였다. <지원 기준>과 <지원 신청 현황>은 아래와 같다.

<지원 기준>

구분		용량(성능)	지원금 단가
태양광	단독주택	2 kW 이하	kW당 80만 원
		2 kW 초과 3 kW 이하	kW당 60만 원
	공동주택	30 kW 이하	kW당 80만 원
태양열	평판형 · 진공관형	$10 \, \text{m}^2$ 이하	m^2당 50만 원
		$10 \, \text{m}^2$ 초과 $20 \, \text{m}^2$ 이하	m^2당 30만 원
지열	수직밀폐형	10 kW 이하	kW당 60만 원
		10 kW 초과	kW당 50만 원
연료전지	인산형 등	1 kW 이하	kW당 2,100만 원

○ 지원금은 '용량(성능) × 지원금 단가'로 산정
○ 국가 및 지방자치단체 소유 건물은 지원 대상에서 제외
○ 전월 전력사용량이 450 kWh 이상인 건물은 태양열 설비 지원 대상에서 제외
○ 용량(성능)이 <지원 기준>의 범위를 벗어나는 신청은 지원 대상에서 제외

<지원 신청 현황>

신청자	설비 종류	용량(성능)	건물 소유자	전월 전력사용량	비고
甲	태양광	8 kW	개인	350 kWh	공동주택
乙	태양열	$15 m^2$	개인	550 kWh	진공관형
丙	태양열	$5 m^2$	국가	400 kWh	평판형
丁	지열	15 kW	개인	200 kWh	수직밀폐형
戊	연료전지	3 kW	개인	500 kWh	인산형

① 甲
② 乙
③ 丙
④ 丁
⑤ 戊

가장 많은 지원금을 받는 신청자를 찾으면 되는 문제이고, 지원금의 계산식은 '용량(성능) × 지원금 단가'로 책정되므로, 〈지원 기준〉에 해당하는 항목을 찾아 계산하면 된다.

5명의 지원금을 모두 계산하면 시간이 걸리므로, 위 4개의 단서를 이용해 해당하지 않는 지원자는 소거하고 시작하도록 하자.

먼저 두 번째 항목에 국가 및 지방자치단체 소유 건물은 지원 대상에서 제외되므로, 丙 신청자는 소거한다. 다음 세 번째 항목에서 전월

사용량이 450kwh 이상인 태양열 설비는 지원 대상에서 제외되므로, 乙 지원자 역시 소거하도록 한다. 다음 네 번째 항목에서 〈지원 기준〉의 범위를 벗어나는 신청은 지원되지 않는다. 戊의 연료전지 용량은 〈지원 기준〉인 1kw를 초과하므로, 소거하도록 한다.

그러면 이제 남은 甲, 丁 신청자의 지원금만 계산하면 된다.

甲 신청자의 지원금은 8kw × 80만 원 = 640만 원이 되며, 丁 신청자의 지원금은 15kw × 50만 원 = 750만 원이 되므로, 가장 많이 받는 신청자는 丁 신청자다.

NCS 문제는 언제나 시간 싸움인 것을 기억하며 최대한 계산 시간을 줄이는 방법으로 푸는 것을 추천한다.

기타 모듈 유형

　기타 유형은 위의 언어논리, 자료해석, 문제해결 유형을 제외한 나머지 유형들을 말한다. 기타 유형이지만 의사소통능력, 문제해결능력, 자기계발능력, 자원관리능력, 직업윤리, 대인관계능력, 정보능력, 기술능력, 조직이해능력 등 대부분 이 유형이 속한다. 많은 수험생이 앞에서 말한 3가지 유형을 더 어려워하기 때문에 이 책에서는 중요도에 따라 3가지 유형을 따로 분류했다. 기타 유형에는 이미 직장생활을 해본 이직준비생이라면 쉽게 풀 수 있는 문항이 많다.

　모듈형은 NCS홈페이지에 있는 교수자용/학습자용 가이드북 자료를 바탕으로 출제되기도 한다. 분량이 약1200페이지가량 되기 때문에 이 내용을 모두 숙지하고 시험을 보는 것은 어렵다. 따라서 자주 나오는 내용이나 생소한 내용에 대해서 정리하는 것을 추천한다. 인터넷 혹은 문제집에 정리된 교수자용 요약본 파일을 활용하는 것도 방법이다. 모듈형이 대세로 자리잡던 2019년도에는 교수자용 자료에

서 문제를 그대로 출제하기
도 하였지만 2021년 이후로
는 내용을 변형하여 출제하
고 있다. 따라서 교수자용 자
료를 모두 봐야한다고 부담
을 느끼기 보다는 정리한 부
분 만큼은 꼭 맞춘다는 생각
으로 접근하는 것이 낫다.

엘리베이터의 상석과 말석

이 책에서는 모든 내용을
소개하기는 어렵지만 모듈형에서 나오는 주요 개념에 대해 일부만 소
개해보려고 한다.

대표 유형 1) 예절 문제(좌석, 명함, 인사, 대화, 전화, 메일 등)

차량, 회의실, 엘리베이터 등에서 좌석배치에 대한 문제나, 명함

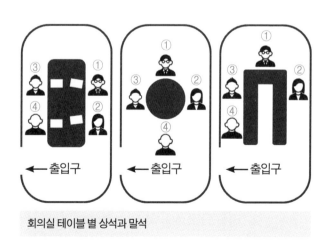

회의실 테이블 별 상석과 말석

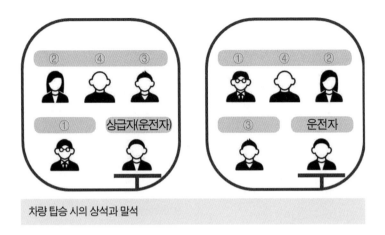

차량 탑승 시의 상석과 말석

을 주고받을 때 예절에 관한 문제, 인사예절, 대화예절 등 직장생활에 관한 유형이다. 정형화된 유형이 아니기에 응용문제 또는 상식문제처럼 출제될 수도 있다. 모두 외워서 준비하는 것은 어려운 일이기 때문에 자주 출제되는 유형 위주로 준비하고 새로운 문제를 접하면 내 것으로 만들어두자. 먼저 좌석 배치에 관한 문제에서 대부분 출입문과 멀수록 상석이다. 명함은 아랫사람이 먼저, 방문 시 먼저, 선자세로, 상사와 함께 있을 땐 상사가 먼저 교환하며, 명함을 받고 바로 집어넣는 것은 실례다. 또한 명함을 전달할 때는 상대방이 읽을 수 있는 방향으로 전달하는 게 좋다. 대화 시에 압존법을 사용하는 문제가 자주 출제된다. 전화예절에서 자주 출제되는 보기는 '통화 시 3번 울리기 전에 받으며 자신의 소속 및 이름을 말하고 상대방이 전화를 종료한 후 끊는다. 부재중인 자리의 전화는 당겨 받고 메모하는 것이 좋다. 정확히 모르는 내용은 임의로 판단하기보다는 메모 후 담당자에게 보고한다.' 이메일예절은 '제목에는 목적을 분명히 한다. 메일 시작은 자기소개, 메일 마지막은 자신의 서명을 쓴다. 메일 내용과

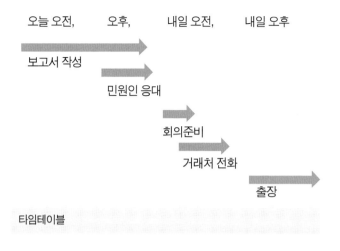

오늘 오전,　　　오후,　　　내일 오전,　　　내일 오후

보고서 작성

민원인 응대

회의준비

거래처 전화

출장

타임테이블

관련이 있는 사람은 참조 언급한다'가 자주 출제된다.

대표 유형 2) 상황문제(업무 중요도 선정)

상황문제는 특정 업무 상황이 주어지고 올바른 행동이나 업무의 우선순위를 정하는 등 실제 업무상황을 가정한 의사결정 문제들을 말한다. 문제 난이도가 대부분 평이하지만 자주 출제된다. 조직생활에서 기본적으로 필요한 단계, 절차를 생각하면 풀 수 있는 문제가 대부분이다. 상황문제는 직장생활 또는 조직생활을 해본 수험생은 쉽게 풀 수 있으나 그렇지 않다면 '상황의 유연성'보다 '원리, 원칙'을 조금 더 우선시해 문제에 접근하자. 업무 순서 문제는 표를 만들거나 메모하여 시간 순서와 업무 중요도에 따라 분배하면 좀 더 빠르게 문제에 접근할 수 있다. 자주 출제되는 업무 중요도의 보기로는 '상사가 시킨 일', '같이 해야 할 일', '내가 할 일'이 있다. 보통 상사가 시킨 일이 중요한데 간혹 직급이 다른 두 상사가 업무지시를 하는 경우가 있다. 이때 더 높은 직급 상사의 업무지시를 우선순위로 두는 것이 일반적이나, 회사 행사 또는 민원 등 더 중요하다고 판단되는 업무가 있으면 중요도가 바뀔 수 있다. 또한, 지문에서 업무의 소요 시간 또는 마감 기한을 복잡하게 설명하는 경우가 있는데 이때는 꼭 시간표를 그려서 판단하자. 위는 시간표의 예시다. 실전에서는 이렇게 자세하게 그리는 것이 아닌 내가 알아볼 수 있으면서 시간을 최대한 덜 소모하고 문제를 풀 수 있을 만큼만 활용하자. 복잡한 문제가 아니라면 굳이 시간표를 그릴 필요 없다.

대표 유형 3) 기타(OA 사용법, 직급 관련문제 등)

OA 사용법 등 실무에 더욱 가까운 문제가 출제된다. 엑셀 단축키, 복합기 사용법, 설명서가 주어진 물건의 사용법 등이 출제된다. 상식으로 풀 수 있는 문제도 있지만 평소에 직접 해보지 않으면 풀기 어려운 문제도 있다. 상식문제처럼 준비와 점수가 정비례하지 않기 때문에 따로 준비하기보다 자주 출제된 문제를 풀어보는 것으로 갈음하는 게 좋다. 여러 단서를 통해 직급을 맞추는 문제, 조직도와 업무분장에 맞는 부서 매칭 문제 등이 출제된다. 회사를 경험해보지 않은 취준생은 지원 회사의 조직도를 좀 더 유심히 살펴볼 필요가 있다. 가끔 해당 기관의 조직도를 차용해서 문제를 출제하는 경우가 있기 때문이다. 그 외에도 다양한 유형의 문제가 있는데 일단 '내가 생소하면 남들도 생소할 것이다'라고 생각하며 문제에 접근하자.

모든 문제 유형을 커버하는 것은 불가능하다. 시중에 나와 있는

NCS 교재를 3권 정도만 풀어보자. 자주 나오는 유형은 커버 가능하다. 아예 처음 보는 신유형이 의외로 난이도가 낮은 경우가 많으니 너무 걱정하지 말자. 어떤 문제를 내더라도 출제자가 의도한 바를 캐치한다면 생각보다 쉽게 선택지를 지워나갈 수 있을 것이다. 다시 강조하지만 '내가 어려우면 남들도 어려울 것이다'라는 점을 잊지 말자.

아래는 모듈형 자료 중 출제빈도가 높은 내용을 일부 요약했다. 알면 바로 풀 수 있지만 모르면 틀릴 수 있는 문제기 때문에 자투리시간에 반복해서 숙지하자.

의사소통능력 - 문서의 종류

공문서

공공기관에서 업무상 작성하는 문서. 정부공문서규정에(국가법령센터 참고하기, 행정업무 운영편람 검색하기) 따라 엄격한 규격과 양식에 따라 작성됨. 최종 결재권자의 결재가 있어야 문서로 성립됨. 공공기관의 모든 업무에는 공문서로 관련근거를 남긴다.

기획서

적극적으로 아이디어를 내서 기획의 내용을 전달하고 시행하도록 설득하는 문서. 보통 현업에서 OOO 기획(안)을 제목으로 공문을 작성함 - ex) 신청사 건설사업 용지매수에 따른 거주민 이주대책 (안)

기안서

업무 협조 구하거나 의견전달 또는 행위에 대한 공적인 기록을 남길 때 작성 - ex) 업무처리전 - 서울지역본부 사옥 방수공사에 따른 협조의 건

보고서

특정한 일이나 상황에 대한 연구 또는 검토결과 보고 - ex) 해빙기 주요전력시설 점검 현황보고, 2023 00공사 국정감사 업무보고

설명서

상품의 특성이나 사물의 성질과 가치, 작동 방법이나 과정을 설명. 일부 기관이나 일부 직렬 에서는 보고서와 혼용해서 사용됨 - ex) 서울~문산 고속도로 도로확장공사 제 2공구 공사설명서

보도자료

대외적으로 행사, 공지사항, 사건사고, 인터뷰 등 각종 업무에 대해 공적으로 알리기 위한 문서 - ex) 재산관리부 민원 신고에 대한 해명자료

문제해결능력 - 문제의 종류

발생형 문제 (보이는 문제)

우리 눈앞에 발생되어 당장 걱정하고 해결하기 위해 고민해야하는 문제. 눈에 보이는 이미 일어난 문제로 어떤 기준을 일탈함으로써 생기는 일탈문제와, 기준에 미달하여 생기는 미달문제로 둘 모두 문제 이전으로 원상복귀가 필요하다. 문제의 원인이 내재되어 있기 때문에 원인 지향적인 문제.

예시) 고장난 전력설비, 경북지역본부 사업소 진출입로 파손

탐색형 문제 (찾는 문제)

더 잘해야 하는 문제로, 현재의 상황을 개선하거나 효율을 높이기

위한 문제이다. 눈에 보이지 않는 문제로 문제를 방치하면 뒤에 큰 손실이 따르거나 결국 해결할 수 없는 문제로 나타난다.

잠재문제 : 문제가 잠재되어 있어서 보지 못하고 인식하지 못하다가 결국은 문제가 확대되어 해결이 어려운 문제, 문제는 존재하나 숨어있기 때문에 조사 및 분석을 통해서 찾아야 할 필요. ex) 현장에서의 불완전한 행동 – 문제는 일어나지 않았지만 안전사고에 대한 위험성 잠재

예측문제 : 지금 현재로는 문제가 없지만 현 상태의 진행 상황을 예측이라는 방법을 사용하여 찾아야 앞으로 일어날 수 있는 문제가 보이는 문제. ex) 00공사의 A거래건 장기계약 만료 도래가 2년 뒤에 예정됨 – 계약 체결이후 업무 진행과정에서 이견차 발생했었음

발견문제

현재로서는 담당 업무에 아무런 문제가 없으나 유사 타 기업의 업무방식이나 선진기업의 업무 방법 등의 정보를 얻음으로써 보다 좋은 제도나 기법, 기술을 발견하여 개선하거나 향상시킬 수 있는 문제타 기관 재택근무 방안, 국민신문고 고객만족도 향상방안

설정형 문제 (미래 문제)

미래상황에 대응하는 장래 경영전략의 문제로 앞으로 어떻게 할 것인가 하는 문제. 지금까지 해왔던 것과

는 관계없이 미래 지향적으로 새로운 과제 또는 목표를 설정함에 따라 일어나는 목표 지향적 문제. 지 금까지 경험한 바가 없기 때문에 많은 창조적인 노력이 요구되는 창조적 문제.

예시) 신규 사업 진출, 탄소중립 2050, VISION2040, ESG경영 활성화

→ 이 유형을 문제에서 만난다면 위의 개념을 숙지하는 것과 동시에, 해당 부서가 어떤 일을 하는지, 해당부서에서 해결 가능한 일인지를 생각해보는 것도 문제 해결에 도움이 된다.

자기개발능력 - 조하리의 창

조하리의 창(Johan's Window) : 조하리의 창은 자신과 다른 사람의 두 가지 관점을 통해 파악해 보는 자기인식의 모델이다.

공개영역 (Open Area) - 나도 타인도 알고 있는 자신의 모습

1사분면은 개방된 사분면으로 자신과 타인에게 알려진 행동, 감정 그리고 사고를 포함한다.(ex) 평소 조심하는 성격)

보이지 않는 창 (Blind Area) - 나는 인식하지 못하지만 타인은 알 수 있는 나의 모습

2사분면은 가려진 사분면으로 타인은 알지만 자신은 알지 못하는 모든 것들을 포함한다.(ex) 나도 모르던 면접/발표 시 눈 깜빡임)

숨겨진 창 (Hidden Area) - 내가 의도적으로 타인이 알지 못하도록 숨기는 나의 모습

3사분면은 숨겨진 사분면이다. 이것은 오직 자신만 알고 있는 자아에 대한 것을 포함한다.(ex) 알리고 싶지 않은 컴플렉스)

1사분면 공개영역 자신과 타인 모두 알고 있음	2사분면 맹인영역 타인만 알고 있음
3사분면 비밀영역 자신만 알고 있음	4사분면 미지영역(미지의 창) 자신도 타인도 알지 못함

조하리의 창

미지의 창 (Unknown Area) - 나도 타인도 알지 못하는 나의 숨겨진 모습

4사분면은 알지 못하는 사분면으로 자신과 타인에게 알려지지 않은 자아를 포함한다. 미지의 창을 열기 위해 적극적으로 나에 대해 이야기함으로써 열린창(1사분면)이 커지고 숨겨진 창(3사분면)이 작아짐. 타인의 피드백이나 조언을 받으면 보이지 않는 창(2사분면)이 작아지는데 이 과정에서 미지의 창(4사분면)이 열림.

자원관리능력 - 시간관리 매트릭스

성공하는 사람들의 시간관리 매트릭스

스티븐 코비 박사는 〈성공하는 사람들의 7가지 습관〉이라는 책에서 시간관리 매트릭스를 소개했다. 지역 난방공사 등 인바스켓 면접에서도 이 매트릭스는 자주 활용되므로 기억해두면 좋다.

중요성과 긴급함

어떤 활동이나 업무를 평가하는 기준으로 중요성과 긴급함을 설정한다.

3,4사분면 - 중요하지 않은 일

긴급함과 긴급하지 않음을 떠나 중요하지 않은 일이다. 상황에 따라서는 업무순위를 뒤로 미루거나 위임을 할 수도 있는 일이다. 3사분면 또한 중요하지 않다면 실무에서는 전화, 메일 등 응답에 모두 답하지 않고 당장 중요한 것을 해야 한다.

처리를 한다면 용건만 확인하고 일의 중요성을 판단해 처리한다. 시간관리의 기본은 3,4분면에 시간을 쏟지 않는 것이다.

2사분면과 1사분면 : 바쁜 이유

시간관리에 어려움을 겪는 이들은 보통 2사분면에서 어려움을 느끼고 스트레스를 받는다. 2사분면은 중요하고 긴급한 일이다. 당장 처리해야 하는 업무고 우리가 기관에서 일상적으로 하는 업무이다. 2사분면은 꼭 해야하지만 2사분면 업무에 집중하다가 중요하지만 시일이 남은 업무인 1사분면 업무에 소홀해 지며 시간관리의 문제가 발생한다. 1사분면은 지금은 긴급하지 않지만 중요한 문제이다. 지금 중요하고 긴급한 일만하고 긴급하지 않은 것들을 하지 않다보면 나중에는 더 큰 문제 들이 생길 수 있다. 앞으로 문제가 생길 것을 미리 예방하지 않고, 문제해결능력을 길러놓지 않으면 나중에 더 큰 문제가 되어서 오는 것들을 해결할 수 없는 것이다. 예시로는 월간 보고서 제출, 일정한 시기에 이루어지는 일상감사가 있다. 다만 이 예시는 참고정도만 하자. 상황에 따라 약식으로 월간보고를 한다면 중요도가 낮아질 수 있고 일상감사가 기간은 많이 남았지만 대비해야할 과업이 많아서 오래 걸리고 매일 시급하게 처리해야 장기간에 감사준비를 마칠 수 있다면 시급도가 바뀔 수 있다. 이처럼 시간관리 매트릭스는 업무,

목표, 처리기간에 대한 명확한 이해가 밑바탕 되어야 한다.

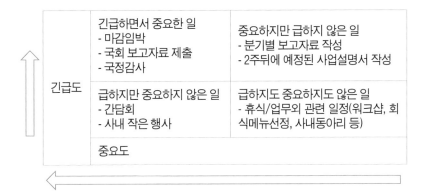

시간관리 매트릭스 예시, 위는 하나의 예시일 뿐 주어진 상황에 따라서 중요도와 긴급도는 달라질 수 있다.

중요한 일을 가능하면 미리하기

시간상 모든 일을 처리할 수 없다면 가장 최선의 방법은 중요하지 않는 3,4분면의 일은 하지 않으며 1,2사분면의 일을 일정에 맞게 수행 하는 것이다. 중요하고 긴급한 일을 처리하면서 앞으로 중요한 일에 신경을 써야 한다. 이렇게 업무를 분배하다보면 시급이 중요하지 않지만 중요한 일도 업무량이 줄어들게 된다. 정리하면 시간관리에서 핵심은 중요한일을 업무순서에 따라서 먼저 수행하는 것이다.

대인관계능력 - 고객 불만처리 8단계

• 경청 : 고객의 항의를 끝까지 경청하고 선입견없이 문제를 파악한다.

• 감사와 공감 표시 : 시간을 내어 문제해결 기회를 준 것에 감사하

고 고객의 항의에 고객의 입장에서 공감 표시한다.

- 사과 : 고객이 제기한 문제에 대해 인정하고 잘못한 부분에 대해 사과한다.
- 해결약속 : 문제에 대해 가능하면 구체적인 과정을 표현하며 해결을 약속한다.
- 정보파악 : 문제해결을 위해 필요한 정보를 질문한다. 꼭 필요한 질문만 한다.
- 신속처리 : 잘못된 부분을 신속히 시정한다.
- 처리 확인과 사과 : 민원/불만 처리 후 고객에게 처리결과에 대해 질의한다.
- 피드백 : 해당 사례를 기관 및 직원에게 공유하며 재발 방지한다.

정보능력 - 엑셀 함수기초

- COUNTIF(범위, 값) : 주어진 범위에서 원하는 값이 몇 개인지
- SUMIF(범위, 값, 합할 범위) : 주어진 범위에서 찾을 값에 대응하는 값을 찾아 더함
- HLOOKUP (검색값, 범위, 행번호,[검색유형]) : 범위의 첫 행을 검색 후 지정한 행에서 해당하는 열을 셀 값 구하기
- VLOOKUP(검색값, 범위, 행번호,[검색유형]) : 범위의 첫 행을 검색 후 지정한 열에서 해당하는 열을 셀 값 구하기
- OFFSET(범위, 행, 열,높이, 너비) : 선택한 범위에서 지정 한 행과 열만큼 떨어진 위치에 있는 데이터 영 역의 데이터를 표시
- CHOOSE(인덱스번호, 값1, 값2..) : 리스트에서 값을 선택
- INDEX(범위, 행 번호, 열 번호, [참조 영역 번호]) : 셀 범위나 배열

에서 참조나 값을 구함

- AVERAGE(수치1, 수치2) : 평균
- RANK (숫자, 범위, 옵션) : 범위에서 지정한 숫자의 내림차순 순위
- STDEV(수치1, 수치2..) : 표준편차를 구함
- COUNTBLANK(범위) : 공백 셀의 개수
- LARGE(범위, 순위) : 데이터 범위에서 몇 번째 큰 값
- IF(조건식, 값1, 값2) : 조건을 판단할 때 사용
- AND(논리식1, 논리식2 ...) : 모든 논리식이 참(TRUE)일 경우만 값이 나타남
- OR(논리식1, 논리식 2) : 논리식 중 하나라도 TRIE가 있을 경우 결과 값으로 TRUE를 구함
- IFERROR(수식, 값) : 수식에서 오류 발생시 지정한 값을 반환 혹은 수식 결과 반환

가장 기초적인 함수식이다. 정보능력 비중이 높은 지원자는 엑셀을 열고 실습하며 체화하자.

조직이해능력 - 부서 업무범위(업무분장 예시)

1. 사무직 부서

- 총무 부서 - 의전 및 비서관련 업무, 비품 및 소모품의 구입과 관리, 업무추진비 및 사업추진비 관리, 사옥 임대차계약 및 관리, 법인차량 관리 등
- 인사 부서 - 승진 및 상벌 관리, 인사발령 및 업무분장 관리, 직무 및 직제규정 관리, 채용, 임금 및 수당 관련, 복리후생제도 및

지원업무, 휴가 및 복무관리, 퇴직 관리, 교육 등

• 기획 부서 - 경영계획 및 전략 수립, 정부지표 관리 및 이행, 중장기 사업계획 수립, 사업계획 등

• 회계 부서 - 관리회계, 재무회계, 지출회계, 결산, 재무제표 분석 및 보고, 법인세, 부가가치세, 국세 지방세 납부 등

• 재산 부서 - 국유재산(지급자재,관급자재) 관리, 재산 임대/매각, 고정자산의 취득/불용처리 등 관리 등

• 법무 부서 - 사규 재개정, 소송 및 분쟁 지원, 법률자문 등

• 감사 관련부서(행정감사) - 계약 적정 여부, 회계처리 적정성, 청렴, 민원 등

2. 기술직 부서

• 설계 관련부서 - 작은 건은 직접설계, 설계용역 발주 및 설계내역서 검토, 설계변경 검토 등

• 사업 관련부서 - 예비타당성검토, 환경영향평가, 교통영향평가, 사업 계약 및 착공전 행정업무지원 등

• 공사 관련부서 - 착공 전 공사준비, 직접감독 혹은 감리사 통한 공사관리, 공무, 현장관리감독, 기성금지급, 설계변경, 준공 검사 등

• 안전 관련부서 - 안전교육, 사고조사, 안전이행 관련 행정업무, 폐기물/소음/진동/토양오염 관리, 안전지표관리, 현장 안전 감독 등

• 설비보전(정비) 관련부서 - 설비보전교대, 설비 신증설, 설비 유지관리 및 공사발주, 오버홀 등

- 기술관련부서 – 기술기준 검토, 사규/법령 개정, 공사/공단 핵심 기술 관리, 기술용역 등
- 감사관련부서(기술감사) – 공사비(내역서, 설계변경) 적정여부, 용역계약, 청렴, 민원 등

3. 특수직렬 부서

- 보안/IT 관련 부서 – 전산직, 정보 보안에 관한 교육, 신규 사업 시 보안성검토, 사내망과 외부망 관리, 전산 용역업체 관리, 보안 대책 수립 등, IT 전문 기관의 경우에는 개발을 수행하기도 한다.
- 소방관련 부서 – 소방직을 채용하는 경우, 유사 시 설비에 대한 소방활동, 소방안전교육 등
- 방호관련 부서 – 사옥 출입관리, 청원경찰 또는 방호직을 채용하는 경우, 사내 예비군 운영, 유사 시 사옥 방호 대책 수립, 청원경찰 조직 운영 등

이 외에도 해외영업, 4차산업 관련등 각 기관의 조직특성에 맞게 부서가 존재한다. 위의 업무분장 예시를 참고한 후 기관 홈페이지와 조직도를 통해 더 깊은 조사가 필요하다.

06

실전 NCS 문제풀이 비법
– 시간을 단축시켜주는 저자의
직접 생생해설

같은 문제를 풀어도 누군가는 쉽고 빠르게 정답을 구하고, 누군가는 두 선택지 사이에서 망설이다 찍어서 탈락한다. 다음 각 과목별 민간경력자 문제를 풀어보고 자신의 풀이 방법과 저자들의 문제풀이 방법을 비교해보자. 저자들의 풀이 방법이 무조건 옳은 것은 아니지만 평소 문제를 푸는 데 시간이 오래 걸리는 수험생이나 어떻게 공부해야 할지 어려워하던 수험생에게는 큰 도움이 될 것이다.

민간경력자 문제들은 원래 과목당 25문제 총 60분으로 문제당 4분의 시간이 주어진다. 공기업 시험문제는 보통 1문제당 1분 내외의 시간이 주어져서 민간경력자 문제와 풀이 시간이 다르지만 다음 이유로 민간경력자 문제를 풀어 보라고 추천한다. 첫째, 문제의 질이 좋다. 정답에 대한 이의 제기를 피하려고 시중 서적과는 비교할 수 없을 만큼 좋은 문제를 출제한다. 둘째, 문제 유형을 알 수 있다. NCS, PSAT, 민간경력자 시험은 해마다 문제 유형이 크게 바뀌지 않지만 NCS의 문제는 출제 초기에는 GSAT, HMAT 등 대기업 인적성과 유사하던 것이 점점 PSAT 또는 민간경력자 유형으로 바뀌었다. 일부 NCS 출제 기관은 PSAT, 민간경력자 기출문제를 그대로 차용해 문제를 출제하기도 하기 때문에 민간경력자 문제를 풀어보는 것은 NCS를 준비하는 면에서 비슷하거나 조금 더 난도 높은 문제에 대비할 수 있는 좋은 수단이다.

언어논리 10선

1. 18년 민간경력자 5급 언어논리 2번

문 2. 다음 글의 ㉠ ~ ㉤에서 전체 흐름과 맞지 않는 한 곳을 찾아 수정할 때, 가장 적절한 것은?

> 상업적 농업이란 전통적인 자급자족 형태의 농업과 달리 ㉠판매를 위해 경작하는 농업을 일컫는다. 농업이 상업화된다는 것은 산출할 수 있는 최대의 수익을 얻기 위해 경작이 이루어짐을 뜻한다. 이를 위해 쟁기질, 제초작업 등과 같은 생산 과정의 일부를 인간보다 효율이 높은 기계로 작업하게 되고, 농장에서 일하는 노동자도 다른 산업 분야처럼 경영상의 이유에 따라 쉽게 고용되고 해고된다. 이처럼 상업적 농업의 도입은 근대 사회의 상업화를 촉진한 측면이 있다.
>
> 홉스봄은 18세기 유럽에 상업적 농업이 도입되면서 일어난 몇 가지 변화에 주목했다. 중세 말기 장원의 해체로 인해 지주와 소작인 간의 인간적이었던 관계가 사라진 것처럼, ㉡농장주와 농장 노동자의 친밀하고 가까웠던 관계가 상업적 농업의 도입으로 인해 사라졌다. 토지는 삶의 터전이라기보다는 수익의 원천으로 여겨지게 되었고, 농장 노동자는 시세대로 고용되어 임금을 받는 존재로 변화하였다.

결국 대량 판매 시장을 위한 ⓒ대규모 생산이 점점 더 강조되면서 기계가 인간을 대체하기 시작했다.

또한 상업적 농업의 도입은 중요한 사회적 결과를 가져왔다. 점차적으로 ⓓ중간 계급으로의 수렴현상이 나타난 것이다. 저임금 구조의 고착화로 농장주와 농장 노동자 간의 소득 격차는 갈수록 벌어졌고, 농장 노동자의 처지는 위생과 복지의 양 측면에서 이전보다 더욱 열악해졌다.

나아가 상업화로 인해 그 동안 호혜성의 원리가 적용되어왔던 대상들의 성격이 변화하였는데, 특히 돈과 관련된 것, 즉 재산권이 그러했다. 수익을 얻기 위한 토지 매매가 본격화되면서 ⓔ재산권은 공유되기보다는 개별화되었다. 이에 따라 이전에 평등주의 가치관이 우세했던 일부 유럽 국가에서조차 자원의 불평등한 분배와 사회적 양극화가 심화되었다.

① ㉠을 "개인적인 소비를 위해 경작하는 농업"으로 고친다.
② ㉡을 "농장주와 농장 노동자의 이질적이고 사용 관계에 가까웠던 관계"로 고친다.
③ ㉢을 "기술적 전문성이 점점 더 강조되면서 인간이 기계를 대체"로 고친다.
④ ㉣을 "계급의 양극화가 나타난 것이다."로 고친다.
⑤ ㉤을 "재산권은 개별화되기보다는 사회 구성원 내에서 공유되었다."로 고친다.

흐름과 맞지 않는 한 곳을 찾아, 가장 적절히 수정한 내용을 고르는 문제이므로, 문장을 대체했을 때 문맥에 맞는 것을 고르면 된다.

깊은 생각을 요하는 문제가 아니므로 빠르게 읽어 내용을 파악하고 문제를 푸는 전략이 필요하다.

보기 문장을 하나씩 대체해 보면, ① "개인적인 소비를 위해 경작하는 농업"은 자급자족 형태의 농업에 해당하므로 틀린 답안이다.

② "농장주와 노동자의 이질적이고 사용 관계에 가까웠던 관계"는 상업적 농업의 도입으로 발생된 내용이 적절하므로 역시 틀린 답안이다.

③ "기술적 전문성이 점점 강조되면서 인간이 기계를 대체" 역시 상업적 농업에 의한 현상과 맞지 않으므로 틀린 답안이다.

④ "계급의 양극화가 나타난 것이다"는 농장주와 농장 노동자 간의 소득 격차가 벌어지기 때문에 발생한 현상이 맞으므로, ④번 보기가 답안이 된다.

Point!

보기에서 답을 찾을 때 ①부터 ⑤로 진행하다가 답을 찾았다면, 다음 보기는 풀지 않고 넘어가는 것이 시간을 절약하는 방법이다.
예컨대 ④에서 답을 찾았으므로, 필자는 ⑤번은 읽지 않고 넘어간다. NCS는 결국 시간 싸움이라는 것을 잊지 말자.

문 5. 다음 글에서 알 수 있는 것은?

체험사업을 운영하는 이들은 아이들에게 다양한 직업의
현장과 삶의 실상, 즉 현실을 체험하게 해준다고 홍보한다.
직접 겪지 못하는 현실을 잠시나마 체험함으로써 미래에
더 좋은 선택을 할 수 있게 한다는 것이다. 체험은 생산자
에게는 홍보와 돈벌이 수단이 되고, 소비자에게는 교육의
연장이자 주말 나들이 거리가 된다. 이런 필요와 전략이
맞물려 체험사업이 번성한다. 그러나 이때의 현실은 체험하는
사람의 필요와 여건에 맞추어 미리 짜놓은 현실, 치밀하게
계산된 현실이다. 다른 말로 하면 가상현실이다. 아이들의
상황을 고려해서 눈앞에 보일 만한 것, 손에 닿을 만한 것,
짧은 시간에 마칠 수 있는 것을 잘 계산해서 마련해 놓은
맞춤형 가상현실인 것이다. 눈에 보이지 않는 구조, 손에
닿지 않는 제도, 장기간 반복되는 일상은 체험행사에서는
제공될 수 없다.

여기서 주목해야 할 것은 경험과 체험의 차이이다. 경험은
타자와의 만남이다. 반면 체험 속에서 인간은 언제나 자기
자신만을 볼 뿐이다. 타자들로 가득한 현실을 경험함으로써
인간은 스스로 변화하는 동시에 현실을 변화시킬 동력을
얻는다. 이와 달리 가상현실에서는 그것을 체험하고 있는
자신을 재확인하는 것으로 귀결되기 마련이다. 경험 대신
체험을 제공하는 가상현실은 실제와 가상의 경계를 모호하게
할 뿐만 아니라 우리를 현실에 순응하도록 이끈다. 요즘
미래 기술로 각광받는 디지털 가상현실 기술은 경험을
체험으로 대체하려는 오랜 시도의 결정판이다. 버튼 하나만
누르면 3차원으로 재현된 세계가 바로 앞에 펼쳐진다.
한층 빠르고 정교한 계산으로 구현한 가상현실은 우리에게
필요한 모든 것을 눈앞에서 체험할 수 있는 본격 체험사회를
예고하는 것만 같다.

① 체험사업은 장기간의 반복적 일상을 가상현실을 통해 경험하도록 해준다.
② 현실을 변화시킬 수 있는 동력은 체험이 아닌 현실을 경험함으로써 얻게 된다.
③ 가상현실은 실제와 가상 세계의 경계를 구분하여 자기 자신을 체험할 수 없도록 한다.
④ 체험사업은 아이들에게 타자와의 만남을 경험하게 해줌으로써 경제적 이윤을 얻고 있다.
⑤ 디지털 가상현실 기술은 아이들에게 현실을 경험하게 함으로써 미래에 더 좋은 선택을 하도록 돕는다.

이 문제 역시 빠르게 내용을 파악한 후, 선택지에서 답을 찾는 게 편하다.

급한 마음에 선택지를 먼저 본 후 내용을 본문에서 찾으려 한다면, 글의 전반적인 내용을 파악하기 어려우므로 오답율이 높아질 수 있다.

글의 주제는 '체험사업은 정교하게 계산된 현실이며 우리를 현실에 순응하도록 이끄는 반면, 경험은 타인과의 접촉을 통해 현실을 변화시킬 동력을 줄 수 있다'이다.

즉, 글쓴이는 체험사업과 가상현실에 부정적인 견해를 갖고 있으며, 인간은 타자와의 '경험'을 통해 스스로 변화할 수 있다고 생각하고 있다.

이와 부합하는 내용을 보기에서 고르면 "②현실을 변화시킬 수 있는 동력은 체험이 아닌 현실을 경험함으로써 얻게 된다"라는 내용이 된다. 답은 ②번.

지문 길이가 길지 않을 땐 본문을 먼저 읽고 문제를 푸는 것이 시간 단축에
도움이 된다.

3. 18년 민간경력자 5급 언어논리 10번

문 10. 다음 글의 내용이 참일 때, 최종 선정되는 단체는?

> ○○부는 우수 문화예술 단체 A, B, C, D, E 중 한 곳을
> 선정하여 지원하려 한다. ○○부의 금번 선정 방침은 다음
> 두 가지다. 첫째, 어떤 형태로든 지원을 받고 있는 단체는
> 최종 후보가 될 수 없다. 둘째, 최종 선정 시 올림픽 관련
> 단체를 엔터테인먼트 사업(드라마, 영화, K-pop) 단체보다
> 우선한다.
>
> A 단체는 자유무역협정을 체결한 갑국에 드라마 컨텐츠를
> 수출하고 있지만 올림픽과 관련된 사업은 하지 않는다. B는
> 올림픽의 개막식 행사를, C는 폐막식 행사를 각각 주관하는
> 단체다. E는 오랫동안 한국 음식문화를 세계에 보급해 온
> 단체다. A와 C 중 적어도 한 단체가 최종 후보가 되지
> 못한다면, 대신 B와 E 중 적어도 한 단체는 최종 후보가
> 된다. 반면 게임 개발로 각광을 받은 단체인 D가 최종
> 후보가 된다면, 한국과 자유무역협정을 체결한 국가와
> 교역을 하는 단체는 모두 최종 후보가 될 수 없다. 후보
> 단체들 중 가장 적은 부가가치를 창출한 단체는 최종 후보가
> 될 수 없고, 최종 선정은 최종 후보가 된 단체 중에서만
> 이루어진다.
>
> ○○부의 조사 결과, 올림픽의 개막식 행사를 주관하는
> 모든 단체는 이미 □□부로부터 지원을 받고 있다. 그리고
> 위 문화예술 단체 가운데 한국 음식문화 보급과 관련된
> 단체의 부가가치 창출이 가장 저조하였다.

① A
② B
③ C
④ D
⑤ E

조건을 나열하고, 해당 조건에 맞는 답안을 고르는 전형적인 논리
문제다.

이런 문제는 조건에 맞지 않는 선택지를 지우며 답을 찾아야 문제
를 해결할 수 있다.

먼저 해당 내용을 표로 간략하게 작성하면 보기 좋다.

	A	B	C	D	E
사업	드라마	올림픽 개막식	올림픽 폐막식	게임 개발	한국 음식문화
적/부	X	X	O	O	X
최종	X	X	O	X	X

먼저 어떤 형태로든 지원을 받는 단체가 최종 후보에서 제외되고,
올림픽 개막식 행사를 주관하는 단체는 이미 지원을 받고 있으므로 B
단체는 후보에서 제외된다. 또한 가장 적은 부가가치를 창출한 단체
는 최종 후보가 될 수 없으므로, 한국 음식문화 보급과 관련된 단체인
E 단체 역시 제외된다.

남은 A, C, D가 최종 후보가 된다는 가정하에 D가 후보에 포함된
다면 한국과 자유무역협정을 체결한 A는 최종 후보가 될 수 없으므로
남는 후보는 C, D 단체가 된다.

여기서 최종 지원 단체 선정 시, 올림픽 관련 단체를 엔터테인먼트

사업 단체보다 우선한다는 조항이 있으므로 최종 선정은 올림픽 폐막식을 주관하는 C 단체가 된다. 답은 ③번.

문 19. 다음 글의 빈칸에 들어갈 진술로 가장 적절한 것은?

> 　모두가 서로를 알고 지내는 작은 규모의 사회에서는 거짓이나 사기가 번성할 수 없다. 반면 그렇지 않은 사회에서는 누군가를 기만하여 이득을 보는 경우가 많이 발생한다. 이런 현상이 발생하는 이유를 확인하는 연구가 이루어졌다. A 교수는 그가 마키아벨리아니즘이라고 칭한 성격 특성을 지닌 사람을 판별하는 검사를 고안해냈다. 이 성격 특성은 다른 사람을 교묘하게 이용하고 기만하는 능력을 포함한다. 그의 연구는 사람들 중 일부는 다른 사람들을 교묘하게 이용하거나 기만하여 자기 이익을 챙긴다는 사실을 보여준다. 수백 명의 학생을 대상으로 한 조사에서, 마키아벨리아니즘을 갖는 것으로 분류된 학생들은 대체로 대도시 출신임이 밝혀졌다.
>
> 　위 연구들이 보여주는 바를 대도시 사람들의 상호작용을 이해하기 위해 확장시켜 보자. 일반적으로 낯선 사람들이 모여 사는 대도시에서는 자기 이익을 위해 다른 사람을 이용하는 성향을 지닌 사람이 많다고 생각하기 쉽다. 대도시 사람들은 모두가 사기꾼처럼 보인다는 주장이 일리 있게 들리기도 한다. 그러나 다른 사람들의 협조 성향을 이용하여 도움을 받으면서도 다른 사람에게 도움을 주지 않는 사람이 존재하기 위해서는 일정한 틈새가 만들어져 있어야 한다. [＿＿＿＿＿＿＿＿] 때문에 이 틈새가 존재할 수 있는 것이다. 이는 기생 식물이 양분을 빨아먹기 위해서는 건강한 나무가 있어야 하는 것과 같다. 나무가 건강을 잃게 되면

> 기생 식물 또한 기생할 터전을 잃게 된다. 그렇다면 어떤
> 의미에서는 모든 사람들이 사기꾼이라는 냉소적인 견해는
> 낯선 사람과의 상호작용을 잘못 이해한 것이다. 모든 사람들이
> 사기꾼이라면 사기를 칠 가능성도 사라지게 된다고 이해하는
> 것이 맞다.

① 대도시라는 환경적 특성
② 인간은 사회를 필요로 하기
③ 많은 사람들이 진정으로 협조하기
④ 많은 사람들이 이기적 동기에 따라 행동하기
⑤ 누가 마키아벨리아니즘을 갖고 있는지 판별하기 어렵기

이 문제 역시 지문이 길지 않으므로, 빠르게 내용을 파악하되 정확히 파악하는 것이 중요하다.

여기서 답을 추론할 수 있는 단서는 두 가지다.

첫째로 빈 칸에 들어갈 진술 전의 내용을 보면, "대도시 사람들은 모두가 사기꾼처럼 보인다는 주장이 일리 있게 들리기도 한다. 그러나 다른 사람들의 협조 성향을 이용해 도움을 받으면서도 다른 사람에게 도움을 주지 않는 사람이 존재하기 위해서는 일정한 틈새가 만들어져 있어야 한다"라는 내용이 나온다. 즉 '그러나~'라는 표현과 그 뒤의 내용을 통해, '대도시 사람들은 모두 사기꾼인 것 같지만 생각처럼 그렇지 않을 수 있다'라는 뜻을 함축하고 있다.

둘째로 빈 칸 뒤에 "기생 식물이 양분을 빨아 먹기 위해서는 건강한 나무가 있어야 하는 것과 같다"라는 문장이 보이는데, 다른 사람을 교묘하게 이용하려면, 정직하고 협조 성향인 사람이 있어야 한다는 뜻을 내포한다.

이 내용과 문맥을 종합하면, 생각보다 '③ 많은 사람이 진정으로 협조하기' 때문이라는 내용이 들어가는 것이 적절하다. 답은 ③번.

Point!

빈칸 앞뒤의 문맥과, 접속사를 파악하자. 이러한 유형은 글의 중심내용 흐름이 중요하므로 지문을 읽으며 주요 키워드뿐 아니라 접속사도 체크하는 게 좋다. 그러면 문맥 흐름이 이해가 되지 않을 때 재확인하는 시간을 단축할 수 있다.

5. 17년 민간경력자 5급 언어논리 6번

문 6. 다음 글의 내용이 참일 때, 반드시 참인 것만을 <보기>에서 모두 고르면?

> 교수 갑 ~ 정 중에서 적어도 한 명을 국가공무원 5급 및 7급 민간경력자 일괄채용 면접위원으로 위촉한다. 위촉 조건은 아래와 같다.
>
> ○ 갑과 을 모두 위촉되면, 병도 위촉된다.
> ○ 병이 위촉되면, 정도 위촉된다.
> ○ 정은 위촉되지 않는다.

> ─────── <보 기> ───────
> ㄱ. 갑과 병 모두 위촉된다.
> ㄴ. 정과 을 누구도 위촉되지 않는다.
> ㄷ. 갑이 위촉되지 않으면, 을이 위촉된다.

① ㄱ
② ㄷ
③ ㄱ, ㄴ
④ ㄴ, ㄷ
⑤ ㄱ, ㄴ, ㄷ

헷갈릴 수 있지만 조건을 잘 따져보면 의외로 금방 풀리는 문제다.

먼저 조건을 보면, 갑과 을 모두 위촉되면 병도 위촉이 되고, 병이 위촉되면 정도 위촉된다.

즉 갑, 을이 모두 위촉되면 갑을병정 모두 위촉된다는 말인데, 마지막 조건에 정은 위촉되지 않으므로 갑과 을 모두 위촉되면 안 된다는 사실을 알 수 있다. 그리고 병 역시 위촉될 수 없다.

즉, 병과 정은 면접위원으로 아예 위촉될 수 없고, 갑 혹은 을 중 한 명이 위촉되는 경우밖에 생길 수 없다.

위 사실을 갖고 문제를 풀면,

ㄱ. 갑과 병 모두 위촉된다: 갑이 위촉이 되지 않고 을이 위촉될 경우가 있으므로, 또한 병은 위촉되면 안 되므로 거짓이다.

ㄴ. 정과 을 누구도 위촉되지 않는다: 갑이 위촉되지 않고 을이 위촉될 수 있으므로 거짓이다.

ㄷ. 갑이 위촉되지 않으면, 을이 위촉된다: 갑이 위촉되지 않으면 을이 위촉되므로 참이다. 그러므로 답은 ②번.

6. 17년 민간경력자 5급 언어논리 24번

문 24. 다음 세 진술이 모두 거짓일 때, 유물 A ~ D 중에서 전시되는 유물의 총 개수는?

> ○ A와 B 가운데 어느 하나만 전시되거나, 둘 중 어느 것도 전시되지 않는다.
> ○ B와 C 중 적어도 하나가 전시되면, D도 전시된다.
> ○ C와 D 어느 것도 전시되지 않는다.

① 0개

② 1개

③ 2개

④ 3개

⑤ 4개

세 개의 진술이 모두 거짓이므로, 이를 다시 한 번 해석하면 아래 조건이 된다.

- A와 B 가운데 어느 하나만 전시되지 않고 모두 전시된다.
- B와 C중 적어도 하나가 전시되면, D는 전시되지 않는다.
- C와 D 모두 전시되지 않는 것은 아니다(즉, C와 D 중 한 개는 전시된다).

위 조건을 토대로 추론해보면, A와 B는 모두 전시되고, B가 전시되므로 두 번째 조건에 의해 D는 전시되지 않는다.

마지막 조건에서 C와 D 모두 전시되지 않으면 안 되므로, C 역시 전시된다.

따라서 전시되는 작품은 A, B, C 총 3개다. 답은 ④번.

7. 16년 민간경력자 5급 언어논리 6번

문 6. 다음을 참이라고 가정할 때, 회의를 반드시 개최해야 하는 날의 수는?

> ○ 회의는 다음 주에 개최한다.
> ○ 월요일에는 회의를 개최하지 않는다.
> ○ 화요일과 목요일에 회의를 개최하거나 월요일에 회의를 개최한다.
> ○ 금요일에 회의를 개최하지 않으면, 화요일에도 회의를 개최하지 않고 수요일에도 개최하지 않는다.

① 0
② 1
③ 2
④ 3
⑤ 4

월~금까지 회의를 개최하는지 여부를 표로 작성하여 풀어보도록 하자.

1. 먼저 두 번째 조건에 의해 월요일에는 회의를 개최하지 않는다.

월	화	수	목	금
X				

2. 세 번째 조건에 의해, 화요일과 목요일에 회의를 개최하거나, 혹은 아니면 월요일에 개최하여야 한다. 하지만 월요일에는 회의를 개최할 수 없으므로, 화요일과 목요일에 회의를 개최해야 한다.

월	화	수	목	금
X	O		O	

3. 마지막 조건에 의해 금요일에 회의를 개최하지 않게 되면, 화요일과 수요일 모두 회의를 개최하지 못하는데, 화요일엔 회의를 개최해야 하므로 금요일 역시 회의를 개최해야 한다.

월	화	수	목	금
X	O	불확실	O	O

즉, 필수적으로 개최해야 하는 날은 화/목/금 이므로, 반드시 개최해야 하는 날 수는 3일이 된다. 답은 ④번이다.

문 14. 다음 글의 ㉠과 ㉡에 들어갈 말을 가장 적절하게 나열한 것은?

아담 스미스의 '보이지 않는 손'이라는 가정은 시장에서 개인의 이익추구 활동을 제한하지 않는 것이 전체 이윤을 극대화하는 최선의 방책임을 보여주는 것으로 간주되었다. 그렇다면 다음의 경우는 어떠한가?

공동 소유의 목초지에 양을 치기에 알맞은 풀이 자라고 있다고 생각해 보자. 일정 넓이의 목초지에 방목할 수 있는 가축 두수에는 일정한 한계가 있기 마련이다. 즉 '수용 한계'가 존재하는 것이다. 그 목초지에 한 마리를 더 방목시킨다고 해서 다른 가축들이 갑자기 죽거나 병에 걸리는 것은 아니다. 하지만 목초지의 수용 한계를 넘어 양을 키울 경우, 목초가 줄어들어 그 목초지에서 양을 키워 얻을 수 있는 전체 생산량이 줄어든다. 나아가 수용 한계를 과도하게 초과할 정도로 사육 두수가 늘어날 경우 목초지 자체가 거의 황폐화된다.

예를 들어 수용 한계가 양 20마리인 공동 목초지에서 4명의 농부가 각각 5마리의 양을 키우고 있다고 해 보자. 그 목초지의 수용 한계에 이미 도달한 상태이지만, 그 중 한 농부가 자신의 이익을 늘리고자 방목하는 양의 두수를 늘리려 한다. 그러면 5마리를 키우고 있는 농부들은 목초지의 수용 한계로 인하여 기존보다 이익이 줄어들지만, 두수를 늘린 농부의 경우 그의 이익이 기존보다 조금 늘어난다. 손실을 만회하기 위해 다른 농부들도 사육 두수를 늘리고자 할 것이다. 이러한 상황이 장기화될 경우,   ㉠
이와 같이 아담 스미스의 '보이지 않는 손'에 시장을 맡겨 둘 경우   ㉡   결과가 나타날 것이다.

① ㉠: 농부들의 총이익은 기존보다 증가할 것이다.
　㉡: 한 사회의 공공 영역이 확장되는
② ㉠: 농부들의 총이익은 기존보다 감소할 것이다.
　㉡: 한 사회의 전체 이윤이 감소하는
③ ㉠: 농부들의 총이익은 기존보다 감소할 것이다.
　㉡: 한 사회의 전체 이윤이 유지되는
④ ㉠: 농부들의 총이익은 기존과 동일하게 될 것이다.
　㉡: 한 사회의 전체 이윤이 유지되는
⑤ ㉠: 농부들의 총이익은 기존과 동일하게 될 것이다.
　㉡: 한 사회의 공공 영역이 보호되는

아담 스미스의 '보이지 않는 손'에 관한 내용이다.

첫 문단에서 지금까지 시장에서 아담 스미스의 '보이지 않는 손'이 최선의 방책이었음을 설명하지만, 마지막에 '그렇다면~'이라는 부분을 통해 '보이지 않는 손'을 반박하는 내용이 올 수 있음을 추측한다면 좀 더 빠르게 문제를 해결할 수 있다.

둘째 문단에서 본격적으로 이에 대한 반박이 이루어지며, 셋째 문단에서는 농부가 개인의 이익을 위해 제한된 곳에서 양의 사육 두수를 늘리게 된다면, 결국 개인과 전체 이윤이 모두 감소되는 결과가 나타난다고 설명하고 있다.

즉, ㉠에는 총이익이 기존보다 감소한다는 내용이, ㉡에도 마찬가지로 한 사회 전체 이윤이 감소한다는 내용이 와야 적절하다. 답은 ②번.

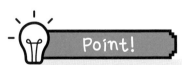

Point!

글을 전체적인 논지가 무엇인지 파악하며 읽는다면, 좀 더 빠른 시간 안에 주제를 파악하고 답을 찾을 수 있다.

문 16. 다음 대화의 ㉠과 ㉡에 들어갈 말을 가장 적절하게 나열한 것은?

> 갑 : A와 B 모두 회의에 참석한다면, C도 참석해.
> 을 : C는 회의 기간 중 해외 출장이라 참석하지 못해.
> 갑 : 그럼 A와 B 중 적어도 한 사람은 참석하지 못하겠네.
> 을 : 그래도 A와 D 중 적어도 한 사람은 참석해.
> 갑 : 그럼 A는 회의에 반드시 참석하겠군.
> 을 : 너는 _____㉠_____ 고 생각하고 있구나?
> 갑 : 맞아. 그리고 우리 생각이 모두 참이면, E와 F 모두 참석해.
> 을 : 그래. 그 까닭은 _____㉡_____ 때문이지.

① ㉠ : B와 D가 모두 불참한다
　 ㉡ : E와 F 모두 회의에 참석하면 B는 불참하기
② ㉠ : B와 D가 모두 불참한다
　 ㉡ : E와 F 모두 회의에 참석하면 B도 참석하기
③ ㉠ : B가 회의에 불참한다
　 ㉡ : B가 회의에 참석하면 E와 F 모두 참석하기
④ ㉠ : D가 회의에 불참한다
　 ㉡ : B가 회의에 불참하면 E와 F 모두 참석하기
⑤ ㉠ : D가 회의에 불참한다
　 ㉡ : E와 F 모두 회의에 참석하면 B도 참석하기

먼저 ㉠에 해당하는 답은 쉽게 찾을 수 있다. 을이 A와 D 중 적어도 한 사람은 참석한다는 말에 갑이 A는 반드시 참석하겠다고 말했기 때문에, D는 불참하는 것으로 생각한다는 것을 알 수 있다.

㉡의 경우, E와 F 모두 참석한다는 결론이 나오기 위해서는, B가 회의에 참석하거나 불참해야 E와 F 모두 참석한다는 내용이 나와야 하며, 위의 조건에서 A가 참석하고 B는 참석하지 않는다고 했으므로, B가 회의에 불참하면 E와 F 모두 참석한다는 내용이 나와야 한다. 답은 ④번.

문 20. 갑 ~ 병의 주장의 관계에 대한 평가로 적절한 것만을 <보기>에서 모두 고르면?

> 갑 : 어떠한 경우에도 자살은 옳지 않은 행위이다. 신의 뜻에 어긋날 뿐만 아니라 공동체에 해악을 끼치기 때문이다. 자살은 사회로부터 능력있는 사람들을 빼앗아가는 행위이다. 물론 그러한 행위는 공동체에 피해를 주는 것이다. 따라서 자살은 죄악이다.
>
> 을 : 자살하는 사람은 사회에 해악을 끼치는 것이 아니다. 그는 단지 선을 행하는 것을 멈추는 것일 뿐이다. 사회에 선을 행해야 한다는 우리의 모든 의무는 상호성을 함축한다. 즉 나는 사회로부터 혜택을 얻으므로 사회의 이익을 증진시켜야 한다. 그러나 내가 만약 사회로부터 완전히 물러난다면 그러한 의무를 계속 짊어져야 하는 것은 아니다.
>
> 병 : 인간의 행위는 자신에게만 관련된 것과 타인이 관련된 것으로 구분될 수 있다. 원칙적으로 인간은 타인에게 해가 되지 않는 한 원하는 것은 무엇이든지 행할 수 있다. 다만 타인에게 해악을 주는 행위만이 도덕적 비판의 대상이 된다고 할 수 있다. 이러한 원칙은 자살의 경우에도 적용된다.

―――――― <보 기> ――――――

ㄱ. 갑의 주장은 을의 주장과 양립할 수 없다.

ㄴ. 을의 주장은 병의 주장과 양립할 수 있다.

ㄷ. 자살이 타인이 아닌 자신에게만 관련된 행위일 경우 병은 갑의 주장에 찬성할 것이다.

① ㄱ

② ㄷ

③ ㄱ, ㄴ

④ ㄴ, ㄷ

⑤ ㄱ, ㄴ, ㄷ

얼핏 보면 갑, 을, 병의 주장이 복잡해 보이지만, 간단하게 표현할 수 있다. 갑은 자살에 대해 부정적인 입장이며, 자살이란 행위는 공동체에 해가 되는 행위로 간주하고 있다.

을은 자살이 사회에 해악을 끼치는 것이 아니며, 단순히 선을 행하는 것을 중단하는 것이라고 생각한다.

마지막으로 병은 타인에게 해가 되지 않는 한 무엇이든지 할 수 있지만, 자살은 타인에게 해가 되는 행위라고 생각하며, 이 때문에 비판의 대상이 된다고 본다.

즉, 병은 갑과 같은 입장임을 알 수 있다.

위의 내용으로 문제를 풀어보면

ㄱ. 갑의 주장은 을의 주장과 양립할 수 없다: 갑과 을은 상반된 생각을 갖고 있으므로 참이다.

ㄴ. 을의 주장은 병의 주장과 양립할 수 있다: 병은 자살은 타인에게 해가 된다고 생각하고 있으므로 을의 생각과 반대된다. 거짓이다.

ㄷ. 자살이 타인이 아닌 자신에게만 관련된 행위일 경우 병은 갑의 주장에 찬성할 것이다: 만약 병이 자살이 타인이 아닌 자신에게만 관련된 행위라고 생각할 경우, 자살은 타인에게 해를 주는 행위가 아니게 되므로 자살은 사회에 해악을 끼치는 것이 아니게 된다. 즉 갑의 주장과 상반된 주장이 되므로 거짓이다.

즉 ㄱ, ㄴ이 정답이다.

문 20. 다음 <기준>과 <현황>을 근거로 판단할 때, 지방자치단체 A ~ D 중 중점관리대상만을 모두 고르면?

<기 준>

○ 지방재정위기 사전경보지표

(단위 : %)

경보 구분 \ 지표	통합재정 수지적자 비율	예산대비 채무비율	채무 상환비 비율	지방세 징수액 비율	금고잔액 비율	공기업 부채비율
주의	25 초과 50 이하	25 초과 50 이하	12 초과 25 이하	25 이상 50 미만	10 이상 20 미만	400 초과 600 이하
심각	50 초과	50 초과	25 초과	25 미만	10 미만	600 초과

○ 중점관리대상 지방자치단체 지정기준
　－ 6개의 사전경보지표 중 '심각'이 2개 이상이면 중점관리
　　대상으로 지정
　－ '주의' 2개는 '심각' 1개로 간주

<현 황>

(단위 : %)

지방 자치단체 \ 지표	통합재정 수지적자 비율	예산대비 채무비율	채무 상환비 비율	지방세 징수액 비율	금고잔액 비율	공기업 부채비율
A	30	20	15	60	30	250
B	40	30	10	40	15	350
C	15	20	6	45	17	650
D	60	30	30	55	25	150

① A, C
② A, D
③ B, C
④ B, D
⑤ B, C, D

보기에서 D를 먼저 풀기로 마음먹고 지문으로 시선을 끌어올렸다. 지문에서 중점관리대상 기준에 주의 2개가 심각 1개, 심각 2개면 중점관리대상인 점을 확인했다. 다른 말로는 주의 4개는 심각 2개다. 주의 4개, 주의 2개 · 심각 1개, 심각 2개인 보기를 찾는 문제로 판단된다. 주의는 세모, 심각은 동그라미로 체크하겠다고 생각하고 다시 보기로 시선을 내린다. D는 통합재정 수지적자비율에서 심각, 채무상환비율에서 심각으로 쉽게 중점관리대상임을 확인했다. 그렇다면 남은 선택지는 ②번, ④번, ⑤번이다. ④번과 ⑤번의 B 보기가 겹치므로 다음은 B 보기를 확인한다. B 보기는 통합재정수지적자비율, 예산대비 채무비율, 지방세징수액비율, 금고잔액비율에서 주의를 받아 4주의, 즉 2심각으로 중점관리대상이 된다. 따라서 남은 보기는 C다. 보기 C는 지방세징수액비율, 금고잔액비율에서 주의, 공기업부채비율에서 심각으로 2주의 1심각으로 중점관리대상이 된다.

Point!

지문이 적기 때문에 바로 선택지에서 지워가며 시간 단축!

문 21. 다음 글을 근거로 판단할 때, 신장 180 cm, 체중 85 kg인 甲의 비만 정도를 옳게 짝지은 것은?

> 과다한 영양소 섭취와 적은 체내 에너지 소비로 인한 에너지 대사의 불균형으로 지방이 체내에 지나치게 축적되어 체중이 과다해지는 것을 비만이라 한다.
>
> 비만 정도를 측정하는 방법은 Broca 보정식과 체질량 지수를 이용하는 것이 대표적이다. Broca 보정식은 신장과 체중을 이용하여 비만 정도를 측정하는 간단한 방법이다. 이 방법에 의하면 신장(cm)에서 100을 뺀 수치에 0.9를 곱한 수치가 '표준체중(kg)'이며, 표준체중의 110 % 이상 120 % 미만의 체중을 '체중과잉', 120 % 이상의 체중을 '비만'이라고 한다.
>
> 한편 체질량 지수는 체중(kg)을 '신장(m)'의 제곱으로 나눈 값을 의미한다. 체질량 지수에 따른 비만 정도는 다음 <표>와 같다.
>
> <표>
>
> | 체질량 지수 | 비만 정도 |
> |---|---|
> | 18.5 미만 | 저체중 |
> | 18.5 이상 ~ 23.0 미만 | 정상 |
> | 23.0 이상 ~ 25.0 미만 | 과체중 |
> | 25.0 이상 ~ 30.0 미만 | 경도비만 |
> | 30.0 이상 ~ 35.0 미만 | 중등도비만 |
> | 35.0 이상 | 고도비만 |

	Broca 보정식	체질량 지수
①	체중과잉	경도비만
②	표준체중	정상
③	비만	과체중
④	체중과잉	정상
⑤	비만	경도비만

선택지를 먼저 보면 체중과잉과, 비만이 5가지 선택지 중 4가지를 차지하므로 체중과잉과 비만과의 경계를 염두에 둔다. 다시 지문으로 와서 첫 번째 지문은 문제와 연관이 없으므로 바로 건너뛰고 지문에 나온 계산식을 직접 적으며 계산한다. 표준체중은 (180-100)×0.9=72kg이 된다. 여기서 72kg의 120% 이상 체중은 비만, 그 미만은 체중과잉이므로 비만인지 확인하고 비만이 아니면 체중과잉이 된다. 72×1.2=86.4kg 이상이 비만 체중이므로 85kg 체중은 체중과잉 상태다. 두 번째로 체질량지수는 $85÷1.8^2$를 구해야 하는데 1.8의 제곱은 324임을 평소에 기억해 뒀다면 빠르게 구할 수 있을 것이다. 이를 이용하면 $85÷1.8^2=85÷3.24$가 되고 이 값은 30보다 작으므로 경도비만이다. 따라서 정답은 ①번이다.

Point!

지울 수 있는 선택지를 염두에 두고 계산한다.

문 5. 다음 글을 근거로 판단할 때, <보기>에서 옳은 것만을 모두 고르면?

□ 사업개요

1. 사업목적

　○ 취약계층 아동에게 맞춤형 통합서비스를 제공하여 아동의 건강한 성장과 발달을 도모하고, 공평한 출발 기회를 보장함으로써 건강하고 행복한 사회구성원으로 성장할 수 있도록 지원함

2. 사업대상

　○ 0세 ~ 만 12세 취약계층 아동

　　※ 0세는 출생 이전의 태아와 임산부를 포함

　　※ 초등학교 재학생이라면 만 13세 이상도 포함

□ 운영계획

1. 지역별 인력구성

　○ 전담공무원 : 3명

　○ 아동통합서비스 전문요원 : 4명 이상

　　※ 아동통합서비스 전문요원은 대상 아동 수에 따라 최대 7명까지 배치 가능

2. 사업예산

　○ 시·군·구별 최대 3억 원(국비 100%) 한도에서 사업 환경을 반영하여 차등지원

　　※ 단, 사업예산의 최대 금액은 기존사업지역 3억 원, 신규 사업지역 1억 5천만 원으로 제한

━━━━━< 보　기 >━━━━━

ㄱ. 임신 6개월째인 취약계층 임산부는 사업대상에 해당되지 않는다.

ㄴ. 내년 초등학교 졸업을 앞둔 만 14세 취약계층 학생은 사업대상에 해당한다.

ㄷ. 대상 아동 수가 많은 지역이더라도 해당 사업의 전담
　　　공무원과 아동통합서비스 전문요원을 합한 인원은
　　　10명을 넘을 수 없다.
　　ㄹ. 해당 사업을 신규로 추진하고자 하는 △△시는 사업
　　　예산을 최대 3억 원까지 국비로 지원받을 수 있다.

① ㄱ, ㄴ
② ㄱ, ㄹ
③ ㄴ, ㄷ
④ ㄴ, ㄹ
⑤ ㄷ, ㄹ

　지문에 계산식이 많지 않아 〈보기〉를 지워가며 계산할 수 있다. 〈보기〉 중 가장 비중이 높은 ㄹ을 먼저 확인한다. 사업 예산은 신규일 경우 1억 5천만 원으로 제한되므로 ㄹ을 지우면 ①번과 ③번만 남는다. ㄴ이 겹치므로 ㄱ이나 ㄷ을 확인하면 정답을 구할 수 있다. ㄷ을 지문에서 확인해보면 전담공무원 3명 + 아동통합서비스 전문요원 최대 7명으로 인원의 합은 최대 10명이다. 따라서 ㄷ이 맞으므로 ③번이 답이다. 만약 ㄱ보기를 먼저 봤다면 ※표의 '출생 이전의 태아와 임산부를 포함한다'는 내용을 확인해서 ㄱ을 지울 수 있다.

Point!

어떤 보기를 지우느냐에 따라 문제 푸는 시간이 단축되기도 한다.

문 6. 다음 글의 (가) ~ (라)와 <보기>의 ㄱ ~ ㄹ을 옳게 짝지은 것은?

> 법의 폐지란 법이 가진 효력을 명시적·묵시적으로 소멸시키는 것을 말한다. 여기에는 4가지 경우가 있다.
>
> (가) 법에 시행기간(유효기간)을 두고 있는 때에는 그 기간의 종료로 당연히 그 법은 폐지된다. 이렇게 일정기간 동안만 효력을 발생하도록 제정된 법을 '한시법'이라 한다.
>
> (나) 신법에서 구법의 규정 일부 또는 전부를 폐지한다고 명시적으로 정한 때에는 그 규정은 당연히 폐지된다. 이러한 경우에 신법은 구법을 대신하여 효력을 갖는다.
>
> (다) 동일 사항에 관하여 구법과 서로 모순·저촉되는 신법이 제정되면 그 범위 내에서 구법은 묵시적으로 폐지된다. 이처럼 신법은 구법을 폐지한다. 그러나 특별법은 일반법에 우선하여 적용되므로 신일반법은 구특별법을 폐지하지 못한다.
>
> (라) 처음부터 일정한 조건의 성취, 목적의 달성을 위하여 제정된 법은 그 조건의 성취, 목적의 달성이나 소멸로 인해 당연히 폐지된다.

───────〈보 기〉───────

> ㄱ. A법에는 "공포 후 2014년 12월 31일까지 시행한다"고 규정되어 있다.
> ㄴ. "B법의 제00조는 폐지한다"는 규정을 신법C에 두었다.
> ㄷ. D법으로 규율하고자 했던 목적이 완전히 달성되었다.
> ㄹ. 동일 사항에 대하여, 새로 제정된 E법(일반법)에 F법(특별법)과 다른 규정이 있는 경우에는 F법이 적용된다.

	(가)	(나)	(다)	(라)
①	ㄱ	ㄴ	ㄷ	ㄹ
②	ㄱ	ㄴ	ㄹ	ㄷ
③	ㄴ	ㄱ	ㄷ	ㄹ
④	ㄴ	ㄹ	ㄱ	ㄷ
⑤	ㄷ	ㄹ	ㄴ	ㄱ

지문이 긴데 〈보기〉도 길다. 〈보기〉를 먼저 보는 게 문제를 빨리 푸는 데 그리 도움이 되지 않을 것이라 판단하고 지문을 먼저 읽었다. 지문을 먼저 읽을 때는 〈보기〉를 읽고 한 번에 문제를 풀 수 없을 것이라 판단되는 지문이라면 비슷한 어구나 중요한 어구에 따로 표시해 둔다. 이후 (가)에 짝지을 보기는 ㄱ, ㄴ이 두 개씩 포진되어 있으므로 ㄱ을 먼저 확인해 본다. (가)에 한시법은 일정 기간 동안만 효력을 발생한다고 적혀 있으므로 ㄱ과 연결 가능하다. ①, ②번 선택지 중 정답이 있으므로 (다) 또는 (라)를 확인하면 된다. (다)는 특별법의 우선에 관한 내용이다. 따라서 특별법의 우선에 관한 내용인 ㄹ을 짝지을 수 있고 정답은 ②번이 된다. (라)는 '성취, 목적을 위한 법은 그 조건의 성취, 목적이 달성이나 소멸되면 폐지된다'는 내용으로 ㄷ과 연결할 수 있다.

Point!

지문을 읽을 때 어떤 부분을 문제와 연결시킬지 고려하거나 기억하기 힘들다면 미리 주요 키워드에 표시해둔다.

문 18. 다음 글과 <상황>을 근거로 판단할 때, 주택(A ~ E) 중 관리 대상주택의 수는?

○○나라는 주택에 도달하는 빛의 조도를 다음과 같이 예측한다.

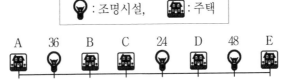

1. 각 조명시설에서 방출되는 광량은 그림에 표시된 값이다.
2. 위 그림에서 1칸의 거리는 2이며, 빛의 조도는 조명시설에서 방출되는 광량을 거리로 나눈 값이다.
3. 여러 조명시설로부터 동시에 빛이 도달할 경우, 각 조명시설로부터 주택에 도달한 빛의 조도를 예측하여 단순합산한다.
4. 주택에 도달하는 빛은 그림에 표시된 세 개의 조명시설에서 방출되는 빛 외에는 없다고 가정한다.

────── <상 황> ──────

빛공해로부터 주민생활을 보호하기 위해, 주택에서 예측된 빛의 조도가 30을 초과할 경우 관리대상주택으로 지정한다.

① 1 채
② 2 채
③ 3 채
④ 4 채
⑤ 5 채

〈상황〉을 확인한다. 조도가 30을 초과하는 주택을 찾는 것이 문제이다. 우선 지문의 1~4를 차례로 읽어본다. 2, 3이 특히 정답을 가르는 중요한 내용임을 확인할 수 있다. 2번 지문에 의해 조도=광량÷거리임을 확인할 수 있다. 각 칸의 거리가 2인데 A부터 E까지 거리 가늠이 힘들다면 물결표시를 해 두는 것도 문제를 풀 때 헷갈리지 않는 방법이다. 이를 통해 A부터 E까지의 조도를 계산한다. A=18+6+4=28, B=18+6+6=30, C=9+12+8=29, D=9+12+24=45, E=3+8+24=35이므로 D, E 2채의 조도가 30을 초과해 관리대상주택이다.

Point!

24와 36 사이에 있기 때문에 두 개를 더하고 2로 나눈 값이 이미 30이므로 가장 왼쪽의 전구의 조도를 더하지 않아도 된다.

문 19. 다음 글을 근거로 판단할 때 옳지 않은 것은?

1678년 영의정 허적(許積)의 제의로 상평통보(常平通寶)가 주조·발행되어 널리 유통된 이유는 다음과 같다. 첫째, 국내적으로 조정이 운영하는 수공업이 쇠퇴하고 민간이 운영하는 수공업이 발전함으로써 국내 시장의 상품교류가 확대되고, 1645년 회령 지방을 시초로 국경무역이 활발해짐에 따라 화폐의 필요성이 제기되었기 때문이다. 둘째, 임진왜란 이후 국가 재정이 궁핍하였으나 재정 지출은 계속해서 증가함에 따라 재원 마련의 필요성이 있었기 때문이다.

1678년에 발행된 상평통보는 초주단자전(初鑄單字錢)이라 불리는데, 상평통보 1문(개)의 중량은 1전 2푼이고 화폐 가치는 은 1냥을 기준으로 400문으로 정하였으며 쌀 1되가 4문이었다.

1679년 조정은 상평통보의 규격을 변경하였다. 초주단자전을 대신하여 당이전(當二錢) 또는 절이전(折二錢)이라는 대형전을 주조·발행하였는데, 중량은 2전 5푼이었고 은 1냥에 대한 공인 교환율도 100문으로 변경하였다.

1678년부터 1680년까지 상평통보 주조·발행량은 약 6만 관으로 추정되고 있다. 당이전의 화폐 가치는 처음에는 제대로 유지되었지만 조정이 부족한 재원을 마련하기 위해 발행을 증대하면서 1689년에 이르러서는 은 1냥이 당이전 400~800문이 될 정도로 그 가치가 폭락하였다. 1681년부터 1689년까지의 상평통보 주조·발행량은 약 17만 관이었다.

1752년에는 훈련도감, 어영청, 금위영 등 중앙의 3개 군사 부서와 지방의 통영에서도 중형상평통보(中型常平通寶)를 주조·발행하도록 하였다. 중형상평통보의 액면 가치는 당이전과 동일하지만 중량이 약 1전 7푼(1757년에는 1전 2푼)으로 당이전보다 줄어들고 크기도 축소되었다.

※ 상평통보 묶음단위 : 1관 = 10냥 = 100전 = 1,000문

※ 중량단위 : 1냥 = 10전 = 100푼 = 1,000리 = $\frac{1}{16}$근

① 초주단자전, 당이전, 중형상평통보 중 가장 무거운 것은 당이전이다.

② 은을 기준으로 환산할 때 상평통보의 가치는 경우에 따라 $\frac{1}{4}$ 이하로 떨어지기도 하였다.

③ 1678년부터 1689년까지 주조·발행된 상평통보는 약 2억 3,000만 문으로 추정된다.

④ 1678년을 기준으로 은 1근은 같은 해에 주조·발행된 상평통보 4,600문의 가치를 가진다.

⑤ 상품교류 및 무역 활성화뿐만 아니라 국가 재정상 필요에 따라 상평통보가 주조·발행되었다.

지문의 길이가 길고 지문 아래 별표에 계산을 암시하는 단위변환이 있기 때문에 지문을 먼저 읽고 이해한 후 선택지로 넘어가서 푼다. 지문을 읽으며 선택지에서 나올 법한 키워드를 확인하자. 특히 연도에 따른 화폐의 이름, 무게, 은과 비교한 화폐의 가치변화는 선택지에서 등장할 가능성이 매우 높으므로 다시 확인하기 좋게 화살표로 표시해두자. 이후 선택지로 이동한다. ①번은 무게를 확인해야 한다. 대형전인 당이전이 2전 5푼으로 보기의 세 화폐 중 가장 무겁다. 어려운 문제였다면 별표의 중량단위를 이용하여 따로 환산해야 했을 가능성이 높다. ②번은 상평통보의 가치변화가 4분의 1 이하로 떨어진 적이 있는지 확인해야 한다. 지문을 읽으며 화살표를 쳐두었다면 당이전이 은 1냥에 100문에서 은 1냥에 400~800문으로 4분의 1 이상 가격이 떨어짐을 쉽게 확인 가능하다. ③번은 지문에서 6만 관+17만 관=23

만 관을 확인하고 23만 관에 다시 1000문을 곱하면 2억 3천만 문임을 확인할 수 있다. ④번은 지문 아래 별표를 참고해 은 1근은 16냥임을 알 수 있다. 여기서 은 1냥은 400문이므로 은 1근을 문으로 표현하면 16냥 × 400 = 6400문이 된다. 따라서 정답은 ④번이다. ⑤번은 첫 번째 지문에서 확인 가능하다.

Point!

계산이 필요한 문제는 지문을 읽을 때부터 표시를 잘 해 시간을 단축하자.

7. 15년 민간경력자 5급 인책형 상황판단 20번

문 20. 다음 글을 근거로 판단할 때, 사용자 아이디 KDHong의 패스워드로 가장 안전한 것은?

○ 패스워드를 구성하는 문자의 종류는 4가지로, 알파벳 대문자, 알파벳 소문자, 특수문자, 숫자이다.

○ 세 가지 종류 이상의 문자로 구성된 경우, 8자 이상의 패스워드는 10점, 7자 이하의 패스워드는 8점을 부여한다.

○ 두 가지 종류 이하의 문자로 구성된 경우, 10자 이상의 패스워드는 10점, 9자 이하의 패스워드는 8점을 부여한다.

○ 동일한 문자가 연속되어 나타나는 패스워드는 2점을 감점한다.

○ 아래 <키보드> 가로열 상에서 인접한 키에 있는 문자가 연속되어 나타나는 패스워드는 2점을 감점한다.

예) `^6`과 `&7`은 인접한 키로, 6과 7뿐만 아니라 ^와 7도 인접한 키에 있는 문자이다.

○ 사용자 아이디 전체가 그대로 포함된 패스워드는 3점을 감점한다.

○ 점수가 높을수록 더 안전한 패스워드이다.

※ 특수문자는 !, @, #, $, %, ^, &, *, (,) 뿐이라고 가정한다.

① 10H&20Mzw
② KDHong!
③ asjpeblove
④ SeCuRiTy*
⑤ 1249dhqtgml

지문의 설명이 짧고 선택지 역시 짧으므로 대입하며 지우는 방법으로 문제를 풀어보자. 선택지만으로는 문제의 내용을 유추할 수 없으므로 지문을 빠르게 읽는다. 지문에서 내용을 확인했다면 글자 수에 따라 가감점이 있고 동일 문자와 인접 문자는 감점이 되고 아이디 전체를 쓰면 안 된다는 것을 확인할 수 있다. 이제 선택지로 넘어가자. ①번은 숫자, 특수문자, 알파벳 세 종류를 활용하여 비밀번호를 만들었기 때문에 두 번째 지문에 해당된다(10점). 그리고 동일문자 반복, 인접한 키, 아이디 그대로 사용한 항목이 없으므로 10점 확정이다. 이 문제에서 10점 이상을 받을 수 없으므로 ①번으로 정답 처리를 하고 넘어갈 수 있다. 하지만 시간이 남거나 안전하게 검산하고 싶은 경우에 나라면 남은 선택지 중 ④번과 ⑤번을 확인할 것 같다. 그 이유는 ②번은 아이디를 그대로 베꼈기 때문에 점수가 높을 수 없다. ③번은 문자가 한 종류이므로 점수를 받을 수 없다. ③, ④, ⑤번은 모두 같은 유형으로 오답이다. ③번은 첫 두 글자에서 a, s가 인접한 키로 감점사항이다. ④번은 T, y가 인접한 키이다. ⑤번은 첫 두 글자 1, 2가 인접한 보기로 감점사항이다. 이러한 유형의 문제에서 그림으로 추가설명이 주어지면 보기의 답을 제거하는 데 활용하는 경우가 많기 때문에 해당 키보드 그림을 보거나, 실제로 키보드(또는 피아노건반 등으로 출제되는 경우도 같다)를 타이핑한다고 연상하며 풀어도 좋다. 따라서 정답은 ①번이다.

Point!

지문을 천천히 정독하고 문제를 푸는 방법과 지문을 빠르게 스킵하고 선택지에 대입하며 푸는 방법으로 나눌 수 있는데, 전자와 후자를 나누는 나의 판단 기준은 '내가 한 번에 기억할 수 있는지'다. 선택지의 내용이 1점 단위로 계산하는 것이기 때문에 나는 선택지를 확인하고 다시 지문을 확인하고 나서 계산해야 정확하면서 빠르게 문제를 풀 수 있다고 판단했다.

문 21. 다음 <정렬 방법>을 근거로 판단할 때, <정렬 대상>에서 두 번째로
위치를 교환해야 하는 두 수로 옳은 것은?

─────────── <정렬 방법> ───────────

아래는 정렬되지 않은 여러 개의 서로 다른 수를 작은
것에서 큰 것 순으로 정렬하는 방법이다.

(1) 가로로 나열된 수 중 가장 오른쪽의 수를 피벗(pivot)
이라 하며, 나열된 수에서 제외시킨다.

  예) 나열된 수가 5, 3, 7, 1, 2, 6, 4라고 할 때, 4가
    피벗이고 남은 수는 5, 3, 7, 1, 2, 6이다.

(2) 피벗보다 큰 수 중 가장 왼쪽의 수를 찾는다.

  예) 5, 3, 7, 1, 2, 6에서는 5이다.

(3) 피벗보다 작은 수 중 가장 오른쪽의 수를 찾는다.

  예) 5, 3, 7, 1, 2, 6에서는 2이다.

(4) (2)와 (3)에서 찾은 두 수의 위치를 교환한다.

  예) 5와 2를 교환하여(첫 번째 위치 교환) 2, 3, 7, 1,
    5, 6이 된다.

(5) 피벗보다 작은 모든 수가 피벗보다 큰 모든 수보다
  왼쪽에 위치할 때까지 (2) ~ (4)의 과정을 반복한다.

  예) 2, 3, 7, 1, 5, 6에서 7은 피벗 4보다 큰 수 중
    가장 왼쪽의 수이며, 1은 피벗 4보다 작은 수 중
    가장 오른쪽의 수이다. 이 두 수를 교환하면(두
    번째 위치 교환) 2, 3, 1, 7, 5, 6이 되어, 피벗
    4보다 작은 모든 수는 피벗 4보다 큰 모든 수보다
    왼쪽에 있다.

⋮

(후략)

─── <정렬 대상> ───
15, 22, 13, 27, 12, 10, 25, 20

① 15와 10
② 20과 13
③ 22와 10
④ 25와 20
⑤ 27과 12

　물어보는 것은 두 번째로 위치를 교환하는 두 수다. 선택지로는 문제를 확인하기 어려우므로 지문을 따라가며 지운다. 정렬방법 (1)을 적용하면 20의 숫자가 피벗이 된다. (2)를 적용하면 20보다 큰 수 중 가장 왼쪽의 큰 수는 22이다. (3)을 적용하면 10이 가장 오른쪽의 작은 수다. (4)를 적용하면 정렬대상의 순서는 15, 10, 13, 27, 12, 22, 25가 된다. 지문에서 22와 10을 ↔화살표로 표기하자. 여기서 문제는 두 번째 정렬대상으로 위치를 교환하는 수를 찾는 문제이므로 이후 (2)~(4)과정을 반복하며 가장 왼쪽의 큰 수와 가장 오른쪽의 작은 수를 다시 찾으면 정답이 된다. (2)를 다시 적용하면 20보다 큰 가장 왼쪽의 수는 27이 된다. 여기서 보기를 확인하면 27은 ⑤번밖에 없으므로 뒤의 숫자를 확인하지 않더라도 ⑤번을 정답으로 정할 수 있다. (3)을 다시 적용한다면 12가 가장 오른쪽의 작은 수가 됨을 확인할 수 있다.

Point!

때로는 모든 것을 구하지 않아도 정답이 도출되는 경우가 있다.

문 9. 다음 글과 <상황>을 근거로 판단할 때, <보기>에서 옳은 것만을 모두 고르면?

> A국 사람들은 아래와 같이 한 손으로 1부터 10까지의 숫자를 표현한다.
>
> | 숫자 | 1 | 2 | 3 | 4 | 5 |
> |------|------|------|------|------|------|
> | 펼친 손가락 개수 | 1개 | 2개 | 3개 | 4개 | 5개 |
> | 펼친 손가락 모양 | | | | | |
> | 숫자 | 6 | 7 | 8 | 9 | 10 |
> | 펼친 손가락 개수 | 2개 | 3개 | 2개 | 1개 | 2개 |
> | 펼친 손가락 모양 | | | | | |

───────<상 황>───────

A국에 출장을 간 甲은 A국의 언어를 하지 못하여 물건을 살 때 상인의 손가락을 보고 물건의 가격을 추측한다. A국 사람의 숫자 표현법을 제대로 이해하지 못한 甲은 상인이 금액을 표현하기 위해 펼친 손가락 1개당 1원씩 돈을 지불하려고 한다. (단, 甲은 하나의 물건을 구매하며, 물건의 가격은 최소 1원부터 최대 10원까지라고 가정한다)

```
┌──────────────── <보 기> ────────────────┐
│ ㄱ. 물건의 가격과 甲이 지불하려는 금액이 일치했다면, │
│    물건의 가격은 5원 이하이다.                      │
│ ㄴ. 상인이 손가락 3개를 펼쳤다면, 물건의 가격은 최대  │
│    7원이다.                                        │
│ ㄷ. 물건의 가격과 甲이 지불하려는 금액이 8원 만큼 차이가 │
│    난다면, 물건의 가격은 9원이거나 10원이다.         │
│ ㄹ. 甲이 물건의 가격을 초과하는 금액을 지불하려는 경우가 │
│    발생할 수 있다.                                 │
└──────────────────────────────────────────┘
```

① ㄱ, ㄴ
② ㄷ, ㄹ
③ ㄱ, ㄴ, ㄷ
④ ㄱ, ㄷ, ㄹ
⑤ ㄴ, ㄷ, ㄹ

　퀴즈 문제다. A국 사람들이 손으로 숫자를 표현한다는 문장만 읽고 빠르게 〈상황〉 항목으로 시선을 옮긴다. 여기서 포인트는 갑이 손가락 1개당 1원씩 지불하려는데 A국 사람들은 자신들만의 표기법이 있다는 것이다. 〈상황〉의 마지막 문장 같은 단서 항목은 어느 문제를 접하든 주시하도록 하자. 문제에서 단서가 되는 경우가 많다. 그러면 이제 선택지로 넘어간다. ㄱ에서 5원 이하의 경우에는 펼친 손가락 개수=갑이 내려는 숫자이므로 ㄱ은 정답이다. ㄴ에서는 위의 항목에서 표의 펼친 손가락 개수 중 숫자 3이 있는지 확인한다. 손가락 3개로 나타낼 수 있는 최대의 숫자는 7이므로 ㄴ도 정답이다. ㄷ에서 물건 가격과 지불하려는 금액이 8원만큼 차이가 난다는 것은 물건 가격과 지불하려는 금액이 1원, 9원 또는 2원, 10원인 경우밖에 없다. 여기서 물건의 가격은 1~10원이라는 단서가 사용되었다. 따라서 ㄷ도 정답이다. 마지막으로 ㄹ이 발생하려면 손가락 한 개당 1원이 아니라 손가락 한 개당 1원보다 물건 가격이 비싸야 한다. 그러면 갑이 물건의 가격을 초과해서 금액을 지불하려는 경우가 발생한다. 즉, 펼친 손가락 개수>숫자인 경우를 찾으면 된다. 이 경우는 존재하지 않으므로 ㄹ은 오답이다. 따라서 정답은 ㄱ, ㄴ, ㄷ이므로 ③번이다.

Point!

〈보기〉에서 정답으로 이어질 수 있다. 또한 맨 위에 나타나는 그림을 포함한 지문을 보았을 때 바로 이해가 어렵다면 〈상황〉 지문을 먼저 읽어 이해도를 높이고 그림 지문을 확인하자.

10. 16년 민간경력자 5급 5책형 상황판단 10번

문 10. 다음 글을 근거로 판단할 때, 사자바둑기사단이 선발할 수 있는 출전선수 조합의 총 가짓수는?

> ○ 사자바둑기사단과 호랑이바둑기사단이 바둑시합을 한다.
> ○ 시합은 일대일 대결로 총 3라운드로 진행되며, 한 명의 선수는 하나의 라운드에만 출전할 수 있다.
> ○ 호랑이바둑기사단은 1라운드에는 甲을, 2라운드에는 乙을, 3라운드에는 丙을 출전시킨다.
> ○ 사자바둑기사단은 각 라운드별로 이길 수 있는 확률이 0.6 이상이 되도록 7명의 선수(A ~ G) 중 3명을 선발한다.
> ○ A ~ G가 甲, 乙, 丙에 대하여 이길 수 있는 확률은 다음 〈표〉와 같다.

선수	甲	乙	丙
A	0.42	0.67	0.31
B	0.35	0.82	0.49
C	0.81	0.72	0.15
D	0.13	0.19	0.76
E	0.66	0.51	0.59
F	0.54	0.28	0.99
G	0.59	0.11	0.64

<표>

① 18가지
② 17가지
③ 16가지
④ 15가지
⑤ 14가지

경우의 수 문제다. 지문을 순서대로 읽으면 다음과 같은 내용을 정리할 수 있다. 첫째 라운드별 상대를 골라야 한다. 둘째 사자 기사단은 라운드별로 이길 확률이 0.6 이상이 되어야 한다. 셋째 한 명의 선수는 한 라운드에만 출전할 수 있다. 각 라운드별로 0.6의 승률인 선수를 정리하면 갑과의 라운드에서는 C, E이고 을과의 라운드에서는 A, B, C이며 병과의 라운드에서는 D, F, G이다. 여기서 C가 유일하게 2종류 이상 라운드에서 출전할 수 있으므로 C가 갑라운드에서 출전하는 경우, 을라운드에서 출전하는 경우, 출전하지 않는 경우로 나누면 된다.

C가 갑라운드에 출전하는 경우

갑 × 을 × 병

1(C) × 2(A, B) × 3(D, F, G) = 6가지

C가 을라운드에 출전하는 경우

1(E) × 1(C) × 3(D, F, G) = 3가지

C가 출전하지 않는 경우

1(E) × 2(A, B) × 3(D, F, G) = 6가지

따라서 경우의 수는 15가지다.

Point!

NCS 시험에서 경우의 수 문제는 경우를 하나하나 나눠서 나열하며 기본적으로 곱의 법칙으로 구할 수 있는 가지 수에 추가적으로 합의 법칙으로 따로 구해야 하는 가지 수를 고려한다. 경우의 수 문제에서는 문제를 풀기 위한 경우가 나뉘는 기준 항목을 찾는 게 중요하다.

자료해석 10선

문 1. 다음 <표>는 2012년 지역별 PC 보유율과 인터넷 이용률에 관한 자료이다. 이에 대한 <보기>의 설명 중 옳은 것만을 모두 고르면?

<표> 2012년 지역별 PC 보유율과 인터넷 이용률

(단위 : %)

구분 지역	PC 보유율	인터넷 이용률
서울	88.4	80.9
부산	84.6	75.8
대구	81.8	75.9
인천	87.0	81.7
광주	84.8	81.0
대전	85.3	80.4
울산	88.1	85.0
세종	86.0	80.7
경기	86.3	82.9
강원	77.3	71.2
충북	76.5	72.1
충남	69.9	69.7
전북	71.8	72.2
전남	66.7	67.8
경북	68.8	68.4
경남	72.0	72.5
제주	77.3	73.6

<보 기>

ㄱ. PC 보유율이 네 번째로 높은 지역은 인터넷 이용률도 네 번째로 높다.

ㄴ. 경남보다 PC 보유율이 낮은 지역의 인터넷 이용률은 모두 경남의 인터넷 이용률보다 낮다.

ㄷ. 울산의 인터넷 이용률은 인터넷 이용률이 가장 낮은 지역의 1.3배 이상이다.

ㄹ. PC 보유율보다 인터넷 이용률이 높은 지역은 전북, 전남, 경남이다.

① ㄱ, ㄴ

② ㄱ, ㄷ

③ ㄱ, ㄹ

④ ㄴ, ㄷ

⑤ ㄴ, ㄹ

	PC보유율	순위	인터넷 이용률	순위
서울	88.4	1	80.9	5
부산	84.6	8	75.8	9
대구	81.8	9	75.9	8
인천	87.0	3	81.7	3
광주	84.8	7	81.0	4
대전	85.3	6	80.4	7
울산	88.1	2	85.0	1
세종	86.0	5	80.7	6
경기	86.3	4	82.9	2
강원	77.3	10	71.2	14

충북	76.5	12	72.1	13
충남	69.9	15	69.7	15
전북	71.8	14	72.2	12
전남	66.7	17	67.8	17
경북	68.8	16	68.4	16
경남	72.0	13	72.5	11
제주	77.3	10	73.6	10

이 문제는 표를 빠르게 〈보기〉의 조건과 맞는지 확인하는 문제다. 특별히 〈보기〉 자체가 난이도가 높지 않지만 순서를 확인해야 하는 만큼 평소에 대소 비교를 하는 연습을 해두지 않으면 시간이 오래 걸리기 쉽다.

ㄱ. PC 보유율이 네 번째로 높은 지역은 경기이고, 경기의 인터넷 이용률은 두 번째로 높다. (×)

ㄴ. 경남보다 PC 보유율이 낮은 지역은 충남, 전북, 전남, 경북이고, 이 지역의 인터넷 이용률은 모두 경남보다 낮다. (○)

ㄷ. 인터넷 이용률이 가장 낮은 지역은 전남으로 전남의 인터넷 이용률의 1.3배는 88.14로 울산의 인터넷 이용률인 85보다 높다. (×)

ㄹ. PC 보유율보다 인터넷 이용률이 높은 지역은 전북, 전남, 경남이다. (○)

정답은 ⑤ ㄴ, ㄹ

Point!

표가 긴 문제 중 단순비교 문항은 집중력을 유지할 수 있으면 시선을 올리거
나 내리며 보기의 정/오를 판단하고, 집중력이 떨어지면 시선을 움직일 때 메
모도 같이 하자.

2. 15년 민간경력자 5급 자료해석 2번

문 2. 사무관 A는 다음 <표>와 추가적인 자료를 이용하여 과학기술
논문 발표현황에 관한 <보고서>를 작성하였다. 추가로 필요한
자료만을 <보기>에서 모두 고르면?

<표> 우리나라 SCI 과학기술 논문 발표현황

(단위 : 편, %)

연도	2007	2008	2009	2010	2011	2012	2013
발표수	29,565	34,353	37,742	41,481	45,588	49,374	51,051
세계 점유율	2.23	2.40	2.50	2.62	2.68	2.75	2.77

─────<보고서>─────

　　최근 우리나라는 과학기술 분야의 연구에 많은 투자를
하고 있다. 2013년도 우리나라 SCI 과학기술 논문 발표수는
51,051편으로 전년대비 약 3.40 % 증가했다. 우리나라 SCI
과학기술 논문 발표수의 세계 점유율은 2007년 2.23 %에서
매년 증가하여 2013년 2.77 %가 되었다. 이는 2007년 이후
기초·원천기술연구에 대한 투자규모의 지속적인 확대로
SCI 과학기술 논문 발표수가 꾸준히 증가하고 있는 것으로
분석된다. 2013년의 논문 1편당 평균 피인용횟수는 4.55회로
SCI 과학기술 논문 발표수 상위 50개 국가 중 32위를
기록했다.

```
┌─────────────── <보  기> ───────────────┐
│ ㄱ. 2007년 이후 우리나라 기초·원천기술연구 투자규모    │
│     현황                                              │
│ ㄴ. 2009 ~ 2013년 연도별 SCI 과학기술 논문 발표수 상위  │
│     50개 국가의 논문 1편당 평균 피인용횟수              │
│ ㄷ. 2007년 이후 세계 총 SCI 과학기술 학술지 수          │
│ ㄹ. 2009 ~ 2013년 우리나라 SCI 과학기술 논문 발표수의   │
│     전년대비 증가율                                    │
└────────────────────────────────────────┘
```

① ㄱ, ㄴ
② ㄱ, ㄷ
③ ㄴ, ㄷ
④ ㄴ, ㄹ
⑤ ㄷ, ㄹ

　이 문제는 〈보고서〉에 필요한 데이터가 어떤 것인지 확인할 수 있는 능력이 있는가를 묻고 있다. 주어진 데이터는 '〈표〉 우리나라 SCI 과학기술 논문 발표현황'이고 추가로 필요한 자료를 찾아내야 한다.

　〈보고서〉에서 "최근 우리나라는 ~ 2.77%가 되었다" 부분은 주어진 〈표〉만으로 충분히 분석할 수 있다. 다음 "이는 2007년 ~ 증가하고 있는 것으로 분석된다" 부분은 'ㄱ. 2007년 이후 우리나라 기초 · 원천기술연구 투자규모 현황'이 있어야만 서로 비교하여 결과를 분석할 수 있다. 마지막으로 "2013년의 논문 1편당 ~ 32위를 기록했다"는 내용은 'ㄴ. 2009~2013년 연도별 SCI 과학기술 논문 발표 수 상위 50개 국가의 논문 1편당 평균 피인용 횟수'가 있어야 확인 가능한 내용이다.

　그렇기에 답은 ① ㄱ,ㄴ 이다.

Point!

추가로 필요한 자료를 효율적으로 확인하려면 〈보고서〉를 읽으며 상단의
〈표〉와 비교하자.

3. 15년 민간경력자 5급 자료해석 3번

문 3. 다음 〈표〉와 〈그림〉은 A ~ E국의 국민부담률, 재정적자 비율
및 잠재적부담률과 공채의존도를 나타낸 자료이다. 이에 대한
〈보기〉의 설명 중 옳은 것만을 모두 고르면?

〈표〉 국민부담률, 재정적자 비율 및 잠재적부담률

(단위 : %)

구분＼국가	A	B	C	D	E
국민부담률	38.9	34.7	49.3	( )	62.4
사회보장부담률	( )	8.6	10.8	22.9	24.6
조세부담률	23.0	26.1	( )	29.1	37.8
재정적자 비율	8.8	9.9	6.7	1.1	5.1
잠재적부담률	47.7	( )	56.0	53.1	( )

※ 1) 국민부담률(%) = 사회보장부담률 + 조세부담률
2) 잠재적부담률(%) = 국민부담률 + 재정적자 비율

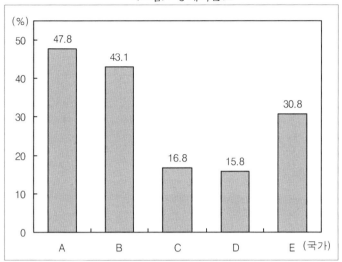

<그림> 공채의존도

─────────────<보 기>─────────────
ㄱ. 잠재적부담률이 가장 높은 국가의 조세부담률이 가장 높다.
ㄴ. 공채의존도가 가장 낮은 국가의 국민부담률이 두 번째로 높다.
ㄷ. 사회보장부담률이 가장 높은 국가의 공채의존도가 가장 높다.
ㄹ. 잠재적부담률이 가장 낮은 국가는 B이다.

① ㄱ, ㄴ
② ㄱ, ㄷ
③ ㄴ, ㄷ
④ ㄴ, ㄹ
⑤ ㄷ, ㄹ

구분 \ 국가	A	B	C	D	E
국민부담률	38.9	34.7	49.3	(52.0)	62.3
사회보장부담률	(5.9)	8.6	10.8	22.9	24.6
조세부담률	23.0	26.1	(38.5)	29.1	37.8
지정적자 비율	8.8	9.9	6.7	1.1	5.1
잠재적부담률	47.7	(44.6)	56.0	53.1	(67.4)
공채의존도	47.8	43.1	16.8	15.8	30.8

이 문제는 2가지의 자료를 빠르게 비교 분석할 줄 알아야 풀린다. 우선 주어진 빈칸을 빠르게 채운 후, 주어진 〈보기〉가 맞는지 비교할 수 있다면 문제 난이도 자체는 높지 않다.

ㄱ. 잠재적 부담률이 가장 높은 국가는 67.3로 E이고 E의 조세부담률은 2번째로 높다. (×)

ㄴ. 공채의존도가 가장 낮은 국가는 D이고 D의 국민부담률은 2번째로 높다. (○)

ㄷ. 사회보장부담률이 가장 높은 국가는 E이고 E의 공채의존도는 가장 높지 않다. (×)

ㄹ. 잠재적 부담률이 가장 낮은 국가는 B이다. (○)

④ ㄴ, ㄹ

표 안의 빈칸이 들어간 문제는 대부분 보기로 연결되는 경우가 많다. 빈칸을
보면 어떤 공식으로 채워 넣어야 하는지 빠르게 판단하자.

4. 15년 민간경력자 5급 자료해석 4번

문 4. 다음 <표>는 2013년 A시 '가' ~ '다' 지역의 아파트실거래가격
지수를 나타낸 자료이다. 이에 대한 설명으로 옳은 것은?

<표> 2013년 A시 '가' ~ '다' 지역의 아파트실거래가격지수

월 \ 지역	가	나	다
1	100.0	100.0	100.0
2	101.1	101.6	99.9
3	101.9	103.2	100.0
4	102.6	104.5	99.8
5	103.0	105.5	99.6
6	103.8	106.1	100.6
7	104.0	106.6	100.4
8	105.1	108.3	101.3
9	106.3	110.7	101.9
10	110.0	116.9	102.4
11	113.7	123.2	103.0
12	114.8	126.3	102.6

※ N월 아파트실거래가격지수 $= \dfrac{\text{해당 지역의 N월 아파트 실거래 가격}}{\text{해당 지역의 1월 아파트 실거래 가격}} \times 100$

① '가' 지역의 12월 아파트 실거래 가격은 '다' 지역의 12월 아파트 실거래 가격보다 높다.
② '나' 지역의 아파트 실거래 가격은 다른 두 지역의 아파트 실거래 가격보다 매월 높다.
③ '다' 지역의 1월 아파트 실거래 가격과 3월 아파트 실거래 가격은 같다.
④ '가' 지역의 1월 아파트 실거래 가격이 1억원이면 '가' 지역의 7월 아파트 실거래 가격은 1억 4천만원이다.
⑤ 2013년 7 ~ 12월 동안 아파트 실거래 가격이 각 지역에서 매월 상승하였다.

〈표〉의 데이터를 정확히 이해하는가를 묻는 문제다. N월 아파트실거래가격지수는 1월 가격 대비 N월의 가격 비율이기 때문에 몇 %의 비율로 증가했는지 감소했는지는 알 수 있지만, 실제 가격은 1월의 가격이 얼마인지 알기 전까지는 알 수 없다. 그렇기에 가, 나, 다 각 지역 내의 월별 대소 비교는 가능하지만, 지역끼리의 실거래가격이 어디가 크고 작은지는 알 수 없다.

① '가' 지역의 12월 아파트 실거래 가격이 '다'지역의 12월 아파트 실거래 가격보다 높은지는 알 수 없다. 가격 지수가 높지만 가격 지수는 1월 가격대비 높아졌다는 것만 알려준다. (×)
② '나' 지역의 아파트 실거래 가격이 다른 두 지역의 아파트 가격보다 높은지 알 수 없다. 아파트실거래가격지수가 높다는 뜻은 1월의 아파트 실거래 가격 대비 많이 증가했다는 정보만 알 수 있다. (×)
③ '다' 지역의 3월 아파트실거래가격지수는 100.0으로 3월의 아파

트 실거래 가격이 1월의 아파트 실거래 가격과 같다는 것을 알 수 있다. (○)

④ '가' 지역의 1월 아파트 실거래 가격이 1억 원일 때, 7월 아파트 실거래 가격은 1억 원 × 104.0(아파트실거래가격지수) = 1억 4백만 원이다. (×)

⑤ 2013년 7~12월 가격 중 '다' 지역의 11월에서 12월 아파트실거래가격지수가 감소했다. (×)

Point!

자료해석에서 일치/불일치 유형도 자주 등장한다. 해당 유형에 약하다면 평소 문제풀이 리뷰를 하면서 정답의 근거를 찾는 연습을 하는 것이 중요하고, 비교 대상과 그 수치에 신경 쓰면 좋다.

문 5. 다음 <표>는 쥐 A ~ E의 에탄올 주입량별 렘(REM)수면시간을 측정한 결과이다. 이에 대한 <보기>의 설명 중 옳은 것만을 모두 고르면?

<표> 에탄올 주입량별 쥐의 렘수면시간

(단위 : 분)

쥐 에탄올 주입량(g)	A	B	C	D	E
0.0	88	73	91	68	75
1.0	64	54	70	50	72
2.0	45	60	40	56	39
4.0	31	40	46	24	24

<보 기>

ㄱ. 에탄올 주입량이 0.0 g일 때 쥐 A ~ E 렘수면시간 평균은 에탄올 주입량이 4.0 g일 때 쥐 A ~ E 렘수면시간 평균의 2배 이상이다.

ㄴ. 에탄올 주입량이 2.0 g일 때 쥐 B와 쥐 E의 렘수면시간 차이는 20분 이하이다.

ㄷ. 에탄올 주입량이 0.0 g일 때와 에탄올 주입량이 1.0 g일 때의 렘수면시간 차이가 가장 큰 쥐는 A이다.

ㄹ. 쥐 A ~ E는 각각 에탄올 주입량이 많을수록 렘수면시간이 감소한다.

① ㄱ, ㄴ

② ㄱ, ㄷ

③ ㄴ, ㄷ

④ ㄴ, ㄹ

⑤ ㄷ, ㄹ

이 문제는 주어진 데이터에서 〈보기〉 내용이 맞는지 빠르게 분석해야 한다.

ㄱ. 에탄올 주입량이 0.0g일 때 렘수면시간 평균과 4.0g일 때 렘수면시간 평균을 비교해야 한다. 그렇다고 평균을 직접 구할 시간은 없다. A~E 쥐의 0.0g의 렘수면시간이 4.0g 렘수면시간의 두 배가 되는지 비교하는 게 빠르다. C쥐만 제외하고는 전부 두 배 이상이며, C쥐도 두 배 수준이기 때문에 평균을 구하면 두 배 이상이 된다. 이런 식으로 유추해 빠르게 시간을 아껴야 한다. (○)

ㄴ. 에탄올 주입량 2.0g일 때 쥐 B와 E의 렘수면 시간 차이는 21분으로 20분 이상이다. (×)

ㄷ. 에탄올 주입량이 0.0g일 때와 1.0g일 때의 렘수면 시간 차이는 A가 24분으로 가장 크다. (○)

	A	B	C	D	E
0.0g 와 1.0g 렘수면 시간 차이	24	19	21	18	3

ㄹ. C쥐는 에탄올 주입량이 2.0g에서 4.0g으로 증가할 때 렘수면 시간이 40분에서 46분으로 증가했다. (×)

② ㄱ, ㄷ

Point!

때로는 직접 계산보다 유추가 더 쉬운 접근법이기도 하다.

6. 18년 민간경력자 5급 자료해석 4번

문 4. 다음 <그림>은 A국의 2012 ~ 2017년 태양광 산업 분야 투자액 및 투자건수에 관한 자료이다. 이에 대한 설명으로 옳지 않은 것은?

<그림> 태양광 산업 분야 투자액 및 투자건수

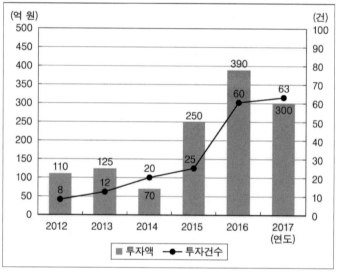

① 2013 ~ 2017년 동안 투자액의 전년대비 증가율은 2016년이 가장 높다.

② 2013 ~ 2017년 동안 투자건수의 전년대비 증가율은 2017년이 가장 낮다.

③ 2012년과 2015년 투자건수의 합은 2017년 투자건수보다 작다.

④ 투자액이 가장 큰 연도는 2016년이다.

⑤ 투자건수는 매년 증가하였다.

①번에서 바로 정답이 나와서 전체 시험시간을 크게 단축할 수 있는 문제였다. 먼저 표를 볼 때 막대그래프와 선그래프의 항목을 헷갈리지 않게 주의하는 것이 첫 번째 포인트이다. ①번 보기에서 투자액의 전년대비 증가율은 15년도 투자액이 전년과 대비해 그래프가 훨씬 큼을 계산 없이 육안으로도 확인 가능하다. 하지만 종종 막대의 비율과 실제 숫자의 비율이 비례하지 않게 출제되는 경우도 있으므로 본 문제처럼 계산이 필요 없을 정도의 차이가 아니라면 머릿속으로 수의 차이를 비교해보며 푸는 것이 좋다. 14년도에서 15년도로 오며 이미 세 배 이상 차이가 나므로 ①번을 쉽게 정답이라고 맞힐 수 있다. ②번 보기에서 전년대비 증가율을 모두 직접 계산할 수 있지만 간단하게 대소 비교가 가능하다.

전년대비 증가율은

$$\frac{t_2 - t_1}{t_1} \times 100, \ t_1 = 초기값, \ t_2 = 나중값$$

으로 표현 가능하다. 여기서 전년대비 증가율은 60에서 63으로 3건 늘었다. 분모는 60이다. 이를 계산하는 것이 아니라 앞의 연도별 숫자의 흐름을 확인하자. 가장 낮은 증가율을 찾기 위해 비교해야 하는데 8→12→20→25로 3건보다 더 많이 늘었다. 하지만 분모는 60보다 훨씬 작다. 따라서 별도의 계산 없이도 전년대비 증가율이 17년도에 가장 낮음을 알 수 있다. ③, ④, ⑤번 선택지는 별도의 계산 없이 눈으로 확인 가능하다.

전년대비 증가율을 분자/분모의 증가율 변화 차이로 대소 비교할 수도 있다.
분자의 증가율이 더 클 경우 값이 당연히 더 커질 것이다.

7. 18년 민간경력자 5급 자료해석 5번

문 5. 다음 <표>는 15개 종목이 개최된 2018 평창 동계올림픽 참가국 A ~ D의 메달 획득 결과를 나타낸 자료이다. 이에 대한 설명으로 옳은 것은?

<표> 2018 평창 동계올림픽 참가국 A ~ D의 메달 획득 결과

(단위: 개)

국가 메달 종목	A국			B국			C국			D국		
	금	은	동	금	은	동	금	은	동	금	은	동
노르딕복합	3	1	1					1				
루지	3	1	2	1							1	1
바이애슬론	3	1	3				1	3	2			
봅슬레이	3	1		1						1		1
쇼트트랙				1						1	1	3
스노보드		1	1	4	2	1				1	2	1
스켈레톤		1										
스키점프	1	3					2	1	2			
스피드스케이팅							1	2	1	1	1	
아이스하키		1		1							1	1
알파인스키				1	1	1	1	4	2			
컬링				1					1	1		
크로스컨트리				1			7	4	3			
프리스타일스키					1	2	1			4	2	1
피겨스케이팅	1					2				2		2

※ 빈 칸은 0을 의미함.

① 동일 종목에서, A국이 획득한 모든 메달 수와 B국이 획득한 모든 메달 수를 합하여 종목별로 비교하면, 15개 종목 중 스노보드가 가장 많다.

② A국이 획득한 금메달 수와 C국이 획득한 동메달 수는 같다.

③ A국이 루지, 봅슬레이, 스켈레톤 종목에서 획득한 모든 메달 수의 합은 C국이 크로스컨트리 종목에서 획득한 모든 메달 수보다 많다.

④ A ~ D국 중 메달을 획득한 종목의 수가 가장 많은 국가는 D국이다.

⑤ 획득한 은메달 수가 많은 국가부터 순서대로 나열하면 C, B, A, D국 순이다.

어려워 보이지만 단순 계산 위주의 쉬운 문제이므로 놓치면 손해다.

먼저 ①번은 A국과 B국이 획득한 메달의 합이 가장 많은 종목을 고르면 되므로, 눈으로 빠르게 합이 많아 보이는 종목을 골라 계산하자.

①번 보기를 확인할 때 가로로 A국과 B국의 금은동 메달 6개 칸을 함께 본다.

첫 번째 행의 합은 5, 두 번째 행의 합은 7이다 여기서 가까운 행에 7에 근접한 수가 없으므로 시선을 내리다 보면 스노보드에서 직관적으로 7보다 큼을 알 수 있다. 따라서 정답은 ①번이다. 실전에서는 여기서 바로 다음 문제로 넘어가 시간을 단축하는 것이 정석이다. ②번은 14개 vs. 11개이므로 오답이다. 표에서 작은 수를 비교하는 경우에는 수의 합으로 비교하는 경우와 같은 숫자를 지워나가며 비교하는 경우가 있다. 때에 따라 계산 속도가 차이 나므로 상황에 맞게 적용하자. ③번은 A국의 루지, 봅슬레이, 스켈레톤 메달을 합치면 11개, C국의 크로스컨트리 메달을 합치면 14개이므로 오답이다. ④번과 ⑤번은 모두 세로 방향으로 계산하는 것이 시간 단축에 효과적일 것이다. 먼저 ④번은 A, B, C, D의 메달 총 개수가 각각 31, 23, 39, 29이므로 오답이다. ⑤번은 은메달 개수를 A, B, C, D 순으로 나열하면 10, 8, 14, 8이다. 따라서 오답이다.

Point!

표에서 수를 비교할 때 가로, 세로 그리고 소거하며 비교하는 방법이 있다. 소거하는 방법은 표 안에 같은 숫자가 많거나 이진법처럼 적은 숫자로 표현될 때 사용된다. 상황에 따라 적절히 활용하자!

문 6. 다음 <표>는 A국의 흥행순위별 2017년 영화개봉작 정보와 월별 개봉편수 및 관객수에 대한 자료이다. 이에 대한 설명으로 옳지 않은 것은?

<표 1> A국의 흥행순위별 2017년 영화개봉작 정보

(단위: 천 명)

흥행순위	영화명	개봉시기	제작	관객수
1	버스운전사	8월	국내	12,100
2	님과 함께	12월	국내	8,540
3	동조	1월	국내	7,817
4	거미인간	7월	국외	7,258
5	착한도시	10월	국내	6,851
6	군함만	7월	국내	6,592
7	소년경찰	8월	국내	5,636
8	더 퀸	1월	국내	5,316
9	투수와 야수	3월	국외	5,138
10	퀸스맨	9월	국외	4,945
11	썬더맨	10월	국외	4,854
12	꾸러기	11월	국내	4,018
13	가랑비	12월	국내	4,013
14	동래산성	10월	국내	3,823
15	좀비	6월	국외	3,689
16	행복의 질주	4월	국외	3,653
17	나의 이름은	4월	국외	3,637
18	슈퍼카인드	7월	국외	3,325
19	아이 캔 토크	9월	국내	3,279
20	캐리비안	5월	국외	3,050

※ 관객수는 개봉일로부터 2017년 12월 31일까지 누적한 값임.

<표 2> A국의 2017년 월별 개봉편수 및 관객수

(단위: 편, 천 명)

월 \ 구분 \ 제작	국내		국외	
	개봉편수	관객수	개봉편수	관객수
1	35	12,682	105	10,570
2	39	8,900	96	6,282
3	31	4,369	116	9,486
4	29	4,285	80	6,929
5	31	6,470	131	12,210
6	49	4,910	124	10,194
7	50	6,863	96	14,495
8	49	21,382	110	8,504
9	48	5,987	123	6,733
10	35	12,964	91	8,622
11	56	6,427	104	6,729
12	43	18,666	95	5,215
전체	495	113,905	1,271	105,969

※ 관객수는 당월 상영영화에 대해 월말 집계한 값임.

① 흥행순위 1 ~ 20위 내의 영화 중 한 편의 영화도 개봉되지 않았던 달에는 국외제작영화 관객수가 국내제작영화 관객수보다 적다.
② 10월에 개봉된 영화 중 흥행순위 1 ~ 20위 내에 든 영화는 국내제작영화뿐이다.
③ 국외제작영화 개봉편수는 국내제작영화 개봉편수보다 매달 많다.
④ 국외제작영화 관객수가 가장 많았던 달에 개봉된 영화 중 흥행순위 1 ~ 20위 내에 든 국외제작영화 개봉작은 2편이다.
⑤ 흥행순위가 1위인 영화의 관객수는 국내제작영화 전체 관객수의 10 % 이상이다.

①에서 '영화 한 편도 개봉되지 않았던 달'을 찾기 위해 일일이 적으며 지우는 것도 좋지만 개봉시기만 쭉 훑으면 2월이라는 것을 바로 확인 가능하다. 〈표2〉의 2월을 보면 국외제작 관객 수가 6282명으로 8900명인 국내제작 관객 수보다 적다.

②는 '~뿐이다' 어구가 있으므로 반대되는 예에 해당하는 영화를 찾아본다. 흥행순위 1~20위 내에 국외제작영화 썬더맨이 있으므로 정답은 ②번이다.

③번은 보기를 읽으며 속으로 비교대상인 국외 개봉편수, 국내 개봉편수를 되뇌며 〈표2〉를 아래로 훑으면서 확인한다. ③번은 옳다.

④ 역시 국외제작 영화가 가장 많았던 달을 아래의 표에서 확인한다. 7월이다. 이 중 1~20위 내에 든 영화는 거미인간, 슈퍼카인드 두 영화이므로 옳다.

⑤는 흥행순위가 1위인 관객 수에서 끊는다. 12,100명임을 확인하고 국내영화 전체 관객 수의 10퍼센트 이상임을 확인한다. 국내영화 전체 관객 수는 10만 5천 명으로 10퍼센트 이상이다. 따라서 정답이다.

Point!

중요 어구에 따라 숫자를 되뇌고 시선을 이동하며 문제를 풀면 시간 단축에 도움이 된다. 하지만 집중력이 떨어지면 잘못 읽거나 계산 실수를 할 수 있으니 주의하자.

문 7. 다음 <표>는 조선시대 A지역 인구 및 사노비 비율에 대한
자료이다. 이에 대한 <보기>의 설명 중 옳은 것만을 모두 고르면?

<표> A지역 인구 및 사노비 비율

구분 조사 년도	인구(명)	인구 중 사노비 비율(%)			
		솔거노비	외거노비	도망노비	전체
1720	2,228	18.5	10.0	11.5	40.0
1735	3,143	13.8	6.8	12.8	33.4
1762	3,380	11.5	8.5	11.7	31.7
1774	3,189	14.0	8.8	12.0	34.8
1783	3,056	14.9	6.7	9.3	30.9
1795	2,359	18.2	4.3	6.5	29.0

※ 1) 사노비는 솔거노비, 외거노비, 도망노비로만 구분됨.
  2) 비율은 소수점 둘째 자리에서 반올림한 값임.

───────── <보 기> ─────────

ㄱ. A지역 인구 중 도망노비를 제외한 사노비가 차지하는
   비율은 조사년도 중 1720년이 가장 높다.
ㄴ. A지역 사노비 수는 1774년이 1720년보다 많다.
ㄷ. A지역 사노비 중 외거노비가 차지하는 비율은 1720년이
   1762년보다 높다.
ㄹ. A지역 인구 중 솔거노비가 차지하는 비율은 매 조사년도
   마다 낮아진다.

① ㄱ, ㄴ
② ㄱ, ㄷ
③ ㄷ, ㄹ
④ ㄱ, ㄴ, ㄹ
⑤ ㄴ, ㄷ, ㄹ

※ 부분을 바로 확인한다. 사노비의 구성과 반올림을 확인하고 다음 보기로 넘어와 계산을 시작한다. ㄱ에서 도망노비를 제외한 솔거노비와 외거노비를 확인한다. 솔거노비와 외거노비를 합하지 않더라도 아래로 표를 쭉 보면 1720년보다 높은 수치가 없다. ㄱ이 옳다는 것을 쉽게 확인 가능하다. ㄴ에서 1720년의 사노비 수는 2228×0.4로 약 892명이고, 1774년의 사노비 수는 3189×0.348이다. 직접 계산할 필요 없이 쉽게 생각하면, 74년의 사노비를 내림으로 삼천 명×0.3으로 계산하면 구백 명이다. 내림 계산한 구백 명보다 1720년의 사노비 수가 적으므로, 1774년 사노비 수가 1720년 사노비 수보다 많음을 알 수 있다. ㄱ, ㄴ이 옳으므로 바로 ㄹ를 확인하여 정답이 ①번인지 ④번인지 알아보자. ㄹ은 시선을 아래로 내리며 계속 감소하는지 확인하면 된다. 1762년부터 1774년까지 증가하므로 옳지 않다. 따라서 정답은 ①번이다. ㄷ도 외거노비가 차지하는 비율을 비교하면 10/40 vs 8.5/31.7이다. 쉽게 계산하면 왼쪽 분수에서 분자에 4배를 곱하면 분모와 같다. 오른쪽 분수 중 분자에 똑같이 4배를 곱하면 34로 31.7보다 커진다. 따라서 오른쪽 분수가 더 큰 것을 확인할 수 있다. 따라서 ㄷ은 옳지 않다.

Point!

문제를 만약 ㄱ부터 순서대로 풀었다면 실전에서는 ㄷ을 확인하지 않고 정답을 확신하여 넘어가야 한다. NCS 고득점을 유지하며 시간이 남는 수험생들을 본 적이 있는가? 정답을 확신하면 굳이 확인하지 않아도 될 보기는 넘어간다.

문 11. 다음 <그림>은 A ~ F국의 2016년 GDP와 'GDP 대비 국가자산
총액'을 나타낸 자료이다. 이에 대한 <보기>의 설명 중 옳은
것만을 모두 고르면?

<그림> A ~ F국의 2016년 GDP와 'GDP 대비 국가자산총액'

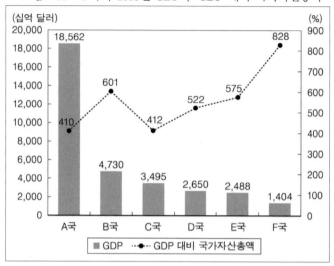

※ GDP 대비 국가자산총액(%) = $\dfrac{\text{국가자산총액}}{\text{GDP}} \times 100$

─────── <보 기> ───────

ㄱ. GDP가 높은 국가일수록 'GDP 대비 국가자산총액'이
작다.

ㄴ. A국의 GDP는 나머지 5개국 GDP의 합보다 크다.

ㄷ. 국가자산총액은 F국이 D국보다 크다.

① ㄱ

② ㄴ

③ ㄷ

④ ㄱ, ㄴ

⑤ ㄴ, ㄷ

ㄱ. GDP가 높을 국가일수록 GDP 대비 국가자산총액이 작으려면 GDP 대비 국가자산총액이 A~F 순으로 증가해야 하지만 그렇지 않다. (×)

ㄴ. B~F국의 GDP를 하나씩 계산할 시간이 없다 그러므로 대략 반올림해서 계산하면 쉽다. 대략 계산해도 A국의 GDP가 크다. (○)

	B국	C국	D국	E국	F국	합계
실제값	4730	3495	2650	2488	1404	14,767
어림치	5000	3500	2500	2500	1500	15,000

ㄷ. 그래프에 나온 GDP 대비 국가자산총액은 국가 자산총액이 GDP의 몇 배인지를 알려주는 수치이기 때문에 간단하게 계산하면 D국 = 2650×5배 = 13,250, F국 = 1,400×8배 = 11,200으로 D국이 크다(×) 정답은 ②번.

Point!

항상 어림잡아 계산하면 오답률이 올라갈 수 있다. 이 문제는 보기에서 개별 계산이 단순하면서 적기 때문에 어림산을 활용해 볼 수 있었다. 하지만 어림 산값과 비교대상 값이 비슷할 경우 다시 계산해야 한다.

NCS실력 향상을 위해

이 책을 읽으며 NCS 공부 방법, 유형별 대처, 실전문제풀이까지 거쳐 왔다면 단계별로 기초→기본→실전연습을 시작하자. 이후에는 스스로 정리할 시간이 필요한 때다. 자주 틀리는 문제는 따로 간단히 정리하고 실력의 정체기가 왔을 때, 꼭 스터디에 들어가지 않더라도 같이 공부하는 친구가 있다면 스터디룸에서 함께 문제를 풀면서 긴장감을 높여보자. 공부하면서 정체기가 올수록 최대한 해설지를 멀리 해야 할 필요가 있다. 단순히 오늘 공부를 안 하면 안 될 것 같은 의무감에 문제를 풀고 해설지를 들여다보고 '아 맞다' 하는 행동을 반복하다 보면 어느새 당신의 추론능력, 독해능력 등 NCS에 필요한 모든 능력이 감퇴하게 된다. 그럴 때는 이 책의 민간경력 실전문제를 인터넷에서 다시 받아서 풀어보는 것이 좋다.

전공은 단시간에 집중투자하면 좋은 효과를 보지만 NCS는 단기간 노력으로 점수를 올리기 쉽지 않다. 대신 좋은 습관을 만들면 자신도 모르는 사이에 실력이 쌓인다. 단순한 진리가 아닌, 많은 수험생을 가르치며 얻은 결과물이다. 아직도 NCS가 머리가 좋은 사람만 합격할 수 있는 시험이라고 생각하는가? 그렇다면 나를 찾아오기 바란다.

chapter 5

취업의 최종 관문
채용형 인턴

공기업 생활백서

위기감을 갖자

인턴은 정규직으로 가기 전에 직무를 경험할 수 있다는 장점이 있지만 신분상 불안정하다는 단점이 있다. 이를 보완하는 제도가 채용형 인턴이다. 채용형 인턴은 인턴으로 채용해 일정 기간을 비정규직으로 업무를 수행한 후 간단한 시험을 거쳐 정규직으로 전환해주는 제도를 말한다.

이전에는 인턴으로 들어온 직원이 해당 기업 또는 타 기업에 정규직으로 취직하기 위해 단순히 경험만 쌓으려고 '거치는' 단계로만 생각해 업무에 소홀한 경우가 많았다. 업무 시간에 자신이 하고 싶어 하는 공부를 하거나 업무를 배당받더라도 개인적인 일을 우선해 형식적으로만 처리함으로써 인턴직무 경험을 제대로 쌓을 수 없었고 해당 기업은 인건비만 낭비하는 등 비효율적인 부분이 많았다. 하지만 채용형 인턴제도가 도입되자 인턴은 채용에 대한 불안감이 해소돼 열심히 직무활동을 했고, 기업은 짧은 시간이 지나면 나가 버릴 사람이 아니라 앞으로 같이 일하게 될 동료로서 인턴을 대하므로 회사 분위기가 전반적으로 좋아졌다.

하지만 채용형 인턴제도는 정식 채용과는 다르다는 점에 주의해야 한다. 인턴을 채용해 100퍼센트 정규직으로 전환해주는 제도는 채용이지 채용형 인턴제가 아니다. 즉, 채용형 인턴은 정규직으로 합격한 것이 아니고, 최종 채용에서 자신이든, 옆에 있는 동료 인턴이든, 누군가는 정규직 전환이 안 될 수 있다는 것이다. 그렇기 때문에 채용형 인턴에 통과했다고 해서 안심해서는 안 된다. 간혹 채용형 인턴으로 회사에 입사하고 나서 지나치게 들떠 회사 생활을 방탕하게 하거나 직무 학습에 소홀한 이들이 있는데, 이러면 정규직 전환 시 좋은 점수를 받지 못한다는 점을 유의하자.

그렇다면 채용형 인턴은 어떤 식으로 업무를 수행하는 게 좋을까? 가장 먼저 해야 할 일은 해당 기업과 사무실의 분위기 파악이다. '부바이 부(부마다 다르다는 뜻)'라는 용어가 있듯 기업과 자신이 속한 부(팀)의 조직 문화에 따라 자신의 행동을 카멜레온처럼 바꾸어 적응하는 것이 좋다. '모난 돌이 정 맞는다'는 말이 있듯 공기업에서는 어떤 면에서든 특이하게 행동하는 이가 자칫 위험한 상황에 처할 수 있다. 신입사원이기 때문에 많은 팀원이 주목하고 있다. 자신을 좋아하는 선배가 많아도 안티 선배 한 명이면 충분히 정규직 전환에서 탈락시킬 수 있는 여지를 만든다.

그 다음은 직무에 관한 이해다. 채용형 인턴은 정규직으로 가기 전 징검다리 역할을 한다. 이 시기에는 업무에서 실수가 있더라도 배우는 과정이라 생각하기 때문에 모두가 이해해 주는 편이다. 초반에 업무에 대한 지식을 제대로 익혀 정규직 전환 시 업무를 제대로 수행할 수 있도록 수련하는 기간으로 삼는 게 좋다. 마지막으로 직무 전환이 달려 있는 최종 평가도 끊임없이 생각해야 한다. 최종 평가는 부서원의 평가와 필기시험 또는 최종 면접으로 진행된다. 기업의 직무나 비전, 최근 이슈를 기업 홈페이지에서 꼼꼼하게 확인해 이해하고 암기해 두는 게 좋다.

팩스만 시켜 봐도 안다?

현직자가 공기업에 갓 입사한 후배에게 해 주는 말의 대부분은 소위 '꼰대 같은 뻔한 잔소리'일 것이다. 공기업 조직 구성원의 평균 연령대는 40대 이상인 경우가 많고, 업무가 보수적인만큼 조직문화도 보수적이기 때문이다. 극단적으로 말하자면 채용형 인턴은 군대의 눈치 빠른 이등병이라고 생각하면 편하다.

나이 많은 선배들은 결국 주인의식과 애정을 갖고 회사를 다니는 게 좋다고 생각한다. 지금 많은 취업준비생이 목표나 열정 없이 편하게 다니기 위해 공기업에 지원한다. 대학 시절 조별과제를 할 때 열정적으로 회의에 참여하거나 맡은 분량을 수행하는 학생과 단지 학점만 얻으려 하고 숙제도 제대로 해오지 않는 학생의 차이를 누구나 구별할 수 있는 것처럼 회사에서도 팀원들이 의지 없는 신입사원을 곱게 볼 리 없다.

신입사원이 어떠한 역량을 가지고 입사했든, 선배란 해당 기업에 최소 10년 이상 인생을 쏟아 부은 이들이다. 조별과제에서 나중에 들어와 대충대충 하는 학우를 모두 싫어하듯 어떤 직원이 회사에 돈만 받으려 나온다고 한다면 좋게 볼 선배는 없다. 신입사원의 방식도 존중받아야 하지만, 선배의 길도 존중한다면 조직생활이 보다 편해질 것이다.

인생은 기브 앤 테이크

한 사람만 사랑을 일방적으로 주어서는 관계가 지속되기 어렵다는 공식은 연애에만 적용되는 것이 아니다. 친구 사이에서든 회사에서든 인간관계 전반에서 양방향 소통이 중요하다. 자신이 무언가를 제공하면 상대방에게 그에 상응하는 어떤 것을 받고 싶고, 무언가를 받고 나면 다시 그와 유사한 것을 제공해야 할 의무가 생기는 것이 인간이다. 이는 사회생활의 선후배, 업무 수행 시의 기타 직원 사이에서도 적용되는 원칙이다. 선배는 후배와 식사할 때 밥을 사는 게 관행이다. 사회생활의 선배일 뿐만 아니라 연봉 또한 후배보다 많기 때문에 우스갯소리로 '선배가 연봉을 많이 받는 이유는 후배에게 밥을 사 주기 위한 것'이라는 이야기가 나올 정도다. 하지만 선배도 사람이다. 밥을 사달라고 하면 기분 좋게 사 주고, 저녁 모임에도 기꺼이 초대하겠지만 언제까지나 일방적으로 사줄 수는 없다. 선배가 신입사원보다 연봉이 많기는 하지만 가정과 육아 등에 들어가는 비용이 사회 초년생보다 더 많을 수밖에 없다. 그러한 상황에서 후배를 위해 식사 자리에 초대해 비용을 내는 것인데도 후배가 단 한 번도 고마움을 표시하지 않거나 돌아오는 것이 없다면 그 관계는 지속되기 어렵다. '내가 언제 밥을 사달라고 했나? 싫은데 불러놓고 왜 그런 생각을 하는 거야?' 하고 생각하지 말고 인간 대 인간으로 '저 분이 몇 번 식사를 샀으니 나도 한 번 정도는'이라는 마음으로 선배를 대하고 그들에게 다가가도록 하자.

한편, 공기업은 업무 특성상 혼자 힘으로만 해결하는 일은 거의 없고 동료나 기타 기관과 협업해 처리하는 업무가 대부분이다. 결재를 받을 때는 상사의 협조가 필요하고, 보고서를 수합할 때는 타 부서원의 도움이 필요하며, 민원을 처리할 때는 관공서의 허가가 필요하다. 물론 업무에서 가장 중요한 것은 규정과 법률에 따라 처리하는 것이지만 업무 또한 사람이 하는 것이기에 인간관계가 매우 중요하게 작용한다. 내가 싫어하는 사람이 지시하거나 협조를 구한다면 옳고 그름에 상관없이 듣기 싫을 것이며 기한에 최대한 맞춰 늦게 협조할 수도 있을 것이다. 원활한 업무 협조를 위해서라도 후배로서, 동료로서 선배와 동료의 업무를 자신의 일처럼 중시하고 배려하는 마음을 가져야 한다.

대부분 공공기관은 높은 직급으로 올라갈수록 성과, 청렴도, 진급시험 등에서 다면평가를 받게 된다. 아무리 혼자 일을 잘했더라도 동료, 선배, 후배와의 관계가 원만하지 않다면 본인의 능력보다 좋은 결과를 기대하기가 쉽지 않다. 당신의 좋은 태도가 쌓이면 20년 뒤에는 더 높은 곳을 바라볼 수 있게 될 것이다.

채용형 인턴의
마지막 관문 통과하기

2014년 시범적으로 적용된 이후로 최근 대부분의 공기업이 채용형 인턴제로 채용하고 있다. 인턴으로 채용한 후 일정 기간이 지나면 정규직으로 전환하는 제도다. 하지만 채용형 인턴에 합격했더라도 끝까지 마음을 놓으면 안 된다. 정규직 전환 평가 방법을 확실하게 숙지하고, 최선의 노력을 기울여야 한다. '내가 설마 떨어지겠어?' 하는 방심은 금물이다. 정규직에 떨어지는 게 자신이 될지도 모른다는 마음으로 최선을 다해야 한다. 그러면 채용형 인턴 기간 동안 주의하고 노력해야 될 사항을 알아보자.

평가 방법 숙지

일정비율을 정해 채용형 인턴을 정규직으로 전환할 수도 있고, 특별한 결격사유만 없다면 인턴 전원을 전환할 수도 있다. 평가 방법으로는 필기평가, 최종발표, 팀원평가, 과제평가 등이 있다. 평가가 이루어지는 방법을 확실하게 숙지해 채용형 인턴 기간 내내 어떻게 평가

받을지 생각하며 행동해야 한다. 그리고 모든 과정에 최선을 다해야 한다. '나는 이 부분에서 잘하니까 여기에 집중해야지' 하고 생각하며 선택과 집중을 하는 순간 다시 취업을 준비하게 되는 불상사가 생길 수도 있다는 사실을 명심하자.

근무 태도

인턴 중에는 학교 졸업 후 첫 직장생활을 하는 사람도 있고, 이미 직장 경험이 있는 사람도 있을 것이다. 학교생활과 직장생활의 가장 큰 차이는 돈을 내고 다니는지 돈을 받고 다니는지다. 성실함을 기본적으로 보여줄 수 있는 부분이 근태다. 돈을 내고 다니는 학교는 지각할 수도 있고 결석할 수도 있었지만, 돈을 받고 다니는 회사는 그렇지 않다. 더구나 인턴 기간에 지각과 결근을 한다면 정규직으로 전환될 가능성은 줄어든다. 또한 인턴 근무 기간 동안 좋은 인상을 남기려고 노력해야 한다. 성실함을 포함해 인성적으로도 긍정적인 평가를 받아야 한다.

업무 능력

인턴으로 부서 배치를 받고 나면 교육과 함께 간단한 업무가 주어질 것이다. 인턴이니 만큼 과중한 업무가 아니라 잡일이라고 느껴지는 업무가 대부분일 것이다. 하지만 작은 업무라도 하나하나 놓치지 않고 배운다는 생각으로 임해야 한다. 실수할 수도 있다. 신입 인턴이 모든 것을 완벽하게 잘하길 바라는 사람은 없다. 하지만 실수가 반복되지 않도록 노력해야 한다. 업무 매뉴얼과 교육 자료를 꼭 숙지하며, 선배들에게 물어봐서 확실히 배우도록 하자. 새로 배운 부분은 꼼꼼하게 정리해 두어야 한다. 업무에도 도움이 되지만 최종평가에 활용

선택과목의 복불복

전공시험을 한 과목만 보는 기관은 시험 난이도에 따라 보정점수를 둔다. A과목은 시험 난이도가 매우 쉬웠는데 B과목은 시험 난이도가 매우 어렵다고 하자. 단순 점수로 당락을 정한다면 B과목 선택자는 굉장히 불리할 것이다. 따라서 기관별로 표준편차 같은 수학적 공식을 활용해 점수를 보정해준다. 그렇다면 난이도가 어려우면 좋은 것일까? 쉬우면 좋은 것일까? 이에 대한 정답은 상황에 따라 다르다는 것이다. 초보 수험생은 시험 난이도가 어려우면 점수보정을 받는 것보다 오답이 많아져 손해를 볼 가능성이 있다. 하지만 수험 기간이 오래된 수험생이나 특정 과목에 자신 있다면 오히려 문제 난이도가 높게 나올수록 합격에 유리할 것이다. 시험 난이도를 미리 알고 대처할 수 없으니 어느 정도 복불복이다. 조금 더 유리하게 전공 선택을 하려면 취업커뮤니티에서 작년, 재작년 문제 난이도나 기출을 분석하고 나에게 더 맞는 전공을 선택해보자.

할 수 있기 때문이다.

최종 평가 준비

기업별로 다양한 방법으로 최종평가를 진행할 것이다. 프레젠테이션 방식일 수도 있고, 면접을 볼 수도 있으며, 보고서를 쓸 수도 있다. 하지만 어떤 기업에서든 인턴 기간 동안 부서에서 무엇을 배웠으며 배운 것을 앞으로 어떻게 활용할 것인지는 공통적으로 물어보니 미리 준비해야 한다. 이 부분은 평소 업무를 하며 생각해 두어야 한다. 또한 최종평가를 대비해 주변 선배들에게 조언을 부탁하는 것도 좋다. 회사에 오래 근무한 선배가 회사 분위기나 접근 방식에 대해 더 잘 알 것이기 때문이다.

chapter 6

부록

채용 관련 사이트

채용포탈

- 잡코리아 www.jobkorea.co.kr

- 인크루트 www.incruit.com

- 워크넷 www.work.go.kr

- 사람인 www.saramin.co.kr

기관정보

- 기관정보: 알리오 www.alio.go.kr

- 기관정보: 클린아이 www.cleaneye.go.kr

- 입찰정보: 나라장터 www.g2b.go.kr

- 중앙공공기관채용 정보: www.job.alio.go.kr

- 지방공공기관 채용 정보: www.job.cleaneye.go.kr

취업자료

- 자소서 관련: 자소설닷컴 www.jasoseol.com
- PSAT, 민간경력자 시험문제: 사이버국가고시센터 www.gosi.kr
- 기업분석 사이트: 캐치 www.catch.co.kr

자격증

- 한국사: 한국사능력검정시험 www.historyexam.go.kr
- 토익,토익스피킹: YBM 어학시험 exam.ybmnet.co.kr
- 오픽: 오픽 www.opic.co.kr
- 기사자격증: 큐넷 www.qnet.or.kr
- 시험기출 : 전자문제집 CBT www.comcbt.com

커뮤니티

- 공준모 cafe.naver.com/studentstudyhard
- 공취사 cafe.naver.com/uccplus
- 독취사 cafe.naver.com/dokchi
- 스펙업 cafe.naver.com/specup
- 취업뽀개기 cafe.daum.net/breakjob

농부의 마음을 기억하세요

멘토링 경험을 통해 독자분들께 드리고 싶은 말

　가스공사에 다닐 때 무료로 학생들을 멘토링하던 것을 시작으로 어느새 6년이란 시간이 지났다. 그사이 타기관 과장이 된 학생도 있고 내가 다니던 기관들에 합격한 학생들도 생겨났다. 서류작성부터 면접까지 모든단계를 함께하고 합격한 학생들도 있고, 각 전형마다 본인이 부족한 부분을 나와 함께하며 메꿔간 학생들도 있었다. 대부분 성과는 좋았지만 아닌 경우도 있었다. 충분히 잘 했다고 생각했지만 아쉬울 때도 있었고 말그대로 천재지변이 생기기도 했다. 이런 과정을 거치면서 독자분들에게 드리고 싶은 말이 있다.

　농부의 마음을 기억하라는 점이다. 이미 주식시장에서 자주 있던 말로 내가 만들어낸 말은 아니다. 유튜브에서 한 사장님의 발언을 우연히 듣고 '취업과정도, 우리 인생도 비슷하지 않을까?'라는 생각에 학생들에게 전하게 되었다. 곡식은 하루아침에 바로 생산되지 않는다. 긴 겨울이 지나 씨를 뿌리고 모내기를 한 후 장마철을 지나 수확하게 된다.

취업 과정도 마찬가지다. 아무리 블라인드 채용이라지만 서류통과를 위한 정량적인 스펙을 갖춰야하고, 지원기관 전형에 맞게 ncs나 전공 공부를 해야하며, 필기전형에 통과하면 면접전형이 기다리고 있다. 한 번에 많은 단계를 스킵하고 합격하면 정말 좋겠지만 우리는 실패에 익숙해져야 한다. 물론 나도 그랬다. 당연히 합격할 것이라 생각했던 기관에서 원인도 모른 채(당시에는 채용과정의 점수를 공개하지 않는 편이었음) 탈락하기도 했다. 마지막 한 번의 성공을 위해 거절과 실패에 익숙해져야한다. 그간 많은 학생들의 취업을 도우며 든 생각은 방향을 잘 잡고 노력하면 충분히 목표에 도달할 수 있다는 점이다. 물론 운이 따라줘야한다. 지원기관의 TO나 시험일정이 겹치는 등 나의 노력으로 제어가 안되는 부분이 있다. 다행히 공공기관은 지원횟수가 공무원보다 훨씬 많기 때문에 지원을 거듭하며 변수를 줄일 수 있는 장점을 살려야한다. 목표 달성 과정에서 독자분들이 어려울 부분은 첫번째로 금전적으로 힘든 상황이 오거나, 집안의 눈치가 보여서 스트레스를 받는 상황이 올 수도 있다. 이 때를 대비해 책의 앞부분을 참고해 출구전략을 세워두고, 목표를 향해 달려가자.

두번째는 필기시험 준비과정에서의 슬럼프일 가능성이 높다. 학교를 다니면서 합격하거나 졸업 후 3~4개월 이내에 합격하지 않는 한 슬럼프는 대다수가 겪게 된다. 이 때를 잘 넘기면 어느순간 면접장 앞에 있는 나를 보게 되고, 합격에도 가까워질 것이다.

실제 가스공사 합격 자소서
-건축직

1. KOGAS에 지원하게 된 동기와 희망직무를 선택한 이유를 입사 후 목표 및 포부를 포함하여 기술해 주십시오.

[행복한 세상을 만들고 싶습니다]

사람이 살면서 할 수 있는 가장 보람 있는 일은 타인에게 좋은 영향을 미치는 것이라고 생각합니다. 따라서 사회 기반을 구축해 발전에 기여함으로써 더 많은 인류가 더 나은 세상에서 사는 데 기여하는 플랜트 산업에 매력을 느끼게 되었습니다. 한국가스공사는 '좋은 에너지 더 좋은 세상'이라는 비전을 가지고 많은 사람들에게 좋은 영향을 끼치고 있습니다. 이러한 모습은 많은 사람들에게 행복을 전달하고자 하는 꿈을 꾸는 저와 잘 맞는다고 생각합니다.

입사 후, 적은 실무 경험으로 일을 그르치지 않도록 기존 프로젝트를 선행학습해 새 프로젝트 수행에 도움이 되겠습니다. 또한, 하루 업무를 시작하기 전에 그날 업무에 필요한 자료를 꼼꼼히 검토하며 업무수행능력을 키우겠습니다. 이러한 작은 노력을 시작으로 실무 경험을 쌓아 입사 5년 이내에 건축시공기술사 자격증 취득에 도전하여 전문 기술인으로 성장하겠습니다.

2. 과제 및 업무 수행 상황에서 구성원 간의 갈등을 중재하거나 효율적으로 과제 및 업무가 진행될 수 있도록 의사 발언을 한 경험이 있습니까?
상황을 설명해 주시고 본인이 생각하는 업무 효율성 또는 업무 성과를 높이기 위한 효과적인 의사소통 방법을 기술해 주십시오.

[협력으로 만들어낸 40Mpa 콘크리트]

팀원 간 신뢰를 구축해 교외 경진대회에서 입상한 경험이 있습니다. 40Mpa의 콘크리트 제작을 위해 골재 선정부터 시멘트량, 물시멘트비, 혼화제 등에 이르는 전반적인 배합비를 결정해야 했습니다. 아주 미세한 차이로 강도가 달라질 수 있기 때문에 의견 조율이 쉽지 않았고, 결국 두 명의 조원 사이에 실리카흄 사용량과 그에 따른 반죽 질기에 대한 의견 충돌이 생겼습니다.

갈등의 원인을 분석한 결과 상대방의 의견을 신뢰하지 않는 점이 문제였습니다. 저는 상대방의 의견에서 좋은 점을 칭찬하는 긍정적인 피드백 시간을 만들었습니다. 그 후, 각자 보완할 점에 대한 피드백을 나누었습니다. 단점을 지적하기 전에 상대방의 의견을 지지하고 동의하는 시간을 가지니 구성원 간 존중과 신뢰가 생겼습니다. 그 결과, 최적의 배합비를 결정해 무사히 대회에 참가하였고 장려상을 수상할 수 있었습니다.

3. 과거의 교육과정이나 경력들을 통해 습득한 전공 지식 및 기술 경험들이 KOGAS 지원 분야 내의 업무들과 어떠한 관련성을 맺고 있다고 생각합니까? 또 그러한 지식과 경험이 실제 업무 수행에 어떠한 방식으로 도움을 줄 수 있는지 구체적으로 기술하여 주십시오.

플랜트 산업에 매력을 느끼고 그 실무역량을 발전시키고자 해외 플랜트 교육을 수강하였습니다. 교육에서 LNG 플랜트의 프로세스를 배웠습니다. 또 원거리 해양 가스전으로 이동해 LNG를 생산, 저장, 출하하는 부유식 플랜트와 산지에서 액화시켜 발전소에 공급하는 과정을 자세히 배울 수 있었습니다. 또한, 해외 건설 표준 계약의 모체인 FIDIC 교육에서 해외 계약법에 대한 지식을 쌓았습니다.

위의 경험은 설비 건설 직무로서 생산기지 건설 및 LNG 공급망 구축 업무를 수행할 때 큰 도움이 될 수 있을 것이라 생각합니다. 한국가스공사에서 수행하는 업무는 다양한 분야가 연관된 복합 시스템이므로 타 분야에 대한 이해가 중요합니다. 위의 경험을 토대로 건축 업무뿐 아니라, 가스와 관련된 화학적 지식, 액화설비와 관련된 기계적 지식, 또한 해외사업에 중요한 해외계약법에 대한 지식 등 여러 분야에 대한 이해를 높임으로써 한국가스공사의 안전하고 안정적인 천연가스 공급에 기여하겠습니다.

4. 학업 과제 수행이나 업무 수행 중에 예상치 못한 문제를 해결해 본 경험이 있습니까? 그 문제를 해결하기 위해 어떠한 과정(문제 원인 도출, 해결 방안 탐색, 해결 방안 적용 등)을 거쳤으며 어떠한 점에서 그 해결책이 효과적이었는지를 기술해 주십시오.

[도배 풀, 내가 이기나 네가 이기나 해보자!]

2014년부터 1년간 진행한 '희망의 러브하우스' 건축봉사에서의 경험입니다. 도배 담당인 저는 평범한 집과 달리 곡면으로 된 벽을 만나 도배에 큰 어려움을 느꼈습니다. 기존 배합으로 도배 풀을 만들어 도배하니 곡면이라는 특성 때문에 벽지가 제대로 밀착되지 않고 공극이 발생하였습니다. 처음에는 그냥 이대로 작업할까 하고 생각했지만, 잘 수리된 집을 보고 기뻐할 사람들의 모습을 상상하며 다시 도배 풀을 배합했습니다. 공극이 많이 발생했기 때문에 풀을 기존보다 진하게 배합하였습니다. 하지만 너무 진하게 한 탓인지 풀이 뭉쳤고 도배지가 계속해서 뜯어졌습니다. 계속해서 농도를 맞춰가며 풀을 만들었고 여러 번의 시행착오 끝에 곡면에 맞는 풀을 만들어 도배를 완성할 수 있었습니다.

이 경험을 통해 어떤 역경이든 포기하지 않는다면 이겨낼 수 있다는 자신감을 얻었습니다. 어려운 업무가 발생하더라도 맡은 바 끝까지 해내겠습니다.

5. KOGAS에서 중요하게 생각하는 인재상은 다음과 같습니다.

• 미래에 도전하고 변화를 선도하는 사람
• 믿고 협력하여 공동의 성공을 실현하는 사람
• 자기분야의 최고를 추구하는 사람

세 가지 인재상 중 자신과 가장 부합된다고 생각하는 인재상을 하나 선택하여, 구체적인 사례를 포함하여 그렇게 생각하는 이유를 기술하여 주십시오.

[팀장님, 제가 남겠습니다!]

2012년 7월 한 달간 '미래 환경 플랜' 인턴을 경험하며 '협업'의 중요성을 배웠습니다. 어느 날 회사의 모든 컴퓨터가 꺼지는 일이 발생하였습니다. 하루 종일 작업한 파일이 손상되었고, 모든 직원이 야근을 해야 했습니다. 팀장님께서는 인턴사원은 그냥 퇴근해도 좋다고 하셨습니다. 처음에는 그냥 퇴근할까 하는 마음이 들었지만, 제가 퇴근한다면 다른 직원이 제 업무까지 해야 한다는 생각에 인턴사원 중 유일하게 남아 밤새 작업을 했습니다. 처음 해보는 밤샘 업무는 체력적으로 매우 힘들었습니다. 하지만, 덕분에 일이 빨리 끝났다며 칭찬을 해주셨고 인턴 평가에서도 가장 좋은 점수를 받을 수 있었습니다.

이 경험에서 함께 일하는 협업의 중요성을 배울 수 있었습니다. 제가 한국가스공사의 일원이 된다면, 이와 같은 경험을 바탕으로 제가 속한 팀의 팀원은 물론, 타 부서 조직원, 나아가 공사의 다양한 이해관계자들과 협동할 수 있는 엔지니어가 되겠습니다.

실제 가스공사 면접 기출문제

- 지금 오후 1시 55분입니다. 부하 직원이 고충 상담을 신청했습니다. 그런데 오후 2시 30분에 사내 공모전에 대한 좋은 아이디어가 있어서 입상이 유력한 상황이라 참가하고 싶습니다. 그런데 갑자기 상사가 2시 30분까지 서류작업을 해오라고 지시했고, 또 갑자기 민원 상담자가 찾아왔습니다. 이 4가지가 겹쳐진 상황에서 자신은 어떠한 순서대로 일을 처리하겠습니까?
- 공사를 하는데 민원인들이 집단 반발을 해서 중지된 상태입니다 어떻게 하시겠습니까?
- 한국가스공사 사옥을 공기 1달, 공비 1000억이라는 조건으로 철거를 하고 다시 건설을 해야 한다고 합시다. 자신은 어떠한 방식으로 철거하고 시공하겠습니까? (토목건축 직무면접)
- 해외 생산기지 건설에서 기여할 방안은 무엇입니까? (사무 직무면접)

- 한국가스공사의 기업 핵심가치 4가지 '도전 변화 신뢰 책임' 중에서 자신에게 잘 부합한다고 생각하는 한 가지를 꼽아 예를 들어 설명해보십시오.
- 그렇다면 반대로, 기업의 핵심가치 4가지 중 자신이 가장 부족하다고 생각하는 것을 꼽아 왜 그렇게 생각하는지 설명하고 어떻게 보완해 나갈 것인지 설명해보십시오.
- 왜 공기업에 지원했나요?
- 민영화된다면 어떻게 하겠습니까?
- 스트레스를 주로 어떻게 푸나요?
- 존경하는 사람은 누구입니까?
- 가스공사에 오기 위해 어떤 준비를 했습니까?
- 외국인이 가스공사에 근무한다면 무엇이 어려울 것 같습니까?
- 공기업은 방만 경영을 일삼아 국민에 규탄을 받고 있는데, 왜 굳이 공기업에 지원했습니까?

가스공사 직무 설명 자료

【 한국가스공사 NCS 기반 직무 설명자료(사무6급) : 경영지원/마케팅-회계 】

채용분야	경영지원/마케팅(회계)(6급)	분류체계	대분류	02. 경영·회계·사무	
			중분류	03.재무·회계	
			소분류	02.회계	
			세분류	01.회계·감사	02.세무

한국가스공사 주요사업	○ 천연가스의 제조/공급과 부산물 정제/판매, 천연가스 생산기지 및 공급망 건설/운영, 천연가스의 개발 및 수출입 ○ 액화석유가스의 개발 및 수출입 ○ 석유자원의 탐사 및 개발사업과 그와 관련된 사업
능력단위	○ (회계·감사) 01. 전표관리, 02. 자금관리, 03. 원가계산, 04. 결산처리, 05. 회계정보시스템 운용, 06. 재무비율분석, 07.회계감사, 10. 원가관리, 11. 재무제표작성 ○ (세무) 01. 전표관리, 02. 결산관리, 03. 세무정보 시스템 운용 04. 원천징수 05. 부가가치세 신고, 06. 종합소득세 신고, 07. 지방세 신고, 08. 기타세무 신고, 09. 세무조사 대응 10. 조세불복 청구, 11. 절세방안 수립 12. 법인세신고 준비, 13. 법인세신고
직무수행내용	○ (회계·감사) 기업 및 조직 내외부의 효율적인 의사결정을 위한 유용한 정보 제공, 전표, 자금, 결산 등을 관리 및 분석하며 제공된 회계정보의 적정성을 파악 ○ (세무) 세법범위 내에서 기업 활동과 관련된 조세부담을 최소화시키는 조세전략 수립, 정확한 과세소득과 과세표준 및 세액을 산출하여 과세당국에 신고·납부하는 업무 수행
전형방법	○ 서류전형 → 필기전형 → 면접전형 → 합격자발표 → 교육연수(신체검사·신원조회) → 임용

교육요건	학력	무관(제주지역인재 분야의 경우 제주지역 소재 고등학교 졸업자 또는 대학[1] 졸업(예정)자[2])
	전공	무관

필요지식	○ (회계·감사) 회계상 거래와 일상생활에서의 거래를 구분하는 지식, 계정과목에 대한 지식, 대금의 지급방법 및 지급기준, 원가흐름에 대한 분개 방법, 회계관련 규정, 내부회계관리제도 등 ○ (세무) 세무정보시스템에 대한 이해, 각 세법(부가가치세, 법인세, 소득세, 종합부동산세, 국제조세) 관련 규정, 세무 회계(이연법인세) 이해, 조세불복 및 경정청구 관련 법령 및 절차 이해 등
필요기술	○ (회계·감사) IFRS, K-IFRS 이해, 계정과목에 대한 지식, 재무제표 및 재무비율에 대한 지식, 원가관리, 손익 분석, 원가분석 등 회계분석을 위한 기초 지식, 재무제표 작성 지식 등 ○ (세무) 세무 관련 증빙서류 관리 관련 규정, 전표 작성 능력, 세무정보시스템 운용 능력, 세무신고 및 관련 자료 작성 능력 등
직무수행태도	○ 규정 준수에 대한 의지, 수리적 정확도를 기하려는 자세, 원활한 의사소통 자세, 적극적인 협업 태도, 객관적/체계적 분석 태도, 세심한 자료 정리 태도, 종합적인 판단력 등
필요자격	○ 유효 영어성적 보유자 (TOEIC 기준 700점 이상) ※ 고급자격증 보유자는 어학성적 면제
직업기초능력	○ 의사소통능력, 수리능력, 문제해결능력, 대인관계능력, 조직이해능력, 직업윤리
참고사이트	○ www.ncs.go.kr 홈페이지 → NCS 학습모듈 검색

---
1) 「고등교육법」제2조 각 호에 따른 학교(단, 사이버대학은 제외)
2) 접수마감일('19.4.9) 기준 졸업(예정)자로서 면접심사 당일 졸업(예정)증명서 제출이 가능한 자

【 한국가스공사 NCS 기반 직무 설명자료(사무6급) : 경영지원/마케팅-경영 】

채용분야	경영지원/마케팅(경영)(6급)	분류체계	대분류	02. 경영·회계·사무		
			중분류	01.기획사무	02.총무·인사	04.생산·품질관리
			소분류	01.경영기획	02.인사·조직	01.생산관리
			세분류	01.경영기획	01.인사	01. 구매조달
		기타 유관능력		10.영업판매>01.영업>01.일반·해외영업>02.해외영업>07.국제계약체결		

한국가스공사 주요사업	○ 천연가스의 제조/공급과 부산물 정제/판매, 천연가스 생산기지 및 공급망 건설/운영, 천연가스의 개발 및 수출입 ○ 액화석유가스의 개발 및 수출입 ○ 석유자원의 탐사 및 개발사업과 그와 관련된 사업
능력단위	○ **(경영기획)** 01. 사업환경 분석, 02. 경영방침 수립, 03. 경영계획 수립, 05. 사업별 투자 관리, 06. 예산관리, 07. 경영실적 분석 ○ **(인사)** 01. 인사기획, 02. 직무관리, 03. 인력채용, 04. 인력이동관리, 05. 인사평가, 07. 교육훈련 운영, 08. 임금관리, 09. 급여지급, 10. 복리후생 관리, 13. 퇴직업무지원 ○ **(구매조달)** 01. 구매 전략 수립, 02. 신규 구매 협력사 발굴, 04. 발주관리, 05. 구매품 품질관리, 07. 구매 원가 관리, 08. 구매 원가 절감 실행, 09. 구매 계약 ○ **(해외영업)** 07. 국제계약체결
직무수행내용	○ **(경영기획)** 경영목표를 달성하기 위한 효과적인 전략을 수립하고, 최적의 자원을 효율적으로 배분하기 위하여 경영진의 의사결정을 체계적으로 지원 ○ **(인사)** 효율적인 인적자원 관리를 위하여 직무 분석을 통해 채용, 배치, 육성, 평가, 보상, 승진, 퇴직 등의 제반 사항을 담당하며, 조직의 인사제도를 개선 및 운영 ○ **(구매조달)** 기관 경영에 필요한 다양한 자원(자재, 장비, 장치 등)을 조달하기 위해 구매전략을 수립하여 계약을 체결하고 구매 협력사와 구매 품질납가위가 관리를 수행 ○ **(국제계약체결)** 협상을 통해 합의된 내용을 공식적으로 확정하기 위하여 계약조건을 검토하고, 계약서를 작성하여 계약을 체결 및 통지
전형방법	○ 서류전형 → 필기전형 → 면접전형 → 합격자발표 → 교육연수(신체검사·신원조회) → 임용
교육요건	학력 : 무관 전공 : 무관
필요지식	○ **(경영기획)** 경영이념 및 경영철학에 대한 기초 지식, 핵심가치체계, 기업윤리, 사업계획 수립 및 자원계획 운용전략, 회계 및 결산에 대한 기본개념 및 실제 분석기법, 투자실적 분석 기법 등 ○ **(인사)** 인사 관련 법규에 대한 지식 (근로기준법, 개인정보보호법, 임금 및 단체협약 등), 전략적 인적자원 관리, 직무분석방법론, 채용 과정 및 활용 가능한 기법에 대한 지식, 성과 평가기법, 조직의 이해, 인건비 분석 및 경력관리, 역량모델링 등 ○ **(구매조달)** 구매전략, 구매원가 관련 기초 지식, 조직의 중장기 생산계획 및 발주계획, 생산관리 프로세스, 자재별 시장동향, 구매품 품질관리 및 검사 기법, 구매 관련 협상 과정 등 ○ **(국제계약체결)** 일반거래 조건 협정에 관산 지식, 품질, 수량, 가격 등 물품의 조건, 계약이행사항, 계약 불이행 사항, 무역법규 지식, 무역 실무 지식, 무역 영어 지식 등
필요기술	○ **(경영기획)** 핵심가치/자산/역량에 대한 분석기법, 경영환경 분석기법, 핵심성과지표 설정 기법, 기획서 및 보고서 작성 기술, 사업수익 정산 및 사업에 대한 평가 기술, 사회조사방법 및 결과분석기술 등 ○ **(인사)** 환경 및 직무 분석/인력운영 효율성 분석/통계분석 등 인사 업무 관련 자료 분석 기술, 전자인사관리시스템 활용 및 문서작성에 필요한 컴퓨터 활용능력, 프레젠테이션 및 퍼실리테이팅 기술, 교육요구분석 및 교육과정 설계기술 등 ○ **(구매조달)** 구매계획 수립, 구매품 품질 관리 및 평가, 견적서 검토 및 제안서 평가, 생산능력 분석 능력, 기초통계기술, 정보시스템 및 데이터베이스 활용능력, 생산관리 시스템 활용 기술 등
직무수행태도	○ 객관적 판단 및 논리적 분석 태도, 세심하고 주의 깊은 태도, 효율적·개방적 의사소통, 전략적 사고, 기획력, 타부서와의 협력성, 인적자원에 대한 관심, 기업의 가치 추구 자세, 포괄적이고 거시적인 시각, 데이터에 입각한 업무 처리, 신속성과 정확성, 관련 법령 및 규정을 준수하는 태도, 성공적 협상을 도출하기 위한 적극적/수용적 태도, 관련 자료를 취합하고 분석하는 치밀한 자세, 책임감 있는 자세, 상대방과의 원활한 의사소통을 위해 사전에 준비하려는 자세 등
필요자격	○ **(사회형평전형)** TOEIC 기준 650점 이상 수준 유효 영어성적 보유자 ※ 고급자격증 보유자는 어학성적 면제
직업기초능력	○ 문제해결능력, 의사소통능력, 대인관계능력, 수리능력, 직업윤리
참고사이트	○ www.ncs.go.kr 홈페이지 → NCS 학습모듈 검색

354

【한국가스공사 NCS 기반 직무 설명자료(기술6급) : 설비운영/건설-기계/전기/화공】

채용분야	설비운영/건설 (기계/전기/화공) (6급)	분류체계	대분류	14. 건설		17. 화학	23. 환경·에너지·안전
			중분류	04.플랜트		01.화학물질·화학공정관리	06.산업안전
			소분류	02.플랜트시공		02.화학공정관리	01.산업안전관리
			세분류	01.플랜트기계설비시공		01.화학공정설계	04.화공안전관리
				02.플랜트전기설비시공		03.화학공정유지운영	

한국가스공사 주요사업	○ 천연가스의 제조/공급과 부산물 정제/판매, 천연가스 생산기지 및 공급망 건설/운영, 천연가스의 개발 및 수출입 ○ 액화석유가스의 개발 및 수출입 ○ 석유자원의 탐사 및 개발사업과 그와 관련된 사업

능력단위	○ **(산업·환경기계설비시공)** 01. 산업·환경기계설비 공사계획, 02. 산업·환경기계설비 공정관리, 04. 산업·환경기계설비 품질관리, 05. 산업·환경기계설비 안전보건환경관리, 06. 산업·환경기계설비 시공준비, 07. 산업·환경기계설비 설치작업, 08. 산업·환경기계설비 기계 배선배관, 09. 산업·환경기계설비 시운전 ○ **(산업·환경전기설비시공)** 01. 산업·환경전비설비 공사계획, 02. 산업·환경전비설비 공사관리, 03. 수변전설비공사, 04. 통신 보안설비공사, 08. 산업·환경전비설비 품질 안전관리, 10. 산업·환경전비설비 준공 검사 ○ **(화학공정유지운영)** 01.정비계획 수립, 02. 예방 정비, 03. 배관·고정기기 점검, 04. 배관·고정기기 유지관리, 05. 공정 흐름도 파악, 06. 공정물질 특성 파악, 07. 환경·안전점검, 08. 환경·안전관리, 09. 회전기계 점검, 10. 회전기계 유지관리 ○ **(화공안전관리)** 01. 화학물질 안전관리 실행, 02. 화학설비 위험성 평가, 03. 비상조치 대비·대응, 04. 화학설비 공정관리, 05. 안전보건문화 진단, 06. 안전보건문화의 실천 07. 화재·폭발예방

직무수행내용	○ **(산업·환경기계설비시공)** 산업용 설비와 환경 관련 기계 설비를 활용하여 목적에 맞도록 공사의 계획, 관리, 시공과 시운전 등을 효율적으로 수행 ○ **(산업·환경전기설비시공)** 안정적인 전원공급을 위하여 공사계획과 품질안전계획을 수립하고 수변전설비, 보안설비 등에 필요한 전기공사와 검사준공을 수행 ○ **(화학공정유지운영)** 화학공정을 안전하고 안정적으로 운전 및 관리하기 위하여 전체 공정 흐름을 파악하고 각종 설비에 대한 환경 안전 관리를 하는 업무 ○ **(화공안전관리)** 유해·위험 물질의 위험성 및 안전대책에 대한 기반기술을 이해하고 유해·위험 물질의 저장·취급·사용 등에 적용·관리하여 안전하고 쾌적한 작업환경을 조성하는 업무

전형방법	○ 서류전형 → 필기전형 → 면접전형 → 합격자발표 → 교육연수(신체검사·신원조회) → 임용

교육요건	학력	무관(제주지역인재 분야의 경우 제주지역 소재 고등학교 졸업자 또는 대학1) 졸업(예정)자2)
	전공	무관

필요지식	○ **(산업·환경기계설비시공)** 시공도면 이해, 시공기법, 공정관리에 대한 지식, 건설 기계 종류 및 특성, 기자재 및 장비 구성 지식, 기계요소의 특성 및 설치 방법 이해, 기계설비 시공기법 등 ○ **(산업·환경전기설비시공)** 공정계획에 대한 지식, 수변전설비 특성 및 부하설비 종류 이해, 수전방식과 보호방식에 대한 지식, 통신 보안설비 관련 지식, 품질 및 안전관리 계획 지식 등 ○ **(화학공정유지운영)** 기계 설비 부품 및 설비 유지보수 지식, 설비전산 지식, 제도 일반 지식, 기계 설비 분야별 기술규격 및 특성, 공정운전 지식, 계측제어 일반, 도면 해독 지식, 정비공정에 대한 지식 등 ○ **(화공안전관리)** 화학물질 및 반응특성 이론, 유해위험성, 허용기준, 인체 및 환경에 미치는 영향 지식, 화학설비 및 특수화학설비 이론, 방호/안전장치 작동원리, 산업안전보건법 지식 등

필요기술	○ **(산업·환경기계설비시공)** 도면 작성 및 검토 기술, 장비와 자재 투입계획 기술, 기계장비 유지보수 기술, 공정관리 기술, 기계설비 운전 기술, 제어프로그램 운용 기술 등 ○ **(산업·환경전기설비시공)** CAD 활용 능력, 시공상세도 작성 능력, 각종 전기기기 설치 및 시공 기술, 통신 보안설비 공사 기술, 품질 시험 및 안전관리 능력 등 ○ **(화학공정유지운영)** 기계 파악 능력, 분산제어시스템(DCS) 조작 능력, 물질안전보건자료(MSDS) 이해 능력, 위험물 안전 취급 능력, 소화설비 작동 능력, 안전 검사 장비 운용 능력 등 ○ **(화공안전관리)** 응급 시 대처방법, 안전장치 조작능력, 도면 판독 기술, 사고 시 비상대응 능력, 사고 원인 도출 및 재발방지대책 마련 능력 등

직무수행태도	○ **(공통)** 안전사항 준수 의지, 설계 및 기술 기준 준수 태도, 업무 공정성 유지, 세밀한 도면 및 규격서 검토, 신뢰성 확보 노력, 절차 및 공정 준수, 공정에 대한 총괄적 사고, 팀 작업 시 적극적인 협조 자세, 규정과 규격에 대한 숙지 및 이해, 원활한 소통 의지, 정확성과 책임감, 미리 예측하고 대비하는 태도, 긍정적이고 논리적인 태도, 납기 및 품질을 중시하는 태도 등

필요자격	○ 유효 영어성적 보유자 (TOEIC 기준 700점 이상) ※ 사회형평전형의 경우 TOEIC 기준 650점 이상 수준 유효 영어성적 보유자 ※ 고급자격증 보유자는 어학성적 면제

직업기초능력	○ 의사소통능력, 문제해결능력, 기술능력, 수리능력

참고사이트	○ www.ncs.go.kr 홈페이지 → NCS 학습모듈 검색

1) 「고등교육법」 제2조 각 호에 따른 학교(단, 사이버대학은 제외)
2) 접수마감일('19.4.9) 기준 졸업(예정)자로서 면접심사 당일 졸업(예정)증명서 제출이 가능한 자

【 한국가스공사 NCS 기반 직무 설명자료(기술6급) : 설비운영/건설-토목 】

채용분야	설비운영/건설 (토목) (6급)	분류체계	대분류	14. 건설			
			중분류	01.건설공사관리			
			소분류	02. 건설시공관리			
			세분류	01. 건설공사공정관리	02. 건설공사품질관리	03.건설공사환경관리	04. 건설공사공무관리
한국가스공사 주요사업	○ 천연가스의 제조/공급과 부산물 정제/판매, 천연가스 생산기지 및 공급망 건설/운영, 천연가스의 개발 및 수출입 ○ 액화석유가스의 개발 및 수출입 ○ 석유자원의 탐사 및 개발사업과 그와 관련된 사업						
능력단위	○ **(건설공사공정관리)** 01. 해당 공사 분석, 02. 공정계획 수립, 05. 공정관리를 위한 자료관리, 06. 공정관리 절차수립, 07. 공정관리 Tool 활용, 08. 공정표 작성, 09. 진도 관리, 10. 공정관리 성과분석, 11. 지연공기 만회 대책수립 ○ **(건설공사품질관리)** 01. 품질관리 분석, 02. 품질관리 계획수립, 03. 품질관리 교육, 04. 품질관리 조직구성, 05. 품질관리 경비관리, 06. 품질관리 자료관리, 07. 자재 품질관리, 08. 품질관리 점검, 09. 품질사고 예방관리, 10. 품질관리 성과분석 ○ **(건설공사환경관리)** 01. 공사환경 특성파악, 02. 환경관련 규정검토, 03. 환경관련 인허가이행, 04. 환경 영향평가서 이행, 05. 환경오염 저감시설물 설치·유지관리, 06. 현장 환경 점검, 07. 환경관리비 집행, 08. 에너지 및 온실가스 저감, 09. 환경오염물질 측정·분석, 11. 환경교육 계획수립 및 실시 ○ **(건설공사공무관리)** 01. 현장착공관리, 02. 설계적정성 검토, 03. 실행예산관리, 04. 계약관리, 05. 현장자원관리, 06. 하도급관리, 07. 공사원가관리, 08. 현장준공관리, 09. 고객관리, 10. 하자관리						
직무수행내용	○ **(건설공사공정관리)** 공사의 목적물을 계약된 공사 기간 내에 완성하기 위해 합리·경제적인 공정 계획을 수립하여 공사가 원활히 수행될 수 있도록 관리하고, 계획공정에 미달 시 이에 대한 만회대책을 수립·조정하는 업무 수행 ○ **(건설공사품질관리)** 발주자의 요구에 맞추어 소정의 품질을 확보, 합리적경제적·내구적인 시설물을 만들기 위하여 예상되는 하자를 미연에 방지하고, 건설공사 품질에 대한 신뢰성을 확보 원가 및 운영관리 비용 등을 절감하는 업무 수행 ○ **(건설공사환경관리)** 불가피하게 환경의 질을 저하시키는 항목에 대하여 그 영향이 법적 규정이나 협의 기준 이하로 될 수 있도록 환경 저해 요인별로 대책 수립 후 공종별로 환경관리를 시행하는 업무 수행 ○ **(건설공사공무관리)** 건설공사 전반에 걸쳐 발생하는 공사기획 및 계약, 공사현장의 운영 설계변경 기성관리, 건적업무 공사비 공사원가관리 준공 후 사후관리 등 성공적인 건설공사 수행을 위한 기술적 관리적 업무 수행						
전형방법	○ 서류전형 → 필기전형 → 면접전형 → 합격자발표 → 교육연수(신체검사·신원조회) → 임용						
교육요건	학력	무관					
	전공	무관					
필요지식	○ **(건설공사공정관리)** 계약 관련 절차 및 법규에 대한 지식, 공정 단계/적용 공법/설계도서 등 공정관리 업무 관련 제반 지식, 공정관리 성과 분석 기법(EVMS) 지식, WBS에 대한 개념 이해 등 ○ **(건설공사품질관리)** 품질관리의 특성에 대한 지식, 건설공사 제반공정요소별 적용규정 및 범위, 건설공사 관련 법령(건설기술진흥법 건설산업 기본법 건설기술관리법 등) 및 품질관리지침 규정에 대한 지식, 품질관리 사례에 대한 지식, 통계적 품질관리(SQC) 기법에 대한 지식, 프로젝트 관리 기법(PM), ISO 9001 QMS (품질경영시스템)에 대한 이해 등 ○ **(건설공사환경관리)** 산업안전보건법 토양환경보전법 지자체 환경 조례 등 관련 법령 및 적용 사례에 대한 지식 환경 관리 또는 분쟁 사례에 관한 지식, 환경관리 업무공정에 대한 이해 환경대상별 법적 준수 기준 등 ○ **(건설공사공무관리)** 건설기술진흥법 및 환경 관련 법규에 대한 지식, 설계도서 현장여건 및 시공에 대한 지식, 공종별 공법의 특성에 대한 지식 등						
필요기술	○ **(건설공사공정관리)** BIM 기능 활용 및 응용 기술, 자료 정리 및 공정표 작성을 위한 컴퓨터 활용 능력, 진도관리 측정 및 진도율 산정 능력, 공정지연 분석 방법 등 ○ **(건설공사품질관리)** 통계 및 품질관리용 소프트웨어 활용 능력, 빅데이터 수집 및 분석 기술, 문헌 및 인터넷 자료 검색 기술, 각종 데이터의 다양한 응용 능력, 품질경영시스템의 유지 및 지속적인 개선 능력, 예정공정표 항목 요소에 대한 작업 분석 능력, 경영정보시스템 등 ○ **(건설공사환경관리)** BIM 등 기초자료 분석 기술, 환경관리 계획서 및 폐기물 처리 계획서 등 관련 문서 작성 능력 환경영향 평가서 이해 능력 현장 환경 점검 및 환경 관련 규정 검토 능력 환경오염 저감시설물 종류, 규격, 수량, 비용 등 파악 능력 등 ○ **(건설공사공무관리)** 자료 분석 기술, 워드프로세서, 스프레드시트, 캐드 소프트웨어 등 컴퓨터 활용 기술, 설계서, 계약서 및 기타 관련 서류 작성 기술, 공종 단가 산출 능력 등						
직무수행태도	○ **(공통)** 논리적 판단에 의한 수용범위를 결정하는 유연한 사고, 다양한 분석결과를 객관적으로 정리하는 공정한 태도, 담당자들과 상호 협력하는 태도, 비합리적인 관습과 타성에서 탈피하고 기준이나 수치 등에 근거한 명확하고 책임감 있는 관리 이행태도, 사전에 예측하고 대비하는 미래지향적인 태도, 업무에 긍정적이고 타인을 논리적으로 설득하여 관철시키려는 의지, 유사공정의 시공 경험을 참조하려는 태도, 이해관계자와 업무를 공정하고 원만하게 조정하려는 태도, 관찰력과 주의력 깊은 관리적 태도 등						
필요자격	○ **(사회형평전형)** TOEIC 기준 650점 이상 수준 유효 영어성적 보유자 ※ 고급자격증 보유자는 어학성적 면제						
직업기초능력	○ 의사소통능력, 수리능력, 문제해결능력, 정보능력, 기술능력						
참고사이트	○ www.ncs.go.kr 홈페이지 → NCS 학습모듈 검색						

356

공기업 취업 엑셀러레이터

공기업 취업 'A부터 Z까지'

공기업, 대기업 현직자 출신들의 **취업 지름길**

가스공사. 대기업 출신들의
실제로 합격에 도움 되는 강의

공기업 취업에 필요한
핵심 내용만 전수

일대일 멘토링으로
맞춤형프리미엄 강의

공기업 취업도 전략이다!

강의	내용
자기소개서 첨삭	직무 적합 연결 첨삭, 면접연결 빌드업
취업전략 컨설팅	목표에 맞는 기관선정, NCS/전공 공부방법, 입사전략, 취업적정 스펙 등 상세상담
한 눈에 들어오는 자기소개서 작성법 강의	직무와 연결한 자기소개서 작성 방법
빠른합격을 위한 NCS 강의	시간단축방법, 유형정리, 쉽게 푸는방법
면접관을 사로잡는 스파르타 면접 강의	직무와 연결한 인성면접, 개인맞춤 직무PT 아이디어, 맞춤 첨삭

자소서

한 눈에 들어오는
자소서 작성법

군대, 아르바이트 경험도 없을 때
합격률과 직결되는 글의 포인트 살리기
유형별 자소서 작성 방법

서술 방향

3. 위기, 문제해결

한 줄 요약 - 상황 설명 - 문제 해결 과정 및 방법 - 결과 - 주
위반응 - 배운점과 앞으로 방안

글자수 제한에 따라 상황설명을 늘리거나 줄여서 조절하자

문제 해결에서 내가 주도적으로 해결한 스토리여야 한다

표예제 풀이 2   제한시간 1분

2012년	2013년	2014년	2015년	2016년
7.507	7.412	7.629	7.755	7.378
50.382	50.421	50.860	51.020	51.236
4.577	4.505	4.657	4.761	4.636
101.9	102.3	102.9	103.2	103.9

1. 이동률을 다시 적지말고, 표에서 그대로 계산

넘어서 거주자를 옮기는 것
100명당 남자 이동자 수
민등록연앙연구 X 100

3. 대소비교 :
7400에서 7700은 300 차이, 분자 약 5%증가
50400에서 51000은 약 600차이, 분자 약 1%증가
따라서 분자증가율이 크니까 2015년이 더 높다!!

2013년	2014년		2016년
-4	-21	-33	-1
28	39	49	41
-7	-6	-8	-16
-25	23	22	-40

넘어 다른(특정) 지역에서 특정(다른) 지역으로 이동해 온(간) 경우

NCS

빠른 NCS합격을 위한
시간단축 방법

자료해석문제 시간단축 방법
유형별 NCS접근 방법
실력이 오르지 않을 때 해결방법

소했다. 0. 보기를 보고 시선을 지문을 따라가자
의 이동률은 전입신고 건수가 가장 적었던 해의 이동률보다 더 높다.
원은 증가했다.
증가했다.
순위를 정할 때, 그 순위는 매년 동일하다.

실제 합격생들의 생생 후기

박OO님 (2021 하반기, 공무원연금공단 전산 합격자)

발상의전환 멘토님에게 진심으로 감사합니다. 자소서, NCS, 면접 준비과정에서 정말 많은 도움 받았습니다. 부족한 저도 합격했는데 충분히 가능합니다.

AOO님 (2021 하반기, 인천국제공항공사 토목 합격자)

대표님께서 상세히 봐주셔서 마음편히 면접을 볼 수 있었어요. 가고 싶었던 곳이라 더 기쁘네요.

이OO님 (2021 하반기, 한국철도공사 차량, OO공사 2관왕 합격자)

쌤 덕분에 2관왕도 하구 도움 많이 받았습니다. 상담 때 조언해 주시지 않았다면 OO공사 이런곳은 생각도 못했을 것 같아요.

정OO님 (2020 상반기, 서울교통공사 사무, 서울시설공단 2관왕 합격자)

비동일계인데 면접도 처음이라서 많이 걱정했는데 하나하나 봐주셔서 첫 면접에 모두 합격 했어요!